知行

技术人的管理之路

第2版

刘建国 ◎ 著

The Approach to Effective Management
for Technical Managers

人民邮电出版社
北京

图书在版编目（CIP）数据

知行：技术人的管理之路 / 刘建国著. -- 2版. -- 北京：人民邮电出版社，2023.10
ISBN 978-7-115-62547-2

Ⅰ. ①知… Ⅱ. ①刘… Ⅲ. ①企业管理－技术管理 Ⅳ. ①F273.1

中国国家版本馆CIP数据核字(2023)第161272号

内 容 提 要

这是一本来自技术管理者又回馈给技术管理者的书，针对"技术人如何做管理"这一主题提供了立体的视角和系统的方法论。本书基于作者十年互联网管理经验，针对技术管理者最常遇到的困惑和挑战，结合技术人的思维特点和实际工作场景，系统回答了技术人做管理时所面临的三个大问题——管理的认知、管理的意愿和管理的能力，兼具理论性和实践性。

本书结构清晰、案例丰富、逻辑严谨、实操性强，其理念和方法适用于所有管理者，尤其适用于具有技术背景的新经理、带团队的工程师或架构师，以及希望提炼管理方法论的中层管理者。

◆ 著　　刘建国
　　责任编辑　刘雅思
　　责任印制　王　郁　马振武
◆ 人民邮电出版社出版发行　北京市丰台区成寿寺路 11 号
　　邮编　100164　电子邮件　315@ptpress.com.cn
　　网址　https://www.ptpress.com.cn
　　北京瑞禾彩色印刷有限公司印刷
◆ 开本：720×960　1/16
　　印张：21　　　　　　　　　　　2023 年 10 月第 2 版
　　字数：335 千字　　　　　　　　2023 年 10 月北京第 1 次印刷

定价：199.80 元

读者服务热线：(010)81055410　印装质量热线：(010)81055316
反盗版热线：(010)81055315
广告经营许可证：京东市监广登字 20170147 号

对本书第 1 版的赞誉

我在长期的 MBA 教学过程中遇到过许多希望转型为管理者的技术人员，他们把读 MBA 当作一个跳板或灵丹妙药。但因为缺乏专业的指导，许多人并不清楚自己是否能做管理以及如何做管理，甚至不清楚什么是管理。本书为广大有志于转型为管理者的技术人员提供了专业且实用的指导。

——张进，清华大学苏世民书院社会实践责任教授、博士生导师

优秀的技术管理者，不仅需要有扎实的技术基本功，还需要具备领兵打仗的能力。本书的作者刘建国是我认识多年的朋友和同事，他不仅有多年成功的技术管理经验，而且非常擅长总结与分享。他是滴滴聘请的技术管理者培训课程的金牌讲师，他的课程内容受到一致好评。我愿将本书推荐给致力于成为优秀技术管理者的朋友们。

——张博，滴滴出行联合创始人兼 CTO

从技术一线中来，到技术团队中去，说的就是建国这几年的经历。作为前百度金牌经理人，再凭借后来的创业、培训等经历，建国对技术团队的管理特色有着深入理解，所以他的极客时间专栏广受好评，订阅数很快突破万人大关。我邦研发和运营团队在与他的交流中也受益匪浅。

——霍太稳，InfoQ 中国、极客邦科技创始人兼 CEO

技术管理是管理领域最具挑战性的工作，一方面，它要求管理者具备优秀的技术水平，以获得对技术团队的影响力和领导力；另一方面，需要对管理的本质有深刻的理解，才能应对技术领域日新月异的变化带来的管理挑战。我和建国认识多年，

对本书第 1 版的赞誉

每次和他交流,都能从他在百度和创业公司累积的技术管理经验中受到很大的启发。本书更加系统地总结了他宝贵的技术管理经验,必能帮助正在或者已经走向管理岗位的技术人加速职业化成长。

——巨建华,前 BHEX 创始人

建国是我加入百度时的导师,我很庆幸初入职场就有高人指点。那时我就发现他有深入浅出的能力,没想到现在已经转行成教练。本书源自作者的爱好以及亲身经历,非常具有说服力,干货十足,绝非纸上谈兵。我建议每一名技术管理者都学习一下本书,相信你的许多困惑都能找到答案。

——桑文锋,神策数据创始人兼 CEO

建国用他的正知正念和丰富经验撰写了互联网技术管理的全面教科书,相信会帮助很多公司培养出更出色的团队,帮助很多技术人获得更美好的职业生涯。

——刘迎,斑马资本董事 / 总经理

本书内容来自作者自己从技术研发到技术管理者的成长过程的领悟和沉淀,也来自作者给数百位技术管理者做培训的过程的归纳和总结,对于技术人如何做管理给出了"过来人"的启发和指点。

——陈韫敏,清流资本运营合伙人

未来绝大部分公司都会变成技术驱动型公司,这种大趋势必然会牵引技术团队由被动支持向主动赋能转变,技术组织从后台走向前台的趋势对技术管理者提出了前所未有的高要求。我想,每位有志成为技术管理者的技术人都能够通过学习本书科学地构建体系化的管理系统,在高效管理的同时能够有更多精力迭代认知,进一步提升综合实力。

——王海平,好未来技术委员会主席

第 1 版读者评价

如果你只能有一本技术管理的案头书，我会强烈安利建国老师的《知行：技术人的管理之路》。

建国老师的这本书让我第一次意识到技术管理者的成长，不全是靠"悟"和"踩坑"，而是可以在一套完善的知识框架（管理全景图）指导下持续精进的。

我读这本书时，就像在与一位经验丰富的前辈对话，建国老师不单告诉你应该怎么做，还耐心告诉你为什么要这样做。这是与其他单纯告诉你管理技巧的图书最大的区别。就像书中说的："在管理工作中只讲技巧不讲能量，就好像只有招数没有内力，其管理功力无法强大起来。"

诚意正心，才是管理者最强大的武器。知行合一，方能练就真本领。

——林蓬蓬

《知行：技术人的管理之路》绝对就是为技术管理者量身定做的"武功秘籍"，既有专业、实用的招式，更有娓娓道来的内功心法，让人学起来爱不释手，有知有行，技术管理能力突飞猛进！这本书一直是我的案头必备工具书，让我正式成为一名专业的技术管理人员，真的是相见恨晚。每每遇到技术团队的难题时，翻一翻这本书，按照全景图基本都能找出真正的问题，对症下药，从而彻底解决问题。强烈建议技术管理者人手一本《知行：技术人的管理之路》，做一名专业的技术管理者，成就更好的自己和团队。

——占怀龙

《知行：技术人的管理之路》像一本微型百科全书，在技术管理中遇到的各种

第 1 版读者评价

问题都能在这本书中找到答案。当然,只把它当成工具书来使用并不能发挥它的全部价值。这本书承载了建国老师作为一名经验丰富的管理者在管理哲学上的积累。开篇第 1 章并没有讲三明治模型,而是花了大量篇幅探讨成为管理者的初心。初读时我对此不甚在意,直到自己开始培养一线管理者,才发现传道要比授术重要得多。《知行:技术人的管理之路》就是这样一位随着你的阅历积累不断让你产生新的认知的良师益友,用英文说:it is a gift that never stops giving.

——冯俊晨

我在最开始转向做技术管理相关工作的时候,非常辛苦却不得要领,导致了团队的很多问题甚至危机。那个时候庆幸遇到了刘老师的这本《知行:技术人的管理之路》,这本书像一面明镜一样让我认清了技术管理的全景图和我所缺失的诸多能力。自此以后几年,我努力学习和践行书中方法,完成了向一名合格的技术负责人的转型。如今,我仍然时常对照这本书,觉得还需要持续修炼提升。如果你诚心正意想成为"卓有成效的技术领导者",我相信这本书在升级换代之后,一定会给予你全面的帮助,指引方向,带领你走出迷雾,迈向卓越!

——王海华

在《知行:技术人的管理之路》一书中,建国老师以通俗易懂的文字,辅以真实的管理案例,为技术管理者搭建了一个通用的管理框架,并通过抽丝剥茧,把框架的每个细节都讲解得十分透彻。同时,在本书的各种案例中,都能看到框架运用给定义和解决问题带来的震撼力量,本书实在是为一线管理者量身定制的一幅"管理全景图"。

我已经将本书推荐给公司中多位一线管理者和 HR 同学,收到一致好评,甚至培训的同学已经开始"偷师",以本书为框架开发内部管理课程。

——沈俊

作为一位阅读《知行:技术人的管理之路》超过 5 次的读者,虽然我不是研发技术人,但作为一名培训团队的管理者,我特别感谢这本书带给我的成长和变化。这本书生动地运用"三明治""马车"展示管理的全景,我司非常认可其管理理念,通过领导力培训,在中层、基层经理层面大力推行对这本书的研读。

此外,惊喜的是,这本书呈现了一套团队运作的逻辑。这套逻辑不仅非常适用于管理，甚至能迁移到培训项目的设计上。我的培训工作发生质的变化，也是从遇见这本书开始的。

由于《知行：技术人的管理之路》对我的触动，我在设计不同培训项目的运营模式时也会应用书中管理全景图的思路。例如，为不同类型的培训班设置对应的愿景、班级文化，提高学员的价值感和信念，一起为共同的目标成果努力。因为激发了学员的内驱力，培训班的效果明显提升。

领导力不仅存在于企业、团队的管理中，人生处处都是领导力的影子。当我对现状感到困惑、迷茫的时候，《知行：技术人的管理之路》的观点就会为我指点方向，帮助我做出决策。与其说它是一本管理书，不如说它是一位成长伴侣。感恩遇见《知行：技术人的管理之路》。

——李菲

早先以为做管理无非把自己的好经验复制给其他人，然而事情并不如自己所想，于是在碰壁中探索，在弯路口彷徨，建国老师的《知行：技术人的管理之路》恰如迷途中的一盏明灯，照亮了彼时前行的方向。

这本书把技术管理这件事的前因、结果和方法论梳理得清清楚楚，有很强的可操作性，是一本技术管理全流程操作指南，其中的很多方法曾被拿来直接使用，并达到了不错的效果。更可贵的是，书中总结和传递的技术管理方法论，能够促成个人形成新的认知，在工作的多个方面发挥作用。反复咂摸，处于不同职业阶段的技术管理者，总能在书里找到适合自己的提升点，从而不断为团队发展更好地贡献自己的力量。

——琳泽

有人说，一个人进入一个领域时最先看的几本书或者学到的知识，会成为其在这个领域的根基。特别荣幸，也特别感恩，在我想要学习管理类知识的时候，接触到的是《知行：技术人的管理之路》这样好的图书。

当我向往成为一名管理者，带领一群人成事的时候，《知行：技术人的管理之路》让我了解到，一名技术人应该如何判断自己要不要做管理，以及适不适合做管理。

当我刚刚成为一名管理者的时候，《知行：技术人的管理之路》给了我一张管

第 1 版读者评价

理全景图,让我知道一名技术管理者应该做什么,应该怎么做。无论是团队建设、管理规划抑或是日常的项目管理、任务分配,书中都给出了能落地的方法论。

如今回想起来,让我收获最大的是建国老师说的"诚意正心"。作为管理者,核心竞争力是给团队、给公司带来价值。遇到困难或冲突,审视自己的初心,坚守自己的原则,事情总归能够解决。这是我认为最重要的,也是我认为这本书中最高阶的"心法"所在。诚如彼得·德鲁克所说:"正直的品格本身并不一定能成就什么,但是一个人如果缺乏正直和诚实,则足以败事。"

——石小天

当我即将离开上一家公司,准备开始一段名副其实的技术管理之路的时候,翻出早就买下的《知行:技术人的管理之路》一书,书中第 1 章"管理路口的彷徨"里的字字句句在那一刻像拨开重重迷雾一般将我的各种困惑一扫而光。

对于独自一人摸爬滚打、升级打怪,走向管理之路的我来说,最大的收获是得到了一张可以按图索骥的管理全景图。由管理全景图延伸开去,再读相关的无论是《卓有成效的管理者》这样的管理经典还是疗愈内心深处的隐秘伤痛的《非暴力沟通》,一切都有了体系支撑。

——晏鹏

人们常说"知易行难",但管理是"知难行更难"。市面上谈管理的书很多,但是为新任技术管理者量身而写的书不多,《知行:技术人的管理之路》是我阅读后感悟与收获最多的一本。

我接触建国老师的理念和知识很久了,最初订阅了建国老师的极客时间专栏《技术管理实战 36 讲》,《知行:技术人的管理之路》第 1 版发行后又在团队内部推荐新任管理者阅读与学习。建国老师帮大家厘清了技术管理中"知"的脉络,让初登管理之路的技术人少了些彷徨,多了些信心,感谢建国老师及其团队为技术管理者写了这样一本书。

《知行:技术人的管理之路》已被列入我司新任管理者的关键推荐书目,大家真心觉得这本书尤其适合新任技术管理者。

——Alick

第 1 版读者评价

管理是相对"虚"的事情,但是书中的知识点都有实际案例支撑,让这件看起来"虚"的事情能够很容易地落地,不会让读者看完书之后,依然对实际中的问题无从下手。书中的案例在互联网公司很常见,很容易引发读者的共鸣。

——谢锋松

在接触《知行:技术人的管理之路》之前,我曾学过一些市面上的管理课程,要么就是太理论了(不务实),要么就是给出的落地并非最佳实践(很多东西没讲透彻)。《知行:技术人的管理之路》是我很喜欢的一本书,书中给出很多务实的最佳实践、清单和标准作业程序,可以很好地把你带入管理之路。

——万仁亮

作为一名技术人,无论你的最终方向是什么,早晚会面对管理与协作的场景,可能是领导团队、解决难题或者管理项目。对于技术问题,我们通常都有一套自己的解决方法,但是对于管理与协作,我们却很难找到一套行之有效的方法。《知行:技术人的管理之路》简明扼要地描述管理之路的全景图,并详细地阐述技术人做管理的方法和技巧,带领读者从入门到成为"大师"。刘建国是一位经验丰富的技术领导者,经历过从工程师到百人团队管理者的全过程,他在书中分享了大量实战经验和管理智慧,读者可以从中受益。如果你正在追求更高的职业发展和领导力,那么这本书将是不可或缺的指南。

——周志君

建国老师的《知行:技术人的管理之路》是我在 2022 年参加果见成长读书营时遇到的,当时自己刚换到新的工作领域和岗位,在弱矩阵团队还承担着管理工作,面临着体力和心力上的挑战,作为"夹心饼干"也有诸多"怨气"和"怀疑"。这本书如雪中送炭,让我摆正心态,提升角色自信,逐渐找到了适合自己的管理风格。一转眼距离第一次拜读《知行:技术人的管理之路》已经一年,职场环境也发生了变化,我也从当年那个怯生生、不自信的小女孩找回笃定的力量,对自己的"管理之路"有了新的感悟。再次阅读这本书,对照职场中的一些场景,还是会发现有很多自己可以做得更好的地方,例如 3F 倾听、向上沟通。

如果你也正处在转型管理的路口,强烈推荐你先看一下建国老师的《知行:技

第1版读者评价

术人的管理之路》，管理的五大元素构成的"三明治"模型可以让你迅速定位当前问题，对症下药，找到解决路径。但就像书中所说："最有效的管理手段就在工作本身之中"，每位管理者都需要在实践中不断摸索、揣摩和锤炼，不断整合、重组自己的优势以发挥最大价值，直至走出自己的管理之路。

——陈倩

遇到《知行：技术人的管理之路》是我的幸运，这本书不仅有很多干货，还特别容易落地，跟书名完美契合，知行合一是学习的最高境界。这本书文笔流畅，举例生动贴切，不得不佩服建国老师的博学、务实、专业和用心。不光是图书本身，读书会社群也是一股清流，群内大咖云集，藏龙卧虎，连聊天的内容都能迅速提升认知。这本书甚至改变了我的职场之路。因此，一本好书的价值远高于其本身，而现在，我想把我的好运传递给你。

——汪莉

有幸通过极客时间专栏《技术管理实战36讲》与建国老师结缘。作为技术管理者，我常常感到自己的理论与方法不成体系，正是建国老师的管理全景图，使我豁然开朗，有理论可循，有方法可依，对管理工作感到更加自信。《知行：技术人的管理之路》一书更是对专栏内容的扩展和补充，是一本值得反复研读的图书，可以边读边结合实际去深入思考适合自己的解决办法。推荐管理者，尤其是技术管理者阅读这本书，你一定会在字里行间与建国老师产生共鸣，并被建国老师对技术管理的深刻见解所折服。

——陈科羽

建国老师作为一名一线资深技术专家转型技术管理者的典范，在书中用通俗易懂的语言毫无保留地传授了他从技术到管理方面的思考、经验和更深入的探索。是的，这不只是一本讲授技术管理的图书，既有怎么做的现实问题，更有为什么做的思维洞见。愿读者都能借助书中的"马车模型"策马奔腾，走出技术管理的迷茫；愿读者都能借助书中的"管理三明治"畅享技术管理的大餐。

——二马

第 1 版序

看到这本书时，我感到非常欣慰和欣喜。欣慰的是，作者多年的技术管理实践和积累终于有机会沉淀为文字，面向更广的受众。欣喜的是，对众多身处技术管理岗位的人而言，这本书有理论阐述和案例分析，贴近技术管理者的真实工作场景，既生动有趣，又具参考价值。

技术管理者是当今宝贵而稀缺的中坚力量。但是技术不断创新突破，行业瞬息万变，对技术管理者来说，这个时代机会无处不在，规则却无迹可寻或有迹难寻。

机会无处不在，是因为激荡前行的互联网等新兴行业给技术管理者们带来了非常广阔的发展空间和丰富的锻炼机会。行业发展迅速，业务高度不确定且充满挑战，技术快速升级迭代。在这样的背景下，管理者有机会得到全方位充分的锻炼，有管理才华的人得以"天高任鸟飞"。很多年轻的管理者脱颖而出，短短几年就已管理成百上千名员工，甚至成长为大公司的高管。这与传统行业相比，无疑是非常快的成长速度。

规则无迹可寻或有迹难寻，是由于互联网行业还需要时间进行体系化的沉淀，管理者缺乏系统而有效的行为模式来参考和学习。具体体现在：一方面，由于业务快节奏发展，很多管理者尚未形成系统的方法论，新晋管理者的学习过程容易变成跟着上级照猫画虎，缺乏深入思考和沉淀；另一方面，互联网公司本身也很年轻，其管理机制还在持续进化中。

本书的精彩之处，是结合了互联网行业的管理实践经验与管理理论，为技术管理者提供了一个系统的"管理全景图"。这使得定位管理问题、探讨解决方案都有据可依、有章可循。

第1版序

除了管理框架，本书还对管理实践中的具体问题进行了深入的分析和探讨，例如：

- 为什么与团队同步目标如此重要；
- 为什么团建活动总是"收效甚微"；
- 为什么这么多流程机制却发挥不出作用；
- 为什么很多管理者都头疼绩效沟通。

这些问题都是技术管理者在实际工作中的"切身之痛"，作者逐层拆解，力求讲清楚个中道理，而非"头痛医头，脚痛医脚"般地堆砌应对策略，真正做到了知和行的统一。

同时，作者在书中分享的很多理念对知识型团队的管理者也是非常有用的，例如：

- 从确定性思维到可能性思维的转换，从目标出发去梳理资源和路径；
- 知识经济时代的管理者更应把自己看作协同者而非当权者；
- 站在全局和上级的视角去确认自己的工作重心，而不是从头衔的角度去做机械判断；
- 建立优势互补的团队，而不是排斥那些和自己思维方式不同的员工；
- 价值兑换的原则，聚焦于输出的价值，而非输出的时间和工作量。

建国有多年技术开发经验和十年的团队管理经验，经历了从工程师到百人部门管理者的全过程，对技术人员和技术管理者的困惑及需求有深入了解和独到见解，是优秀的技术管理者和培训师。他为人严谨、坦诚，乐于思考和分享，出版这样一本管理实操方面的图书是对他多年耕耘的最好回报。书中很多观点已经影响了数以万计的技术管理者，我相信将有更多的人从中受益。

最后，期待建国在为技术管理者授业解惑方面做出更多的贡献。

王海峰
2019年春

前言

提到管理，技术人通常的反应是："技术才是我的真爱，至于做管理啊，带团队啊，都不是我要考虑的事儿。"

嗯！我原来也是这么认为的，毕竟做管理需要具备的首要条件叫作"意愿"，这似乎意味着对于"做不做管理"这个问题，我们是可以自主选择的，于是总想等自己决定要做管理了再去关心这个问题。显然，在技术人眼里，说了"我愿意"才是愿意；然而在上级的眼里，只要你没说"我不愿意"，就默认是愿意——即便你稍微表示了不愿意，只要没有强烈抗拒，也表示你愿意……于是，"悲剧"就这样产生了：最近几年我调研了数百位技术管理者，竟然只有10%～20%的管理者当初主动向上级表达过管理意愿，也就是说，超过80%的技术管理者，都是在没有主动表达管理意愿的情况下，被上级"推到"管理岗位上去的。虽然我早有预料，但是这么高的比例依然让人大跌眼镜。要知道，这个数字还不包括那些已经在带团队的工程师和架构师，他们虽然没有管理者的头衔，却是实际的团队管理者。通过这个数据我们不难想到，由于毫无准备，大多数技术管理者在刚开始带团队时，对于管理该"做什么"以及"怎么做"都是知之甚少的。甚至，他们都不确定自己是不是要在这条路上坚定地走下去。这也就难怪他们常常把管理工作统称为"杂事"，虽有调侃之意，其不情愿也可见一斑。

那么，这种技术人被"逼上梁山"做管理的情况，是怎么形成的呢？进一步分析这些技术管理者的公司背景之后，我们找到了原因。

在很多传统的企事业单位，要晋升到管理者，需要5～10年甚至更久，公司有充分的时间去物色和培养一位管理者。而在新兴的泛互联网领域，这个时间会缩短为2～5年，如果你服务于一家快速崛起的公司，这个时间会进一步缩短为1～2年，甚至更短。我所调研的数百位管理者，都服务于泛互联网公司。这些公司的发展节奏根本等不及你"准备就绪"才让你上岗，上级会推着你边做边学。即便你目前是一位工程师，如果下周你的上级要求你带团队，你也别觉得突然，因为极有可能你的上级也是这么开始做管理的，这种培养方式叫作"丢到海里去学游泳"，倒也生动贴切。

当技术管理者们"手忙脚乱地在大海里扑腾"时，会产生以下两个强烈的诉求。

1. "内求"。即，把自己之前积累的浑身解数——最好用的工作方式迁移到管理工作中，这叫"用本能求生"。
2. "外求"。即，热情地期待别人能够施以援手——给予指点和帮助，尤其是希望得到上级的指导和反馈，这叫"用外援求生"。

然而，实际情况是这两个诉求都很难得到满足，于是成为技术管理者们的"痛苦"之源。

1. 用本能求生。技术人做事的基本本能是依照明确的规则来追求确定性的结果，总是希望在一个系统的框架之下按照清晰的规则来开展工作。当他们把这个理念带入管理工作中后发现，找不到一个管理的框架图可以把所有管理工作都系统地囊括进来，更别提让管理者可以按图索骥地去做好各项工作了。每当面对管理问题和挑战时，他们对"管理全景图"的期盼就愈加强烈。
2. 用外援求生。因为公司节奏快，所以"上级很忙"，绝大部分技术管理者能够得到的指导都很有限。如果你恰好遇到一位有能力、有意愿给你提供系统指导的上级，一定要当作"大熊猫"一样来珍惜，这样的上级非常稀缺。因为对大部分技术管理者来说，他们的上级当年也是如此跌跌撞撞过来的，他们也没有得到过系统的指导。

痛苦，很多时候也是动力。

十年前，我刚从一名工程师转型为管理者，也一样充满了迷惑和不安，常常是从"坑"里爬出来才惆怅——"这么简单的事情，要是有人早点提示我一下多好！""原来这么看问题才合理，没人点醒自己就绕不过来"……于是自然而然地想："只要有前辈稍加指点就可以少走很多弯路。我能否做点什么，可以让别人少一些不知所措，多一些胸有成竹？"这份渴望不断在我心里生长，直到2018年，带着这样的初心，我创办了"果见管理"，专注于对技术管理者尤其是新经理的辅导和培养。几年下来，我的管理培训课程、管理专栏以及《知行：技术人的管理之路》支持了数以十万计的技术管理者，成为滴滴、好未来、京东、快手、哔哩哔哩、小米等公司和极客时间的明星课程。也正是大家的鼓励和支持，推动了本书的诞生。

我目前所做的工作，也让我有非常多的机会和各个公司的技术管理者们交流。我发现大家的困惑都是大体相同的，集中在以下三类问题上。

1. "Why"的问题，关乎管理意愿，核心是纠结"要不要做管理"，例如：
   - "老板让我做管理，我到底要不要做呢？"
   - "管理这条路是否适合我呢？对我个人发展有什么建议吗？"
   - "我不像某某那么适合做管理，我是否还要去尝试呢？"

2. "What"的问题，关乎管理认知，核心是迷惑"管理都需要做什么"，例如：
   - "管理者到底需要做哪些事呢？"
   - "有没有管理的框架图可以让我按图索骥，做到心中有数呢？"
   - "怎样才算是一位职业的管理者？我做得是否足够呢？"

3. "How"的问题，关乎管理实操，核心是想了解"管理具体怎么做"，例如：
   - "怎么做团队建设呢？"
   - "怎么提升团队凝聚力呢？"
   - "怎么向上沟通？"
   - "怎么激励员工？"
   - "怎么应对低绩效员工呢？"
   - "怎么和工程师相处？"

多年来，探讨这些问题的文章多如繁星，却散落天际，我们找不到一张"星空图"能把它们系统地关联在一起。纵然接受过无数的管理培训，但往往感觉如隔靴搔痒，就好像老师在天上说，而我在地上跑。于是，受到"技术管理者"的使命召唤，我希望用技术人的亲身经历和技术人熟悉的语言，来挑战一下这个管理技能的"星空图"，并借此来阐释技术管理的方方面面，好让管理者们在面对各类管理问题时做到胸有丘壑。

前言

为了方便读者阅读本书，我大体介绍一下本书的内容结构。

全书内容共分为 9 章。

- 第 1 章主要是"搞定自己"，理顺技术人做管理常见的困惑和纠结，解决管理意愿的问题。
- 第 2 章主要是回答"管理都做哪些事儿"，先把管理框架图，同时也是本书的内容框架图提供给大家。
- 第 3 章至第 7 章，依次探讨管理框架的五大组成部分，包括管理者的角色认知、管理规划、团队建设、任务管理、管理沟通。
- 第 8 章是对第 2 章至第 7 章的总结和归纳，介绍管理全景图的应用方法，并探讨管理者如何积累自己的管理方法论。
- 第 9 章针对管理者个人发展，探讨如何走出自己的管理之路。

因此，本书的读法有两种：你可以通读全书，也可以当作一本管理手册来查阅，在看完第 2 章之后选自己感兴趣的主题来阅读。

在正式开始讲述之前，需要和大家约定一下"管理者"这个概念的含义。

和技术上的概念不同，管理上的很多概念都比较模糊，例如对本书探讨的"管理者"，你习惯上怎么称呼呢？是叫管理者、经理、团队领导（team leader），还是团队负责人？为了方便探讨，我们姑且把需要带团队的技术人统称为"经理"，而且，文中提到的"团队领导""管理者""团队负责人"等概念，如果没有特殊说明，默认都是一回事，都是既需要"带人"又需要"做事"，还要对团队和业务都负责的管理者，以明确区分于只关注人员成长的人力经理，以及只关注做事的项目经理。

最后，本书无论如何仍是一家之言，而管理应用的场景千千万万。期待大家提出意见、建议和更多的管理案例，我们一起为技术管理者这个群体做点有意义的事儿。如有需要，可以关注我的微信公众号（见作者介绍）持续交流。

致谢

  从启动到出版，这本书凝聚了很多亲朋好友的心血和汗水，在这里我向你们表达诚挚的谢意！

  首先感谢人民邮电出版社的杨海玲编辑和刘雅思编辑，本书的首版和再版分别在你们手上诞生，你们的专业和敬业令人印象深刻，正是你们丰富的经验和大量细致的工作保证了本书的品质。感谢极客邦创始人霍太稳，正是在您的鼓励之下，我开启了"助力技术人做管理"这项事业。感谢极客时间总编郭蕾一如既往的支持，并推动了本书诞生的全过程。感谢极客时间编辑杨林林和毛倩倩，正是我们一起打造的管理专栏成为本书的起点。感谢极客时间的李明原、吴小艳、杨伟鑫等各位伙伴为本书所做的工作。

  感谢百度集团首席技术官王海峰博士，作为在技术、学术、管理领域都卓有成就的大家，您的指导和支持一直激励着我，推荐序更是寄托了您对技术管理者的殷切期望。感谢我的导师清华大学经济管理学院张进教授，您的指点和鼓励让我勇敢地迈入管理研究这个领域。感谢亦师亦友的张博、桑文锋、巨建华、王海平、蒋浩、柴桥子，和你们的思想碰撞与交流令我受益匪浅，感谢你们直接或间接地成就了本书，为我的十年管理做了一个圆满的注脚。

  感谢我的工作伙伴姚君在图文审阅和设计方面大量而细致的工作，正是您的杰出工作使本书顺利完成。感谢著名优势专家刘佳博士在优势理论方面的建议和指导，您的优势理念为新时代的管理者提供了活力之源。感谢各位管理者朋友廖雪梅、张灿、逄永涛、易潇、邢天宇、林丽在管理案例方面给予的支持。感谢管理工作坊孙群芳、任婧等老师、同学和《技术管理实战36讲》专栏的读者，还有本书第1版的读者朋友，你们的支持和鼓励给了我前进的动力。

致谢

  我的管理之路，是吃"百家饭"长大的，感谢十年管理中的导师陈晓峰、刘华、张猛、齐玉杰、陈韫敏、王梦秋、田晓萌、李明远、吕厚昌、刘迎、王京傲，你们从不同侧面让我看到了一个多方位的管理体系。

  最后，感谢同为技术管理者的妻子做我的第一读者，感谢岳父、岳母给我充足的写作时间，感谢父亲、母亲无条件的支持，正是你们长期的支持和付出，使我得以顺利完成此书。

  最后的最后，感谢自己，对于意义的执着，不曾放弃。

资源与支持

本书由异步社区出品，社区（https://www.epubit.com/）为您提供相关资源和后续服务。

配套资源

本书提供如下资源：

- 思维导图。

要获得以上配套资源，您可以扫描下方二维码，根据指引领取。

您也可以在异步社区本书页面中点击 ，跳转到下载界面，按提示进行操作即可。注意：为保证购书读者的权益，该操作会给出相关提示，要求输入提取码进行验证。

提交勘误

作者和编辑尽最大努力来确保书中内容的准确性，但难免会存在疏漏。欢迎您将发现的问题反馈给我们，帮助我们提升图书的质量。

当您发现错误时，请登录异步社区，按书名搜索，进入本书页面，点击"发表勘误"，输入勘误信息，点击"提交勘误"按钮即可（见下图）。本书的作者和编辑会对您提交的勘误进行审核，确认并接受后，您将获赠异步社区的 100 积分。积分可用于在异步社区兑换优惠券、样书或奖品。

资源与支持

与我们联系

我们的联系邮箱是 contact@epubit.com.cn。

如果您对本书有任何疑问或建议，请您发邮件给我们，并请在邮件标题中注明本书书名，以便我们更高效地做出反馈。

如果您有兴趣出版图书、录制教学视频，或者参与图书技术审校等工作，可以发邮件给本书的责任编辑（liuyasi@ptpress.com.cn）。

如果您来自学校、培训机构或企业，想批量购买本书或异步社区出版的其他图书，也可以发邮件给我们。

如果您在网上发现有针对异步社区出品图书的各种形式的盗版行为，包括对图书全部或部分内容的非授权传播，请您将怀疑有侵权行为的链接通过邮件发给我们。您的这一举动是对作者权益的保护，也是我们持续为您提供有价值的内容的动力之源。

关于异步社区和异步图书

"异步社区"（www.epubit.com）是由人民邮电出版社创办的IT专业图书社区。异步社区于2015年8月上线运营，致力于优质学习内容的出版和分享，为读者提供优质学习内容，为作译者提供优质出版服务，实现作者与读者在线交流互动，实现传统出版与数字出版的融合发展。

"异步图书"是由异步社区编辑团队策划出版的精品IT专业图书的品牌，依托于人民邮电出版社30年余年的计算机图书出版积累和专业编辑团队，相关图书在封面上印有异步图书的LOGO。异步图书的出版领域包括软件开发、大数据、AI、测试、前端、网络技术等。

目录

第 1 章　管理路口的彷徨　/　1

1.1　迷茫：工程师有哪些发展路径　/　2
1.2　困惑：我到底要不要做管理　/　8
1.3　懵懂：哪些人容易走上管理岗位　/　12
1.4　纠结：我要不要转回去做技术　/　18
1.5　忧虑：如何保持技术竞争力　/　23
1.6　怀疑：我似乎不适合做管理　/　29
1.7　心虚：如何找到管理自信　/　34
小结　/　38

第 2 章　管理的基本框架　/　40

2.1　什么是管理　/　41
　　2.1.1　大师谈管理　/　41
　　2.1.2　领导力　/　43
2.2　管理的基本框架　/　45
　　2.2.1　"管理三明治"　/　46
　　2.2.2　角色认知　/　48
　　2.2.3　管理规划　/　49
　　2.2.4　团队建设　/　53
　　2.2.5　任务管理　/　58
　　2.2.6　管理沟通　/　59

目录

    2.2.7 "管理全景图" / 60

  小结 / 63

  扩展思考 / 64

第 3 章 角色认知 / 65

  3.1 角色认知的必要性 / 65

  3.2 角色的力量 / 67

  3.3 角色发生了哪些变化 / 70

  3.4 管理误区解读 / 76

    3.4.1 常见的六类管理误区 / 76

    3.4.2 如何避免陷入误区 / 80

  小结 / 82

  扩展思考 / 83

第 4 章 管理规划 / 84

  4.1 规划要素 1：职能 / 85

    4.1.1 团队职能的层次 / 86

    4.1.2 团队职能的设定 / 89

  4.2 规划要素 2：目标 / 91

    4.2.1 目标设定的意义 / 91

    4.2.2 目标设定的原则 / 92

    4.2.3 目标设定的维度 / 95

    4.2.4 目标设定的形式 / 95

    4.2.5 目标设定的挑战 / 97

  4.3 规划要素 3：团队 / 100

    4.3.1 团队规划之目标视角 / 100

    4.3.2 团队规划之资源视角 / 101

    4.3.3 团队规划之人才视角 / 102

    4.3.4 团队规划的呈现 / 103

4.4 规划要素 4：路径 / 104
    4.4.1 资源类型的丰富性 / 105
    4.4.2 手段选择的多样性 / 105
    4.4.3 人才招聘的必要性 / 107
    4.4.4 结果评估三要素 / 108

4.5 管理规划报告 / 110

小结 / 112

扩展思考 / 113

第 5 章 团队建设 / 114

5.1 团建要素 1：能力 / 117
    5.1.1 能力的构成 / 117
    5.1.2 能力培养的目标 / 119
    5.1.3 能力培养的标准 / 120
    5.1.4 能力培养的方法 / 121
    5.1.5 员工学习的意愿 / 122
    5.1.6 能力培养的两个信念 / 123

5.2 团建要素 2：激励 / 123
    5.2.1 员工激励的挑战 / 124
    5.2.2 马斯洛需求层次理论 / 125
    5.2.3 员工激励发展的三个阶段 / 126
    5.2.4 员工幸福感 / 132
    5.2.5 激励方案设计 / 134
    5.2.6 激励挑战的应对 / 136

5.3 团建要素 3：分工 / 137
    5.3.1 分工的目的 / 137
    5.3.2 常见的组织结构 / 138
    5.3.3 常见的分工问题 / 139
    5.3.4 虚拟组织 / 140

5.4 团建要素 4：协作 / 142

　　　　5.4.1　何为良好协作　/　142

　　　　5.4.2　如何提升协作水平　/　143

　　5.5　团建要素5：梯队　/　145

　　　　5.5.1　如何选才　/　146

　　　　5.5.2　如何育才　/　147

　　　　5.5.3　梯队建设的挑战　/　151

　　5.6　团建要素6：文化　/　154

　　　　5.6.1　何为团队文化　/　154

　　　　5.6.2　团队文化的价值　/　155

　　　　5.6.3　团队文化建设的步骤　/　156

　　5.7　经典团建话题　/　159

　　　　5.7.1　如何让团建活动不再"收效甚微"　/　160

　　　　5.7.2　如何提升团队凝聚力　/　167

　　小结　/　171

　　扩展思考　/　172

第6章　任务管理　/　173

　　6.1　任务要素1：轻重缓急　/　174

　　　　6.1.1　轻重缓急的决策步骤　/　174

　　　　6.1.2　轻重缓急的决策要点　/　177

　　6.2　任务要素2：过程管理　/　178

　　　　6.2.1　有效执行的四个障碍　/　179

　　　　6.2.2　有效执行的四要素　/　182

　　6.3　任务要素3：流程机制　/　184

　　　　6.3.1　流程机制建立的步骤　/　184

　　　　6.3.2　流程机制建立的原则　/　187

　　　　6.3.3　流程机制的常见问题　/　188

　　6.4　经典问题：如何实现高效执行　/　189

　　小结　/　193

　　扩展思考　/　194

第 7 章 管理沟通 / 195

7.1 管理沟通的两个视角 / 195

7.2 管理沟通的挑战 / 197

7.3 管理沟通的基本框架 / 199

    7.3.1 沟通目的 / 200

    7.3.2 沟通通道 / 201

    7.3.3 沟通内容 / 205

    7.3.4 影响力 / 207

    7.3.5 管理沟通的四项积累 / 207

7.4 两个重要的沟通技术 / 209

    7.4.1 倾听 / 209

    7.4.2 发问 / 213

7.5 影响力 / 216

    7.5.1 职权影响力 / 216

    7.5.2 非职权影响力 / 217

    7.5.3 影响力的提升 / 221

    7.5.4 影响力的发挥 / 223

    7.5.5 影响力的滥用 / 224

7.6 管理沟通的三大场景 / 224

    7.6.1 向上沟通 / 225

    7.6.2 向下沟通 / 231

    7.6.3 横向沟通 / 239

7.7 绩效沟通 / 243

    7.7.1 绩效沟通的挑战 / 243

    7.7.2 绩效制度的本质 / 244

    7.7.3 绩效制度的窘境 / 247

    7.7.4 绩效管理 / 248

    7.7.5 绩效沟通 / 252

7.8 情绪管理 / 257

7.9 常见的沟通误区 / 261

小结 / 265

扩展思考 / 266

第 8 章 管理方法论 / 267

8.1 管理方法论的重要性 / 268

8.2 管理方法论的框架 / 269

8.3 管理方法论的积累 / 274

    8.3.1 诚意正心 / 274

    8.3.2 事上练：管理不在事外 / 276

    8.3.3 处理管理问题的一般步骤 / 278

8.4 "管理全景图"的应用方法 / 282

    8.4.1 盘点问题 / 282

    8.4.2 定位问题 / 284

    8.1.3 定义问题 / 286

    8.4.4 转换问题 / 288

    8.4.5 收纳问题 / 292

8.5 经典问题：管理者如何顺利"空降" / 293

小结 / 297

扩展思考 / 298

第 9 章 管理之路 / 299

9.1 何谓"管理之路" / 299

    9.1.1 管理者的价值兑换模式 / 300

    9.1.2 管理者的核心竞争力 / 301

9.2 走出自己的管理之路 / 303

    9.2.1 主动规划 / 303

    9.2.2 厘清自己的价值兑换模式 / 304

    9.2.3 盘点有利因素 / 305

    9.2.4 自在地持续做下去 / 308

第 1 章
管理路口的彷徨

技术人做了几年专业工作之后，会来到一个重要的"分岔路口"，一边是专业的技术路线，一边是技术团队的管理路线。不少人就开始犯难：究竟该往哪里走呢？

于是，技术人就来到了从技术到管理的第一个障碍面前。这个障碍并不是由管理工作本身带来的，而更多的是对要不要做管理的犹豫和彷徨。其实，可怕的也不是犹豫，而是不明所以的犹豫，因为不明所以，因而更加难以抉择。很多管理者长期徘徊在这个路口，动辄半年一年，甚至是几年。最终在其中某个选项消失的时候，接受了别无选择的路，而这显然并不符合自己的意愿。

究竟是什么让徘徊在路口的技术人如此彷徨呢？主要有七个烦人的"小妖"。

- 第一个叫"迷茫"：我看不清前面的路——工程师的职业发展都有哪些可能性呢？
- 第二个叫"困惑"：我也不知道到底要不要做管理，怎么判断要不要？
- 第三个叫"懵懂"：我怎样才能够顺利地走上管理岗位呢？
- 第四个叫"纠结"：我要不要转回去继续做技术呢？
- 第五个叫"忧虑"：我要如何保持自己的技术竞争力呢？毕竟我带的是一个技术团队。
- 第六个叫"怀疑"：我这样的性格似乎不适合做管理？
- 第七个叫"心虚"：我时常感觉自己做不好管理，怎么办？

所谓"攘外必先安内"，整天心乱如麻又如何能沉下心来做管理呢？只有先理顺自己内心的方向，找到自己内心的力量，才能心无旁骛地去做好管理。因此，在探讨管理怎么做之前，在本章中，我们先来扫清障碍，解决这七个"小妖"。

第 1 章 管理路口的彷徨

1.1 迷茫：工程师有哪些发展路径

也许是现在，也许是未来，总有那么一天，我们会操心未来的职业发展。可当我们抬起头眺望远方的时候，却发现总也看不清。于是，我们很自然会想到——前人都去了哪里呢？多年前的那些工程师现在都在做什么呢？也许，他们的去向能给我们一些启发和指引。

我一直希望能够帮技术人整理一份职业发展路径的清单，好让技术人在碰到职业选择困惑的时候，可以像看菜单一样有所参照。前不久的一次聚会，给了我一个很好的机会。

"老知道人"是我们对百度知道早期团队成员的一个称谓。"百度知道"是一个知识社区，于 2005 年 11 月正式发布。我怀着对这个产品的无比喜爱，以及对百度"让人们平等便捷地获取信息，找到所求"使命的高度认同，于 2005 年 12 月加入"知道"团队，成为一名后端工程师，因此我对 2005～2008 年"百度知道"的工程师都非常熟悉。当然，都是十多年前的同事了，虽然大部分都已不在"知道"团队，但这并不影响大家对这个产品的深厚感情，依然自称"老知道人"。

"老知道人"每年都有一次聚会，只不过这一次聚会，我把它作为一个跨越了 10 年的比较完整的"样本集"，进行了一个小调研：大家都曾经是工程师，典型的技术人，10 多年过去了，现在都在做什么呢？

尽管这个"样本集"过小，只有 20 个人，却是跨越了 10 多年的互联网领域里很典型的一群技术人。

经过整理归纳，我发现当年这批工程师如今大体分布在四个大类的八个方向，如表 1-1 所示。

表 1-1 工程师八大发展方向

四大类	八个方向
技术类	架构师
	技术专家
管理类	技术管理者
	职业经理人
创业类	创始人
	技术合伙人
顾问类	投资顾问
	管理顾问

▶ 技术类

技术类主要包含两个大方向：架构师和技术专家（或科学家）。

1. 一个方向侧重于"广"，着眼于技术的整体性、架构性，关注业务整体的解决方案，我们姑且称为"架构师"，厉害的架构师会成为"首席架构师"，承担一个产品或服务的技术方案总设计师的角色。他们常见的作品有社区类服务架构、云存储服务架构、搜索架构、电商服务架构、数据平台架构等。每一个产品背后都有一位或几位技术架构师，他们关心技术本身，更关心技术如何服务好业务和用户。
2. 另一个方向侧重于"专"，着眼于某个专项技术的深度、专业度和精细度，我们姑且称为某领域"技术专家"或"科学家"，比如常见的有图像技术专家、语音技术专家、机器学习专家、推荐算法专家等。他们是某个特定专业领域里的"武林高手"，成果往往会被应用在某个专业的技术服务上，一般并不负责用户产品的完整技术方案。

大家都对日常使用的计算机很熟悉，其制造过程，一般先由芯片生产商生产CPU、内存，板卡生产商生产主板、显卡、声卡等这些专业的组件，生产商对这些组件的专业度负责；然后由计算机生产商把这些组件装配成计算机，并对计算机的整体功能和用户的体验负责。这很类似于我们上述的两个技术方向：专家侧重于技术专业性的保障，而架构师侧重于整体技术方案及产品交付的保障。

▶ 管理类

管理类也有两个不同的方向，即技术管理者和职业经理人。有人认为职业经理人是技术管理者的更成熟阶段，但我更倾向于认为这是两个不同的选择。

1. 技术管理者。这个方向很自然，就是从工程师到技术团队的一线经理，再慢慢做到部门经理等二线经理，然后是某个大技术体系或整个技术部的技术副总裁，如果还包括产品、设计等所有"产品交付"类团队，就成为一个常规意义上的首席技术官（chief technology officer，CTO）。但总体上，他们都属于技术管理者。
2. 职业经理人。之所以叫职业经理人，是因为这类管理者不限于管理技术类团队，而是往往更关注业务。这个角色很像某个业务的首席执行官（chief executive officer，CEO），负责一个完整的业务团队，有些公司也叫总经理（general manager，GM）。这个角色不会限定在某个具体业务，而是可以根据公司需要去负责其他新业务，迁移性比较强。职业经理人虽然关心一个业务经营的方方面面，但本质还是属于高管范畴，在公司整体框架下工作，而不是像公司创始人那样对整个公司有掌控力。

▶ **创业类**

创业类对技术人来说，也有两个方向。

1. 作为创始人牵头创业，做"领头羊"。创业成功后就成为我们所说的"企业家"，像李彦宏、马化腾等，他们是技术人牵头创业的典范。当前人工智能、大数据、区块链、云服务这些技术方向的大热，也催生出很多技术出身的 CEO，在擅长的技术领域里开疆拓土，挥斥方遒。比如"老知道人"中的桑文锋就是神策数据的创始人，相信你身边也有不少技术出身的 CEO。
2. 作为技术合伙人或技术高管全盘负责公司的技术，以技术管理为公司"安邦定国"。几乎每一个比较成功的互联网公司，都有这么一个强有力的角色，比如美团的穆荣均、滴滴的张博、头条的杨震原等，都是这个方向上的优秀代表，其中穆荣均也是"老知道人"。事实上，这个方向上的成功案例远远不仅于此，大部分独角兽公司的背后都有一个强有力的技术合伙人。

你也许会问，技术合伙人的方向和技术管理者的方向有什么区别吗？看上去都是"技术高管"。

这两者的主要区别在于：技术合伙人是从公司早期就作为创业伙伴和创始人一起创业并做到高管的，其核心是共同创业；而技术管理者往往在一家比较成熟的公司做管理，其核心是管理。这其实是两个非常不同的职业方向。

- 关于"技术合伙人"，我前面列举的都是比较成功的创业案例，这只是为了方便我们理解。而现实中，大部分的创业是"尚未成功"的，所以技术合伙人面临的更多的是创业的压力和不确定性，他们在大部分时间内的角色

- 都不是管理者，而是创业者，只不过是"恰好"分管技术管理而已。
- 关于"技术管理者"，这里是指"管理类"中的这个狭义的技术管理者，他们大部分时间都是在做技术管理，其工作视角、工作方法和技术合伙人有很大的差别。至少，他们不会"无所不用其极"地去谋求公司发展的各种可能性，因为他们不仅没有这个意愿，而且无法承担这样做带来的风险——毕竟，公司不属于他们。

你可能还会问，为什么要把"创业者"和"技术合伙人"也区分为两个方向呢？他们不是都怀着创业的心态吗？原因是这两个角色的职责差异很大，对能力的要求也大不相同，因此他们的"技能清单"有很大区别。因此，我们从职业发展的角度，将其分为两个方向。

▶ 顾问类

顾问类的两个方向离得有点远：投资顾问和管理顾问。

1. 投资顾问。也就是做投资人，有做投前的，也有做投后的，基于对一个创业团队和项目的完整判断，从"外围"以资本运作和投后服务来支持创业公司发展。他们在做投资人之前，往往都有着非常丰富的企业经营管理经验、宽广的视野和敏锐的洞察力。说起和百度知道有关的投资顾问，有百度风投的齐玉杰、清流资本的王梦秋和陈韫敏等，之前都是百度技术部的高管，曾经直接或间接管理过百度知道团队。值得一提的是，他们都曾经是百度的工程师，典型的技术人。
2. 管理顾问。也就是提供培训、咨询服务，帮助企业做人力发展和组织发展。这个方向是从"内部"通过支持公司内的管理者和 HR 来支持公司的发展。他们往往以多年的管理经验、理论研究、教练和培训技术为依托。目前，"老知道人"在这个方向上的人是最少的，只有我一个。而且，几年前我还是创业公司的技术高管，更早些年则是百度的一名部门经理。因此，我之前的大部分时间，都是一位"技术管理者"。

上面这八个方向，就是十多年前的"老知道人"如今的职业发展情况。

那么，除了上述八个方向，工程师还有没有其他的发展路径呢？显然是有的，有换一种形式做技术的，如技术网红、技术媒体人等；有抛开技术但基于自己的行业领域转型的，如人工智能产品经理、云服务销售等；甚至还有完全抛开技术的各种"断崖式"转行：理财保险、继承家业、全职奶爸奶妈、周游世界等，这些情况过于个性化，很难被借鉴，所以不在我们的探讨范围内。

你可能会好奇这20个"老知道人"的分布情况是什么样的。下面我们来看看各个方向的占比，如表1-2所示。

表1-2 "老知道人"职业方向分布

四大类	八个方向	分布	占比
技术类	架构师	2	10%
	技术专家	1	5%
管理类	技术管理者	6	30%
	职业经理人	1	5%
创业类	创始人	2	10%
	技术合伙人	5	25%
顾问类	投资顾问	2	10%
	管理顾问	1	5%

综合这些数据我们不难发现以下三个特点。

- 整体分布情况比较分散，大家十年后都有了自己的选择。
- 技术管理者和创业公司的技术合伙人相对集中，两个方向加起来超过一半。
- 十年后仍坚持做技术的比例较低，在20%左右。

当然，这个样本量很小的统计结果无法代表整个互联网行业技术人的发展情况，但这四个大类八个方向也许能给你一些感性认识，在做选择时为你提供一些参考。

进一步想，不同的职业发展方向，对技能有什么不同的要求呢？换句话说，如果想选择一个方向发展，需要做哪些方面的准备和积累呢？

我们说，技能往往只是手段，不同的发展方向代表着不同的价值输出方式，只要有利于你最大化地输出你的价值的技能，都是好的积累，这里并没有一定之规。但是，不同的发展方向的确有一些通用的视角和技能，如表1-3所示。

表1-3 八个方向技能清单

四大类	八个方向	技能清单
技术类	架构师	技术实操、架构能力、业务理解、梯队培养、沟通……
	技术专家	技术实操、专业研究、业务理解、梯队培养、沟通……

续表

四大类	八个方向	技能清单
管理类	技术管理者	业务理解、技术判断、目标规划、团队建设、任务执行、沟通……
	职业经理人	行业洞察、商业判断、资本运作、战略规划、公司经营、沟通……
创业类	创始人	行业洞察、商业判断、资本运作、战略规划、公司经营、沟通……
	技术合伙人	业务理解、技术判断、战略规划、团队建设、任务执行、沟通……
顾问类	投资顾问	行业洞察、商业判断、资本运作、经营管理、沟通……
	管理顾问	管理经验、管理理论、教练技术、课程研发、沟通……

> **提示** 表 1-3 仅仅作为提示和启发用,因为这个"技能清单"既不精确,也不完备,不同的管理者,可以根据自己的理解调整和完善,形成自己专有的"技能清单"。

表 1-3 中这些"技能清单",用的都是很"大"的词,看起来有些笼统,我们理顺一下大体的逻辑。

1. 开始,我们作为工程师,需要有很好的技术实操能力,这是作为工程师的职业素质。
2. 慢慢地,随着我们能做的事情越来越多、越来越大,并不断提升整体架构能力,于是,我们成为架构师;而如果我们对某个专业领域的技术越来越专精,就会成为技术专家或科学家。
3. 当然,我们也可以不断拓展自己项目管理能力和带团队的能力,这样我们会成为越来越高级的技术管理者。
4. 接下来,如果选择自己做一番事业,可以去创业公司做技术合伙人。
5. 随着越来越关注行业发展、商业逻辑、公司经营,我们就慢慢拥有了职业经理人和公司创始人的视角。
6. 随着越来越关注资本运作以及资本产生的价值,我们就会从投资人的视角去看待各行各业和整个社会。

在这里,我们是按照视角的迁移和能力的扩展来阐述整个过程的。但是对于每个具体的个人,其职业发展却并不需要完全历经这个过程,也并没有"越后者越高级"的说法。对你而言,如果最终停留在自己喜欢和认同的角色上,那就是最好的选择。

当然,无论走哪条路,有些能力是共通的,比如规划、带人、沟通等管理能力覆盖了全部八个方向。因此,我们要有意识地区分"技术管理能力"和"技术管理岗位"这两个概念。有些人可能出于兴趣、机遇等各种原因不会去选择做"技术管理岗位"，但"管理"作为一项综合能力，是未来职业发展所不可或缺的——即便我们不做管理者，也免不了和管理者合作。当然，角色不同，对"管理"能力需要掌握的程度也不同。

总而言之，对技术人来说，无论我们是否做技术管理岗位，未来几乎所有的职业发展，都围绕着技术和管理这两条腿在走路，一条腿是走不远的。

通过对前面四个大类八个方向的探讨，我们大体了解了多年前的那些工程师各自的去向。那么对你来说，要如何迈着技术和管理这两条腿走向远方呢？

1.2 困惑：我到底要不要做管理

前面我们探讨了技术人常见的职业发展方向，不难发现，在做了几年技术之后，大部分技术人会把"做管理"作为一个重要选项来考虑。实际上，很多时候你都还没有仔细考虑，你的上级就会推着你带团队。你是否正处在这样一个阶段呢？是否正在要不要做管理这个问题上反复权衡呢？

在十多年的管理工作中，我常常被工程师这样询问："我适不适合做管理呢？你对我有什么建议吗？"每当此时，我都会反过来问他一个问题："能否先告诉我，做管理对你来说意味着什么呢？你觉得它能给你带来什么？"我当然不是在质疑他，只是想让他去反思自己"做管理"的初衷。因为大部分新经理，即使已经踏上了管理之路，也没有认真审视过自己的初衷。而这个问题又是如此重要，它不仅决定了你能在这条路上走多久，还决定了你能走多远、走多好，甚至走得是否开心。

关于做管理的初衷，我做过专门的访谈，以下四类原因是最为普遍的。

第一类原因是：不得已的选择。典型说法有以下几种。

- "我对技术没有热情，也没有技术特长，所以只能做管理。"
- "做技术又不能做一辈子，很多前辈都转管理了，我也想转。"
- "没有办法，公司发展太快了，老板要求我带团队。"

第二类原因是：别人眼里的成功。典型说法有以下几种。

- "如果能做到公司高管，别人都会认为我是一个优秀和成功的人。"
- "能够做管理带团队，这样在家人眼中会很风光。"

第三类原因是：不辜负组织的期待。典型说法有以下几种。

- "上级说我适合做管理，我不能辜负他对我的期望。"
- "公司需要我带团队，这是公司对我的信任，我一定得做好。"

第四类原因是：对做管理的主观遐想。典型说法有以下几种。

- "不用凡事亲力亲为，安排下级去做就好了，应该会轻松些。"
- "做管理越晋升越轻松，你看高管都不坐班。"

关于做管理的初衷，你会给出什么样的回答呢？会对应上面四类中的某一类吗？

说实话，无论是上述四类中的哪一类，都很难让你在管理之路上走很远。因为上面的四类说法都属于"外驱力"的范畴。如果你因为这样的"外驱力"而选择了管理，时间一长你会觉得管理工作越来越"烦人"，并不如自己所期待的那样风光，甚至会怀疑自己当初是否选错了路。其实，你并不见得是选错了路，而是基于外部的推力和诱惑所做出的决策——而外力很多时候并不为你所掌控，一旦它们不在了，你的"怨气"也就产生了。

既然如此，是该考虑你的内在动力和内在诉求的时候了。

你可能会说："我一直都清楚自己的诉求啊，哪个发展得好、回报丰厚，我就选哪个。这还有什么好探讨的吗？"事实上，每条职业道路上都有非常出色的榜样，关键是你能否在你选择的道路上也可以那么优秀呢？这个问题的答案，恰恰就建立在你内心的渴望和意愿上——这是优秀的"种子"。退一步说，管理意愿的强弱可是公司考察管理候选人是否适合做管理的重要因素，这是一个不容忽视的问题。

然而，对还没有做过管理或者没有充分经历过管理工作的新经理来说，都没有深刻地真实体验过，怎么判断管理是不是真爱呢？

你可以通过以下三个重要问题，帮自己做个判断。

第一个问题是：你是否认同管理的价值呢？

这个问题是关于管理的"价值观"的，即，你是否认为管理是有重要价值的呢？你可能会疑惑，这会成为一个问题吗？我很肯定地告诉你：会的。有很多管理者跟我诉苦，说他们下属的新经理不认同管理的价值，常常会跟他们抱怨，比如：

- 认为招聘面试、辅导员工、向上汇报、开会沟通、梳理流程、协调资源、推动进度、评估绩效等大部分管理工作，都是琐碎的"杂事"，很难从这些工作中获得价值感和成就感，甚至还对这些工作"挤占了写代码的时间"而感到不满；
- 认为经理是给高工和架构师打下手的，其职责就是支持好架构师的工作，这样的工作令人感到郁闷；
- 认为管理的工作不如技术工作有价值，通过技术手段来解决问题才是最酷的事情。

你是否也会这么认为呢？

问题在于，即使别人都认为你适合做管理，但如果你自己不认为管理是有价值的，那么你也很难做得开心，也很难长久地坚持下去。

第二个问题是：你是否对管理充满热情并享受此工作呢？

你可能会问："我还没有做过管理啊，怎么知道有没有热情呢？"而事实上，做很多管理工作并不需要管理的头衔，你可以问问自己下面这几个问题。

- 你是否主动地向上级询问过团队的工作目标呢？
- 你是否主动关心过新同事该怎么培养，以及如何更好地帮助他们成长呢？
- 你是否享受去负责一个大项目的协调和推动，而不是自己亲自操刀？以及项目的成功发布是否会给你带来强烈的成就感呢？
- 你是否思考过什么样的流程和机制可以应对团队工作中的那些疏漏呢？
- 你是否觉得团队氛围不够好，于是想通过一些办法来改进呢？

如果你的答案都是"否"，也许是你还没有思考过这些问题，那倒也没有关系。重要的是，当你现在看到这些问题时，内心感觉是饶有兴趣还是非常抵触呢？如果答案依然是"否"，那么你可能此时还不适合做管理。

第三个问题是：你是否看重在管理方面的成长呢？

每位管理者，都是从技术骨干或业务骨干开始起步的，在此之前并没有太多管理方面的学习和积累，这种状况，一方面意味着你在管理方面有很好的可塑性，另一方面也意味着有太多的东西需要学习和训练，对于这样的学习和训练，你是不屑一顾还是乐在其中呢？

做管理要扩充的认知和能力很多，以至于我们整本书都在探讨这些问题。这里先列举几个基本的认知，供你做判断。

- 更大的责任。很多人会把晋升到管理岗位，理解成更大的权力和更高的地位，认为经理对于员工是处于掌控和支配地位的。也许过去在某些领域的管理者的确如此，但在互联网公司里的管理者，这样的管理哲学会遇到很多困境。真实情况是，互联网领域的管理者带团队，更多地意味着要承担更大的期待和责任，即便有时看上去有一定权力，但归根结底，还是为了更好地实现团队目标，基本体会不到行使权力的快感。这是否如你所期待呢？
- 更立体的视角。在做工程师的时候，只要做好上级交代的任务就可以了。而一旦做管理，为了带好整个团队，就需要综合考虑上级、下级、平级的期待和诉求。同时，不能只是关心"眼前"，还得关心"从前"和"以后"，用全方位的立体视角，来提升看待问题的系统性。这是你喜欢的事情吗？
- 更灵活的思维方式。经过多年技术工作的训练，你一定有很强的"确定性思维"，讲求界限清晰、对错分明、言出必行、不出差错，往往"靠谱"就是你的代名词。而很多管理工作却充满着不确定性，有些工作的执行边界是模糊的，甚至是非对错都很难界定清楚。而管理者就是要在各种不确定因素中，去追求一个确定的结果。对很多新的技术管理者来说，思维方式将会受到很大冲击。你想扩展你的思维方式吗？

你也许会问，看上去都是挑战和要求，那我能得到什么呢？

事物都是具有两面性的，上述的挑战和要求也会给你带来成长与收获。接下来，我们说说能收获什么。

- 成长感：你到了一个更大的平台上，能力和视野将得到大幅度提升，从而给你带来明显的成长感。
- 成就感：你不但个人能力变强了，还有团队了，你能搞定更大、更复杂的事情，做出更多的成绩。这会带给你更强的成就感。
- 影响力：你可以带着团队做出越来越多的成绩，你的团队也会越来越优秀，团队成员也都得到了成长，甚至还会影响到合作团队，你的影响力显著提升。
- 获得感：你的能力、成就、影响力全面提升，你会相应地得到更多的精神和物质的回报。你所有的付出、成长和积累，都将或早或晚地换回等值的回馈，你的获得感也会愈加明显。

如此，关于你的初衷、你的投入、你的成长以及你的回报之间的逻辑，你是否看清楚了呢？

如果说有管理者问我"适不适合"做管理，主要是指"是否可以很好地胜任"，以及"能否拿到自己想要的回报"。那么，此时我们知道了，要回答好这两个问题，需要首先回答以下两个问题。

- 这个选择是否更符合你的初衷？
- 这个选择是否更能激发你投入的意愿？

这两个问题里蕴含着你的价值观、你的核心诉求，以及你的擅长和热爱。这些底层的动力，正是你面对挑战、走向卓越所需要的最重要的东西。

正因如此，丹尼尔·平克在《驱动力》一书中说："服从让我们撑过白天，而投入才能让我们撑过夜晚。"这告诉了我们一个很简单的事实：外驱可以让我们做好本职工作，而内驱才能让我们成就卓越。

回到我们今天的话题就是：我们都开始考虑做管理了，我们的诉求已经不仅仅是按部就班地做好工作了，而要追求卓越，收获更大的成长感、成就感和影响力，不是吗？

倘若你恰好正在叩响管理之门，那么认真去审视一下自己内在的动力是很有必要的。如果只是从外在"得失"去做决策的，到真正做了管理之后你很可能会觉得，做管理并不是自己想要的，根本提不起热情。当然，管理之路很长，一时想不清楚、看不明白也不用担心，阅读本书期间，你还会有充分的时间去思考。

1.3 懵懂：哪些人容易走上管理岗位

也许你早已决定做一名管理者，又或者你刚刚有这个打算，不管哪种情况，你是否已经和你的上级交流过这个问题呢？

在我调研过的几百位新经理中，只有15%左右和上级表达过管理意愿，我自己培养的几十位新经理中，明确表示自己想做管理的，也只有大约20%，这个比例很低。因此，如果我猜你没有跟上级表达过你的意愿，大概率能猜对。

你可能会说，如果上级觉得我能干，肯定会给我机会的；如果觉得我不行，表达也没用。

而事实上，这个问题往往不会这么绝对。对于明确表达自己意愿的工程师，即便不能立刻满足他们的期待，但在有合适岗位的时候，他们的确会被优先考虑。因为对做管理来说，个人意愿很重要，没有意愿就没有主动性，一个没有主动性而事事需要上级来推动的管理者，是无法胜任管理工作的。

话说回来，一个有意思的现象是：最先、最顺利走上管理岗位的，却不一定是诉求最明确、准备最超前、表白最早的这15%的人。这是为什么呢？在做咨询的时候，我也常常会听到类似下面的困惑。

- "团队里我的资历最老，对业务最熟悉，为什么上级提拔的不是我？"
- "我是上级最倚重、最信任的一个，经常受到表扬，为什么上级选别人做领导呢？"
- "我一直想做管理，但是团队里没有管理的坑儿了，要不要换个工作？"

上面这些人没有被第一时间提拔，是做管理的天资不够吗？显然未必。这引发一个值得思考的问题：到底什么样的人更容易走上管理岗位呢？

中国古人有大智慧，他们把促成一件事所需要的外部因素概括为"天时""地利""人和"，接下来我们就依次聊一聊，想走上管理之路，有哪些"天时""地利""人和"。

▶ **关于"天时"**

做管理的"天时"，其实就是机会、时机、大环境、时代背景。

经常有人跟我抒发内心的郁闷，"我一起毕业的大学同学，很多都已经做管理了，职位和薪水都比我高，当时他们学习并不比我强，工作也未必比我努力……"，不甘心和不理解溢于言表，感觉自己受到了不公平待遇。而我想说的是，选择了什么样的行业和企业，就同时选择了相应的机会和可能性。毕业去了成熟稳定的行业和企业，你就选择了稳定，稳定的地方机会自然也少。

十几年前，班上很多优秀的同学，毕业后去了微软、IBM、摩托罗拉等世界顶级公司，或者为了户口去了一些国企和事业单位，去互联网公司并不是大家的首选。不过，由于近十几年变化最大、发展最快的是互联网行业，反而是那些在互联网行业的同学，随着行业和企业的快速发展，能力和职位都提升得特别快，不少同学已经成为中大型公司的高管，带着几百人、上千人的团队，发展速度远远超过了去外企和国企的同学。

当然，我这里并不是在探讨成功或失败的问题，选择去外企或国企的同学如果得到了他们当初想要的，一样也是很成功的。我想说的是，如果你要做管理，最好选择那些发展快的行业和公司，这意味着更多的机会。当然更多的机会也意味着更多的挑战，如果你希望工作得舒服轻松一些，依然可以去稳定的行业和企业工作，但在稳定的行业要走上管理岗位，可能就需要漫长的等待了。

那么，是不是变化越快就越适合做管理呢？

相信经常有人对你说，去创业公司吧，小公司机会多，锻炼的能力也更加全面。如果你是因为其他原因去初创公司，我不做评判；但如果你的初衷是想做管理，那我可以明确告诉你，天使轮、A轮这样的初创公司，大多处于生存期，还没有上规模，而没有规模的公司并不需要你去做管理，所以很大概率你会失望。而且，管理能力需要长期的积累，例如百度之前有一个不成文的规定，技术岗位最优秀的员工可以半年晋升，但管理岗必须在当前职位干满一年才能申请晋升，由此可见管理岗对实战经验的积累是多么重视。而对初创公司来说，能否再生存一年都不好说，更别提让你稳定积累了——这就是为什么我把初创公司里的技术管理者归入技术合伙人这个职业方向，而不是技术管理方向。而如果你频繁更换公司，对管理能力的提升则更为不利，因为你大部分时间都在"同水平重复"，很难有深入的积累和沉淀。因此，去能积累得略稳定的公司做管理，是更合理的选择。

另外，还有一些机会是偶然的。比如我团队一个同事外语特别好，在搭建国际化团队的时候，他就被选中担任负责人；还有另外一个同事，因为他有机器学习背景，在新组建一个算法团队的时候，他就顺理成章成为该团队的开创者。

这些以自身独特优势为前提的因素，虽然看起来更像"地利"，但其实更加受限于时机。因此一个人走上管理岗位有很多"机缘"，你可以审视一下，你所在的公司和团队可能产生出哪些新的机会，但是记得要"随缘"。

当然，我并不鼓励大家做选择时只考虑"天时"，但是大气候大趋势很重要，不容忽视。而真正做决策的时候，肯定还要综合"地利"和"人和"的因素。

▶ **关于"地利"**

做管理的"地利"，就是你的优势、能力，以及你所负责的工作内容。

谈论优势，都是基于特定的工作内容和工作任务的，抛开具体工作场景泛泛地谈优势和能力没有实际意义。那么对技术人来说，从事什么样的工作内容，以及具有哪些能力和优势，对走上管理岗位有帮助呢？

你可能会有疑问——大家都是做技术的，要说技术能力对晋升有影响很容易理解，工作内容还能影响晋升？

是的，而且影响还不小。我十年来带技术团队的经历中，发现负责以下这些工作内容的工程师，更容易成为管理者。

第一类是负责最全局的模块，核心是"广"。

每一个团队的业务，都会分成很多模块，其中总会有几个模块是事关全局的，也是跟大家关联最多的，例如：

- 集中封装接口的模块；
- 数据组装和呈现模块；
- 产品功能的中枢模块。

这样的工作内容，使得负责的工程师很快锻炼出全局的视野、积极的沟通协调能力，并能够和很多人建立起合作关系。做得好的话，很快就可以成为一个团队的工作核心。因此，很多技术人是这样走上管理岗位的，他们往往管理成熟度较高，成功的概率很大。

第二类是负责最核心的技术模块，核心是"深"。

这些工程师掌握着团队最核心、最重要、最有技术含量、最能体现团队价值的模块，是团队里的骨干、不可或缺的技术核心，很容易得到上级重视去承担重任。他们往往影响力比较大，所以容易走上管理岗位，不过常常是被动的。

有一点需要注意的是，第二类工程师即便能走上管理岗位，很多管理的意识和能力也是需要修炼的，因为他不像第一类工程师天然就有锻炼全局视野和管理技能的机会。但无论如何，他们也是容易脱颖而出的。

总之，负责的工作内容是否全局和关键，将会影响你是否能更快地走上管理之路。

你可能会有疑问："我没有负责这样的模块，是不是就没有机会了呢？"当然不是。如果你主动去了解技术和业务的全局，并主动争取做一些大型项目的负责人，

第 1 章　管理路口的彷徨

你就具备了做管理的"地利",前提是你要先意识到这一点。

▶ 关于"人和"

做管理的"人和",就是你能否得到他人的支持。

那么,要得到哪些人的哪些支持呢?一般来说,你需要以下四类支持(如图 1-1 所示)。

1. 机会、平台和资源的支持。一般是你的上级,上级的信任和支持无疑是最重要的"人和"。
2. 陪伴和共同成长的支持。一般是和你平级的管理者,尤其是那些你愿意与之持续交流、切磋管理问题的伙伴。当然也可以是之前的同学和朋友,还可以是一些管理者社群。你可以根据自己的情况和喜好来选择你的管理伙伴。
3. 指导和前进的方向。一般是你的导师、指导人、管理教练或上级。你可以设定自己认可的管理榜样,多和他交流,多听听他的看法和意见,这会让你的管理之路顺畅很多。
4. 情感支持。让你勇于面对困难和挫折,在管理之路上走得更远。一般来说,你的家人和朋友可以担当这样的角色。

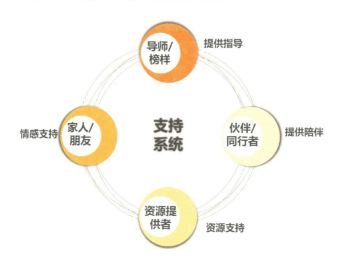

图 1-1　管理者的支持系统——"人和"

盘点以上四类人,并寻求他们的支持,尤其是稳定的支持,就构成了你做管理的"支持系统",满足了你的"人和"。

如此,"天时""地利""人和"这三类外部因素都具备了(如图1-2所示),将更有利于你顺利地走上管理岗位。

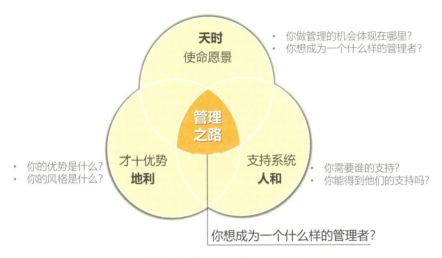

图 1-2 管理之路的外部因素

看完上面的内容,你可能开始担忧:"天时""地利""人和",我都不具备,我是不是不能做管理了呢?

淡定,我们这里探讨的是:什么样的人容易走上管理岗位,盘点走上管理岗位的有利条件。但是,我从来没有说过不具备这些条件就做不了管理啊,不信的话,我跟你说说我是怎么开始做管理的。

十多年前,我是一名普通的服务端工程师,但我做工程师的时候,就认定自己要成为一名管理者。

我当时的上级是一位刚刚晋升的经理,而我们的团队只有5个人,显然不需要第二个经理,于是,我晋升经理这事看起来是没有机会的。"天时"这个因素不算好。

我当时负责的是一个重要的数据存储模块,很重要,但是很专。数据的读取、封装和呈现不是我负责,和别人打交道的机会方面处于劣势。"地利"这个因素也不算好。

真正令人绝望的是,我们的部门经理认定我不适合做管理,他认为我是一位很典型的工程师,因为我曾经连续获得部门"最佳质量工程师"的称号,显然在他眼里,写出高质量的代码才是我该做的。于是,最重要的"人和"因素也不具备。

做管理的"天时""地利""人和",我一样都不占优势,是不是该死了这条心呢?

事实是，我并没有在意这些情况，依然会在编码工作之余，去关心项目的流程该怎么改进，团队合作的机制该怎么建立，新员工入职该怎么培训，团队的氛围该怎么营造……虽然我之前并没做过这些工作，上级也不会因此就给我多发薪水。但是我还是用心去做了，而且越做越拿手，团队同事和经理也慢慢认可了我的贡献和价值，部门经理也扭转了对我的看法，于是他把我的上级调去负责更大的业务，提拔我来负责我们的团队。从此，开启了我十多年的管理之路。

现在回想起来，当年我看似没有明显的"天时""地利""人和"，但是：

- 互联网快速发展的大环境，就是我的"天时"；
- 持续去多关心团队里的一些"额外"的工作，就是我的"地利"；
- 上级和部门经理对员工发展的开放态度，就是我的"人和"。

通过我自己的案例，我想告诉各位有志于做管理的伙伴，有利的外部条件固然重要，个人的笃定和坚持更加重要。想被提拔为一个管理者最好的方式，就是让自己首先成为一个实际上的管理者，这样的晋升理念叫"既定事实"，在互联网行业里被广泛认同。

当然，外部条件依然很重要，是需要我们特别关注的。只不过在审视"天时""地利""人和"之余，你准备好先让自己成为一个实际上的管理者了吗？

1.4 纠结：我要不要转回去做技术

由于工作关系，我经常有机会和转管理前后的准经理或新经理聊天，并经常会问他们这样一个问题："经历从工程师到管理者这个转变，你最大的感受是什么？"我得到的回答往往是下面这样的。

- 有人会一脸无奈地对我说："管理的事儿太杂，都没时间写代码了，越来越心虚……"
- 有人语重心长地告诉我："做管理最大的挑战是，要舍弃技术，特别难。"
- 有人会抬头反问我："管理和技术到底该怎么平衡？"
- 有人会故作轻松地笑道："突然不写代码了，感觉吃饭的家伙没了，哈哈。"
- 有人则会满心忧虑："管理工作太琐碎，感觉离技术越来越远，现在特别担心个人发展。"

- 甚至还有人愤愤地跟我说："管理是一个有违人性的事情，自己的技术越来越差，但是却要带领整个技术团队。"

诸如上面种种说法，如果我告诉你，我访谈过的上百位技术新经理中，大约三分之二的人都有类似的担忧和反馈，你会作何感想？如果你恰好正在经历这个阶段，你对这个角色转变的最大感受又是什么？你又如何看待技术和管理间的"冲突"呢？会不会也像上述说法或忧虑，或愤慨？最后只能无奈地说："反正也想不明白，就多投入一些时间来兼顾技术和管理吧！"

然而，"两者兼顾"并不能真正解决问题。要解决这些问题，需要先来看看问题真正的根源在哪里，然后才能对症下药。回想一下上面列举的那些烦恼，它们有哪些共同点呢？

大致可以归类为以下三种情况。

1. 转管理之前没有仔细了解过管理。技术人员常常会沉浸在代码或某些专业细节当中，对职业发展方向的思考整体偏被动。大多数的技术管理者是被领导"推到"管理岗位上去的，而在此之前对怎么做管理并没有深入了解。不夸张地说，对很多技术新经理来说，管理几乎是一个全新事物。在全新事物面前，因为无法掌控而感到惶恐或焦虑就在所难免了。因此才会时不时冒出一个念头：万一做不好怎么办？退路在哪里？

2. 刚开始做管理，还无法靠管理"安身立命"。在技术新经理的心目中，管理能力并不能让自己安心，更不能让自己依靠，心的家园依然是过去这些年积累的专业能力。而管理就好像还没有被驯服的野马，虽然有时觉得挺新鲜挺刺激，但终究不确信能够骑好，所以不可依赖。在一个未掌控的新事物面前，想来这种心理也是人之常情。

3. 认为技术才是自己的"大本营"。技术作为自己生存的资本，在过去的工作中已经得到了很好的证明，因此非常值得信赖。这就是所谓的"成功路径依赖"，每个人都大抵如此。对凡事讲究精确与可靠的技术人来说，尤其如此。因此，一遇到令人不爽的问题，还是希望回到自己的"大本营"——回去做技术工作。

把上面这三点放到一起看，恰好生动地反映出新经理此时的心态："患得""患失"。当然，这里没有贬义和批评的意思，只是描述一种纠结的心情。

第 1 章　管理路口的彷徨

"患得患失"出自《论语·阳货》，原文是"其未得之也，患得之；既得之，患失之"，翻译成白话就是"还没有得到的时候，担心得不到；而得到了之后，又担心失去"。新经理的状态，从对自己安身立命的安全感角度来看，可谓正处在一种"青黄不接"的状态。

- 做管理还没有摸到门道，很多事不知道该怎么着手，经常会出现一些让自己不知所措的状况，倍感焦虑；
- 之前已经熟练掌握的技术能力，由于在上面花的时间越来越少，感觉正在离自己而去，倍感失落。

如此，"患得"的焦虑和"患失"的失落交织在一起，怎不令人烦恼呢！

好在，既然已经知道了"病根"，我们就有办法祛除烦恼。这里有三个药方，每一个都会缓解烦恼，三管齐下的话，应该会神清气爽了吧。

第一个药方专门针对"患失"来开。

作为一个做了十多年技术管理，并创过业做过技术 VP 和 CTO 的所谓"过来人"，我可以负责任地说，做技术管理，并不会放弃技术，而且也不能放弃技术，放弃了技术是做不好技术管理的。你只是在一定程度上，放弃了编码而已。

那么，没时间编码，怎样才能做到不放弃技术呢？我们会在 1.5 节详细讨论技术管理者如何保持技术能力这个话题。现在先做一个大概的探讨。

首先，把技术提到更高视角来看待。

做技术的时候，把技术做好就是最大的目标。而做了管理之后，需要把技术作为一个手段来看待，看它究竟能为目标带来什么。显然这不意味着你就不需要再关心技术，只是关心的层次不同了：从研究怎么实现到研究怎么应用了，而且，你开始需要借助每个人的技术能力去做更大的事情了。

这很像在组装计算机，我们现在自制一台计算机，已经不需要关心主板、内存、CPU 的内部运行逻辑了，但还是要很清楚它们的功能是什么，接口什么样，以及从哪些维度、用哪些指标去衡量每个组件的优劣，也得清楚在整台计算机中，哪个组件可能会是性能瓶颈，等等。因此，技术转管理并不意味着不关心技术，只是从关心技术实施，到关心如何应用这些技术来实现更大的目标和结果了。

其次，换一种学习方式来掌握技术。

亲自写代码固然是很好的学习技术的方式，但是作为管理者，需要快速掌握更

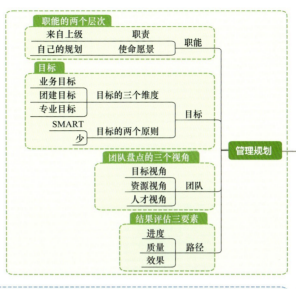
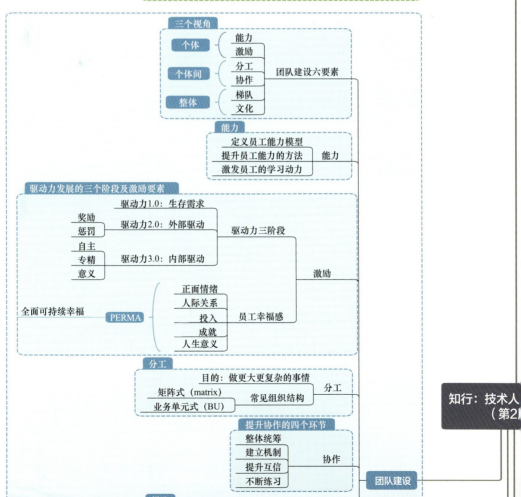

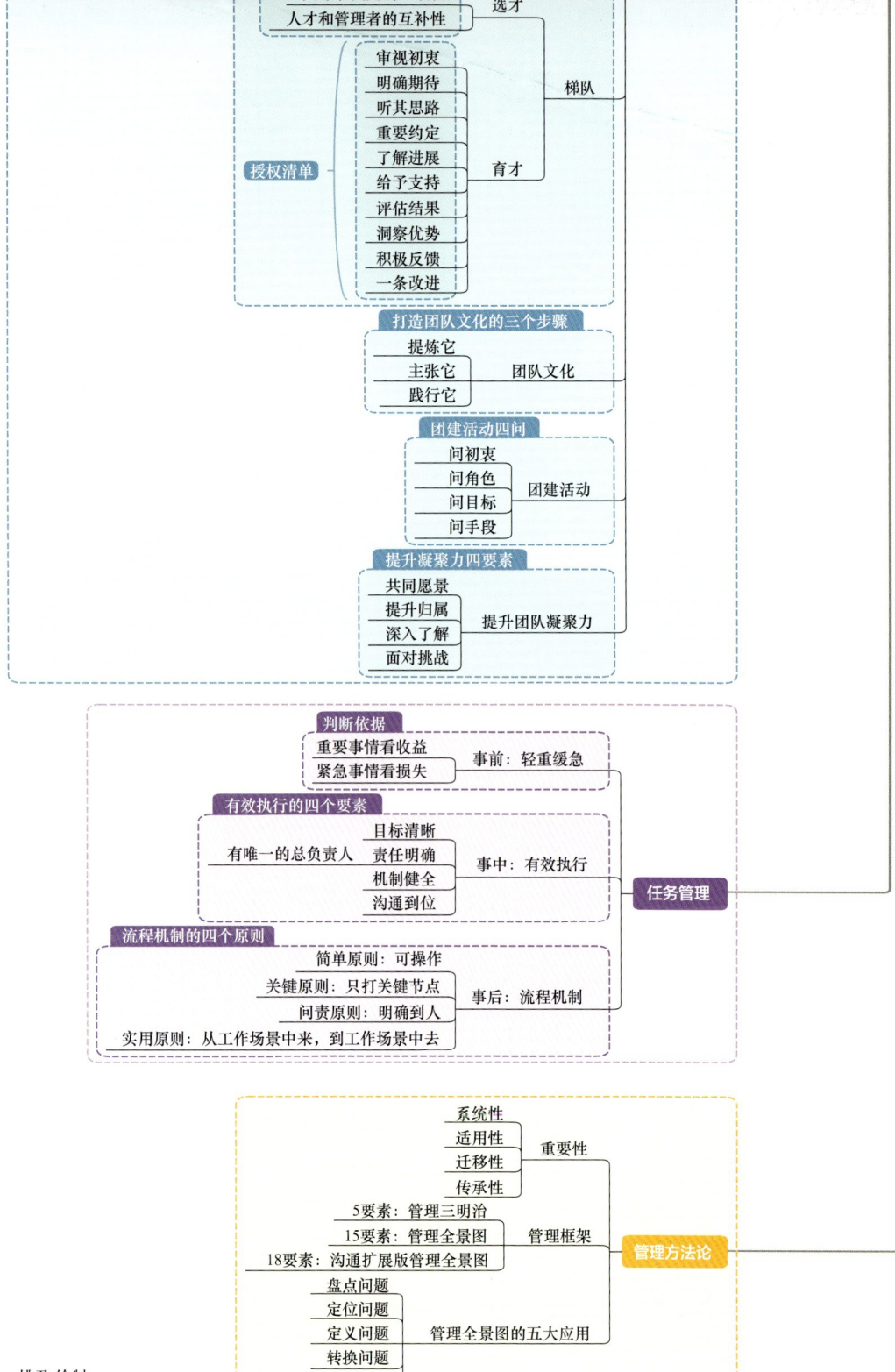

人才梯队建设"双位"
人才和管理者的互补性

选才

梯队

审视初衷
明确期待
听其思路
重要约定
了解进展
给予支持
评估结果
洞察优势
积极反馈
一条改进

育才

授权清单

打造团队文化的三个步骤

提炼它
主张它
践行它

团队文化

团建活动四问

问初衷
问角色
问目标
问手段

团建活动

提升凝聚力四要素

共同愿景
提升归属
深入了解
面对挑战

提升团队凝聚力

判断依据

重要事情看收益
紧急事情看损失

事前：轻重缓急

有效执行的四个要素

目标清晰
责任明确
机制健全
沟通到位

有唯一的总负责人

事中：有效执行

流程机制的四个原则

简单原则：可操作
关键原则：只打关键节点
问责原则：明确到人
实用原则：从工作场景中来，到工作场景中去

事后：流程机制

任务管理

系统性
适用性
迁移性
传承性

重要性

5要素：管理三明治
15要素：管理全景图
18要素：沟通扩展版管理全景图

管理框架

盘点问题
定位问题
定义问题
转换问题
收纳问题

管理全景图的五大应用

管理方法论

姚君 绘制

管理路口的彷徨

七个烦人的"小妖"及应对策略

迷茫：工程师职业发展的可能性
- 技术类：架构师、技术专家
- 管理类：技术管理者、职业经理人
- 创业类：创始人、技术合伙人
- 顾问类：投资顾问、管理顾问

困惑：我到底要不要做管理
- 是否认同管理的价值
- 是否对管理充满热情并享受此工作
- 是否看重在管理方面的成长

懵懂：怎样顺利走上管理岗位
- 天时：机会、时机、大环境、时代背景
- 地利：优势、能力，以及所负责的工作内容
- 人和：建立自己的支持系统

纠结：我要不要转回去做技术
- 不"患失"：做技术管理不会抛弃技术
- 不"患得"：做管理一定会有所收获
- 认清现实：即使退回去，也回不到原来的路

忧虑：如何保持技术竞争力
- 结果评估的能力
- 可行性评估的能力
- 风险评估的能力

怀疑：我的性格适不适合做管理
- 指令式管理：重事不重人
- 支持式管理：重人不重事
- 教练式管理：重人也重事
- 授权式管理：不重人也不重事

心虚：我觉得自己做不好管理
- 梳理可迁移能力，提升能力自信
- 把自己从团队成员的对立面抽离，提升角色自信
- 收集外部积级正向的反馈，提升自我认同

角色认知

一个模型

NLP逻辑层次图
- 精神
- 身份
- 信念与价值观
- 能力
- 行为
- 环境

十个角度

从个人贡献者到团队领导的变化
- 工作职责：完成本职工作——➤带领整个团队
- 负责对象：自己——➤组织和团队
- 关注焦点：过程导向——➤目标导向
- 能力要求：专业能力——➤多维立体
- 任务来源：上级安排——➤主动规划
- 实施手段：靠自己——➤靠团队
- 合作维度：平级合作——➤多维度合作
- 合作关系：竞合关系——➤全面合作
- 思维方式：确定性思维——➤可能性思维
- 技术视角：技术实施视角——➤技术评估视角

六类常见误区

管理误区
- 过程导向、被动执行
- 大包大揽、个人英雄主义
- 带头大哥、当家保姆
- 单一视角、固化思维
- 自扫门前雪、固守边界
- 身在曹营心在汉、患得患失

两个管理沟通视角
管理视角

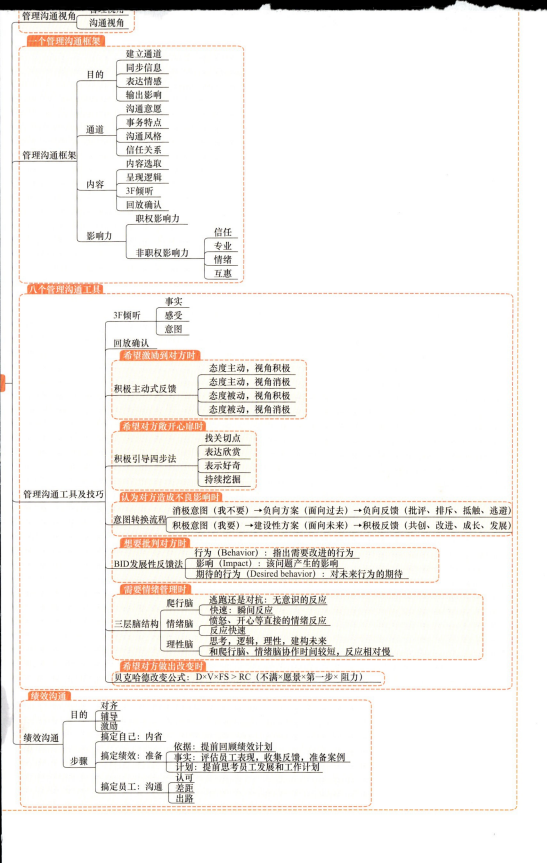

多的技术，并快速判断该如何搭配使用，所以你一定得有更高效的学习方式才行。这里我们介绍三个行之有效的做法。

1. 建立你的学习机制。你可以想想在团队内建立什么样的学习机制，可以帮助你借助团队的力量来提升技术判断力，并结合自己的情况来创建。
2. 请教专家。在了解某一个领域的情况时，借助你的平台，找你能找到的最厉害的专家高手进行请教。他们之所以能成为某个领域的高手，都是有着深厚的积累，并且能够用简单精准的语言给出高屋建瓴的意见，几句话就会令你有醍醐灌顶的感觉。
3. 共创。对知识型工作者来说，和大家共创所收获的成功，往往比自己埋头思考要高效得多。你可以看看在团队中如何建立共创机制。

对要快速提升技术视野来说，以上三个方式，比看书或写代码都更加高效，你可以选择适合自己的方式。具体的做法和建议，我们会在后面对应的章节中介绍。

最后，关于"患失"还有一个做法：如果你是真心热爱技术，擅长用技术的思路和方案解决问题，你可以考虑做"技术型"管理者，让"技术范儿"成为你的管理风格。

做管理主要看结果和成效，对于手段和风格并没有一定之规，有的管理者擅长培养人才，有的管理者擅长管理项目，有的管理者则擅长资源整合和整体规划等，都不尽相同，你完全可以有自己的独特风格。我身边是有这样的成功案例的，有个技术管理者已经带几百人的团队了，都做到技术 VP 了，还是一副"技术极客范儿"，参与各种编码竞赛，显然这并没有成为他做好管理的障碍。总之，如果技术本身就是你的优势，你也可以结合自己的兴趣和优势，把它打造成自己的管理风格。

以上，就是我们开出的第一个药方：无论从哪个方面讲，你都并没有放弃技术，只是换了一种方式去学习和运用技术。因此，你不会失去什么，也不需要"患失"。

第二个药方专门针对"患得"开出。

这里的"患得"其实是"患不得"——唯恐得不到。那么怎样才能不再担心做不好管理呢？

首先，做管理对个人成长和个人发展来说，不会失败。

因为管理总体上是一项修炼，只要你持续不断地实践、练习，你的造诣就会越来越高,最后你一定可以胜任某个规模或某个职能的团队。通常所谓的"不胜任",只是说不匹配,而不是说你完全做不了管理。而且,管理是很个性化的工作,你完全可以使用自己擅长的方式,去达成管理目标。

其次,对技术新经理来说,即便"做不好"也并非没有"回头路"。

刚刚从工程师岗位转到管理者岗位时,离技术很近,如果尝试下来,认为管理工作确实不是自己想要的,那么,回过头来继续做工程师,几乎是没有障碍的。因此,如果当下不知道自己适不适合做管理,不如全力以赴去尝试一段时间,你其实还有充足的时间来慢慢做这个决定,不需要有后顾之忧。

最后,做管理所积累的能力完全可以迁移到做"技术带头人"这个角色上。

你不用担心管理者的经历会白费,或者担心本来可以做技术的时间被耽误了。因为,即便你再回头去做工程师,也需要练习去做高级工程师或架构师,需要尝试去负责一个完整的技术方向,此时,你做管理时锻炼的全局视野、规划能力、结果导向意识、项目管理方法、沟通协调能力等,都会派上用场。

所以,我们开出的第二个药方就是:你一定会有所得,会在做管理过程中有巨大的收获。既然一定能"得到",就不需要去"患得"。

第三个药方有点猛,叫作"认清现实"。

如果你把"编码时间减少"叫作放弃技术,那我不得不告诉你一个残酷的事实:无论你做不做管理,这件事都不可避免——做技术管理,需要用更高的视角来看待技术;继续做工程师,也需要用更高的视角去看待技术。因此,对大部分技术人来说,编码时间会越来越多地被其他工作所挤占,这几乎是不可避免的。

俗话说:"人穷则反本",当人们遇到困难和挫折的时候,就想回到老路上去,这是人之常情。但是,技术管理者不得不面对的一个现实是,即便回头去继续做技术,也不再是原来那个做法了——你不再是那个听指挥听安排就可以,做好执行就万事大吉的一线工程师了,工作"升维"已不可避免。一方面,每个人的内心都有成长的诉求;另一方面,公司和团队也需要你承担更复杂、更具挑战性的任务,你不能缩在一线工程师自己的小天地了。

因此,无论是做技术管理,还是做技术架构师,开启一条"技术升维"之路,都在所难免。即便不做技术管理者,要做好一位技术带头人或架构师,工作视角也要做以下升级。

- 从目标出发去看待技术。只有目标明确，才能选择最佳的技术方案，做出最合理的技术决策。
- 从评估的角度去看待技术。做工程师的时候，把一个技术方案设计好、实现出来就好了，而做了架构师之后，你需要非常清楚一个技术方案是通过哪些维度来评估其好坏优劣的。并且，当一个技术问题暴露出来之后，要迅速判断会造成什么影响，损失的边界在哪里，有多紧急，以决定要不要放下手头的工作去新建一个紧急项目。
- 从依靠自己的技术到借助大家的技术。做技术的时候，了解自己能做什么就可以了。但无论是做管理者还是架构师，你都需要带人做事了，这个时候就需要熟悉团队里每个人的技术情况，知道谁能胜任做什么事情，适合做什么事，然后借助大家的技术去做事。

综上你可以看到，即使是放弃管理回去做技术，也需要从工程师进阶到高级工程师或架构师，也一样有很多的视角需要转换，有很多的能力需要锻炼。

因此，第三个药方就是：既然避无可避，不如奋力向前。掌握一项新事物不会是一帆风顺的，前进过程中更是充满了挑战，但是我们并没有"退回去"这个选项。你要做的并不是想一些办法去免除"后顾之忧"，而是需要意识到，你已经没有机会"后顾"了。

总之，技术转管理的纠结，归根结底是对管理的"患得"和对技术的"患失"。既然你已经看到，做管理不会让你"不得"，也不会让你"失"，那么你是不是可以安心了呢？

1.5 忧虑：如何保持技术竞争力

技术人转型做管理后，可以分配在专业上的时间会越来越少，尤其是写代码的机会越来越少，手越来越生疏。而需要做的技术评审和技术决策类工作却有增无减，加上管理者的决策产生的影响比之前更大了，因此对技术判断力的要求也越来越高。无怪乎会有新经理抱怨说："技术管理者是有违人性的，一方面自己的技术越来越差，另一方面却要带领整个技术团队。"技术管理者对于如何保持技术能力的焦虑，可见一斑。

不仅我们自己焦虑，我们的上级和前辈也时常告诫我们："技术管理者要保持自己的技术判断力"，可见这个问题是大家都很重视的。可是，大家只是强调重要性，却很少有人明确告诉我们，技术判断力都包含哪些内容，以及应该怎么保持。现在，我就来聊一聊这个问题，看看在管理工作越来越繁重的情况下，技术管理者该如何保持技术判断力。

技术管理者和普通管理者最大的区别就是"技术"二字，这也是技术管理者最鲜明的标签和最大的竞争力。也正是因为这两个字，众多的技术新经理陷入困扰之中，不知道该如何兼顾"技术"和"管理"。

实际上，从技术工程师到技术管理者的转型，有很多做事的思路和方法都需要转变。其中一个重要的转变就是你和技术的关系，也就是技术对你来说意味着什么。

当你还是一位工程师时，你是技术的操作者和实施者，一个个功能和服务都从你的手中诞生；而在成为一个越来越成熟的管理者的过程中，你越来越少直接去实操，慢慢变成技术的应用者和评估者，你需要的是把工程师生产出来的技术服务装配成更大的服务或产品。

这么说可能有点枯燥，前面我们曾经把做技术管理比作组装计算机：当你是一名技术工程师时，需要关心的是一个电子芯片该如何生产，一个特定功能的板卡该怎么实现；而如果你成为一名技术管理者，需要关心的则是如何使用这些电子芯片和板卡来组装一台好用的计算机，甚至是各种各样的其他设备。而做管理前后对技术的态度，就好比研制板卡组件和计算机整机组装的关系，我们更关心这些组件的功能设计、性能指标、兼容情况，而不是去弄清楚每一个组件的内部实现逻辑。

由此可见，当你的工作角色，从一个"技术实现者"变为一个"技术应用者"时，你和技术的关系就发生了变化，"技术能力"这个词的含义也就悄悄发生了转变。如果你没有意识到这一点，对技术的追求依然从"技术实现者"的角度出发，便会把轻重倒置。由于你的目标不允许、精力不允许，被这种既要做好管理又要做好技术的两难困境所困扰的状况，就必然会发生。

那么，从技术实现者到技术应用者，具体发生了哪些转变呢？

- 对技术实现者来说，程序设计能力、编码实现能力、技术攻坚能力和技术评估能力，都是需要具备的，主要关心的是"怎么把事情做出来"，属于"how"的范畴。

- 对技术应用者来说，技术评估能力变得尤其重要，因为技术管理者主要关心的是"要不要做这件事"以及"这是件什么事儿"，属于"Why"和"What"的范畴，是要在综合评估之后，做出决策和判断的。因此，很多前辈都会告诉我们要保持"技术判断力"，而并没有要求我们保持编码能力，原因就在这里。

既然对技术管理者来说，需要保持和精进的技术能力是技术判断力，那具体该如何保持技术判断力呢？

做出所有的判断，都需要先评估。因此技术判断力，其实就是指对技术的评估能力。你可能会说，技术评估能力还是挺虚的，具体都评估什么呢？

作为一个技术管理者，即技术应用者，技术评估的维度主要体现在以下三个方面。

第一个维度是结果评估。

作为管理者，在决策要不要做一件事情的时候，需要回答清楚三个问题。

1. 这究竟是一件什么事情？
2. 希望得到什么结果？
3. 要从哪几个维度去衡量结果？从哪几个技术指标去验收成果？

只有清楚了这几个问题，才可以以终为始地去做出准确的判断和正确的决策。下面举几个例子。

- 你可能会为了提升服务稳定性，去完善服务架构。
- 也可能为了提升数据准确性，去改写数据采集程序。
- 还可能为了提升性能指标，去重构数据读写模块。

其中，"完善服务架构""改写数据采集程序"和"重构数据读写模块"是我们要做的事情，但是这是事情的内容，却不是事情的"究竟"。这三件事情的"究竟"其实是"提升服务稳定性""提升数据准确性"和"提升性能指标"。显然，事情的内容是为事情的"究竟"服务的，而希望得到的结果就是"稳定性""准确性"和"性能"的提升。那么，该如何衡量它们有没有提升呢？要用什么技术指标来衡量呢？如果无法衡量和评判，又如何判断各项技术工作做得好或是不好呢？管理者可不能只关注一个个项目的完成，而要关注通过完成一个个项目达成了什么目的。

第 1 章　管理路口的彷徨

事关每项工作的效果和业绩，因此，管理者对技术项目结果的评估能力最为关键。虽然结果验收都是放在项目完成后，但是在事先就要明确如何验收，这样才能让大家有的放矢，以终为始。

第二个维度是可行性评估。

可行性有两层含义：一是"能不能做"，二是"值不值得"。

- 所谓"能不能做"，是指有没有能力做到。这是一个能力问题。
- 所谓"值不值得"，是指能力允许，但是否有足够的收益值得做。这是一个选择问题。

显然，"能不能做"和"值不值得"，是两码事。不懂技术的管理者一般问的都是"能不能做"，而有经验的技术管理者和资深工程师，考虑的是"值不值得"。

要评估"值不值得"，就得思考成本和收益。收益，往往是显而易见的；而成本，就有很多方面需要考虑了，这正是体现技术判断力的地方。

那么，通常的技术项目，都有哪些成本要考虑呢？

1. 投入的资源成本。通常指"人财物时"，这是几乎每位工程师和管理者都能考虑到的，即需要投入多少人、多长时间，甚至是多少资金和物资在该项目上，这项成本相对容易评估。
2. 技术维护成本。由于我们考虑投入的时候，往往只考虑到项目发布，而发布后的维护成本很容易被忽略。因此，这是评估技术方案时要重点关注的。

   具体，常见的技术维护成本有以下几个方面。

   - 技术选型成本。指在做技术选型的时候，选择不成熟的技术所带来的成本。越成熟的技术，其技术实现成本和人力成本都相对要低，但是并不是说，选择新技术就一定不划算，只是要考虑到成本和风险，才能做出合理决策。
   - 技术升级成本。这是指在评估技术方案的时候，其兼容性和扩展性水平带来的后期升级的难度和成本。
   - 问题排查成本。在做技术实现的时候，要特别关注后续的问题排查。好的技术实现，几分钟就可以排查出问题原因；而不好的技术实现，查一个问题可能需要花上几天时间，成本开销不可同日而语。
- ◆ 代码维护成本。在编写代码的时候，要记得代码是要有可读性的。这体现在别人升级代码要花多长时间才能看明白，修改起来是否简单、安全。

考虑技术维护成本是技术管理者和架构师视野宽阔、能力成熟的体现。

3. 机会成本。这是技术管理者做决策时要意识到的。也就是，当你把人力、时间花在这件事上时，就等于放弃了另外一件事，而没有做另外这件事将带来什么样的影响呢？这就是你要考虑的机会成本，你可能会因为这个思考而调整技术方案的选择。
4. 协作成本。即多人协作所增加的时间、精力和人力开销。一个方案的协作方越多，需要沟通协调的成本也就越高，可控度就越低。如果可能的话，尽量减少不同团队和人员之间的耦合，这样会大大降低协作成本。但这很考验管理者的功力。

第三个维度是风险评估。

技术的风险评估，也叫作风险判断。也就是要判断出，有哪些技术风险需要未雨绸缪，该技术方案带来最大损失的可能性和边界是什么，以及在什么情形下会发生。

这项评估工作很考验技术管理者的技术经验和风险意识，经验越丰富，对风险的判断就越敏锐，所以主要是靠积累。值得一提的是，技术风险的评估需要借助全团队的技术力量来做出准确判断，并非只靠管理者一人的技术判断力。

前面，我们介绍了技术评估能力所需要关注的三个评估维度，对于一个技术方案或一项技术决策，如果你能从以上三个维度去评估，说明你拥有了很好的技术意识。同时，如果你能够很好地做出判断的话，你会发现，自己的技术能力并不会降低，还会持续扩展。

那么，有哪些具体的做法可以帮助自己提升技术判断力呢？

判断力不是天生的，也不是一蹴而就的。新经理的技术判断力，基本都来自之前技术上的实际操作，来自自己的经验积累。而做管理之后，技术评估方面的要求更高了，研究技术的时间和精力却减少了，这该如何应对？

别忘了，从你带团队的那一天起，你就已经不是一个人在战斗。因此，你可以依靠团队和更广的人脉，去拓展技术视野和技术判断力。常见的几种方式如下。

- 建立技术学习机制。盘点你负责的业务需要哪些方面的技术，成立一个或几个核心的技术小组，让团队对各个方向的技术保持敏感，要求小组定期做交流和分享，这样你就可以保持技术的敏感度。
- 专项技术调研项目化。如果某项技术对团队的业务有重要的价值，可以专门立项做技术调研，并要求项目负责人做调研汇报。
- 和技术专家交流。越是厉害的技术人，越能深入浅出地把技术讲明白，所以针对某项技术找专家取经，也是学习的好途径。做管理后，虽然实际操刀的时间少了，但是你和技术专家的交流机会多了，一方面因为你有更大的影响力了，另一方面，你和大牛有了共同的诉求，就是把技术"变现"，让技术产生价值。
- 听取工作汇报。因为你带的是技术团队，大部分工作都和技术相关，在读员工的周报、季度汇报时，相互探讨，也是一种切磋和学习。

总之，技术管理者的技术判断力的提升和保持，主要看能从周围人的身上汲取到多少信息和知识，而不再只是靠自学。

归根结底，从技术实现者到技术应用者的转变，不断提升的是技术的应用能力，而技术实现能力由于投入的时间和精力越来越少，的确会逐渐减弱。如果说带团队做项目就像组装一台计算机的话，你会越来越清楚如何把各个组件有效地集成起来，但团队中总会有人比你更懂每一个电子元器件的内部逻辑和性能参数。既然你选择了做更大的事情，就不得不适当放弃一些细节，放弃一些技术实现能力，不断提升你的技术判断力，从而让团队行进在正确的方向上。

最后补充说明一种情况，有的技术管理者忧虑技术实现能力的丧失，主要是担心自己一旦不是"团队里技术最强的那个人"，会让团队成员不服气，甚至看不起。对此，我想说以下三点。

1. 管理者的"技术最强"不体现在技术的专业精深和编码熟练度上，而体现在能否带着团队高效地交付高质量的产品和服务上。具体来说就是对三个评估维度的判断力：结果评估、可行性评估和风险评估。
2. 管理者不能依靠专业上的"技术最强"来让员工服气。你确定要做管理的话，就得明白一件事，团队里比你专业技术更强的人越来越多，是一种必然，而且，这是一个良好的现象。如果你做了多年管理，依然是团队里技术最强的那个人，那么这个团队的技术能力得多糟糕，你的管理工作得多么不到位。
3. 技术强只是让员工服气的方式之一，却不唯一，管理者让员工"服气"的方式还有很多。想让员工服气，其实就是管理者对员工有良好的影响力。带着员工取得良好的业绩，获得良好的回报，以及支持和帮助员工成长，都可以让员工认可你的价值。关于如何提升自己的影响力，我们在第7章会详细介绍。

好了，管理者要如何保持自己的技术能力或者技术竞争力，以及保持哪些方面的技术判断力，你是否心中有数了呢？

1.6 怀疑：我似乎不适合做管理

有不少管理者常常会对自己产生怀疑，觉得自己不适合做管理，比如下面的这些说法。

- 有不少管理候选人小心翼翼地问我："我是一个内向的人，不像A那么热情洋溢，让我慷慨激昂地给大家打鸡血会很有挑战；我也不像B那么强势和有威严，让大家都服我似乎并不容易。这样看起来，我是不是不适合做管理呢？"
- 在女经理群体中，有一个常见的困惑是："我是一个女生，不喜欢和男生抽烟喝酒扯闲篇，很难和大家打成一片，带团队对我来说太有挑战了！"
- 有些管理者很苦恼地说："我也想成为像某某那样的管理者，可是长时间下来我做不到，怎么办呢？"
- 甚至有位做了五年管理、负责几十人团队的经理，问我一个困惑他多年的问题："管理者是不是不能太平易近人？"因为在他看来，"亲和力太强的领导，下属会不敬重，因为不够威严。"

类似这样的疑问还有很多，他们的共同模式是：先设置一个所谓"好"的管理风格，然后发现自己做不到，于是很苦恼。

其实这类问题的症结很简单，即，混淆了领导力风格和领导力高低，把两件事混为一谈。

第 1 章　管理路口的彷徨

领导力风格属于"手段"的范畴，而领导力高低属于"结果"的范畴。显然，领导力风格对领导力高低来说，既不充分也不必要。因而，认为某种风格的领导力一定比自己这种风格的领导力高，只是一种刻板的观念。实际上，领导力高低取决于"带人成事"的能力，而并非风格。

模仿，是人们学习新技能非常重要和常见的方式。当你尝试做管理的时候，也可能在不断模仿那些你认为"最优秀"的管理者，并希望像他们一样"成功"。榜样给了你前进的方向、动力和信心，这对成长来说是很积极的影响。但不经意间，榜样也左右了你的认知，误以为"只有类似榜样那样的管理者才是优秀的管理者"。因此需要提醒自己一件事：别让榜样限制住你对优秀管理者的想象力，尤其别把领导力风格和领导力高低画上等号。

事实上，优秀的管理者在风格上可能是千差万别的，比如大家都很熟悉的马云、马化腾和马斯克，都能带领数万人把企业做那么大，而且都"姓马"，但是你能感受到他们的风格是如此不同。由此可见，领导力风格的差异并不妨碍你成为一个优秀的管理者。

那么到底什么是领导力风格呢？而你又最适合哪种风格呢？

关于领导力风格，或者叫管理风格，如果你去网上搜索，会看到很多不同的视角和说法。如果要给这些不同的说法找到一个底层逻辑的话，所谓管理风格，本质就是你和团队的协作方式，也就是你和团队的"相对关系"，即你站在团队的什么位置。如果还是难以想象，你可以把带团队看作在驾驭一辆马车，你和这几匹马如何协作，一起把车拉到目的地呢？我们不妨参照图 1-3 来看看。

图 1-3　四类管理风格示意图

从车夫和马队的位置关系来看，管理者和团队的协作关系大体可以分为四类。

第一类是发号施令型。

管理者和团队的关系是：管理者发号施令，全程指挥，但不会亲力亲为去操作，团队成员只需要按管理者说的做好执行，不需要问为什么。就好像一位坐在马车上驾驶车辆的车夫，他不参与拉车，但是马匹的一举一动，都听命于他的指令。因此，我们常常把这种管理风格，叫作指令式管理或命令式管理。

这样的管理者带给团队的往往是很强的控制气场和压迫感，没有人情味，让人有距离感，最符合大众眼中的"领导"的脸谱。这类管理者往往重事不重人，眼睛盯着目标和结果，对人的发展和成长关注较少。因此，通常团队执行力很强，但是梯队很难培养起来。

第二类是以身作则型。

和指令式管理者很少亲力亲为的做法相反，以身作则的管理者凡事冲在最前面，是那个站在马匹中间，和大家一起奋力拉车的人。这类管理者非常享受和团队打成一片，很像一位身先士卒的将军，战斗力很强，很受团队拥戴，所以往往团队凝聚力也很强。

他们非常在意团队成员的想法和感受，并愿意提供帮助和支持，分担他们的工作和困难，因此我们把这种管理风格称为支持式管理。对这类管理者来说，重人不重事，不过他们并不会忽视做事，只是更在意人的感受。支持人的方式倾向于直接替员工做事，而不是指导员工独立做事。

这类管理者更像一个带头大哥，员工会特别有归属感，但是这类管理者往往带不了大规模团队。

第三类是激发辅导型。

这类管理者不会亲力亲为去帮员工做事，但是会去辅导和启发员工怎么去完成工作，并且提供鼓励、支持和反馈。换句话说，他们不会去替马拉车，但是会陪着马一起赶路，同时辅导马匹把路走好，以及要往哪里走。

这有点像球场上的教练，他们不上场，但会把握比赛节奏和方向，不断给球员提供指导和反馈。因此我们把这类管理风格称为教练式管理。教练式管理者既关心员工在做事的过程中有没有得到锻炼和成长，也关心事情本身有没有很好地完成，整体的步调和节奏如何，以及最后结果的好坏，属于重人也重事。

在这类管理者团队做事，个人成长是最显著的，团队梯队也能快速完善起来。但是由于这类风格对管理者精力消耗比较大，很难覆盖到全体成员，因此比较适用于核心梯队的培养。

第四类是无为而治型。

无为而治，似乎是很多管理者向往的境界，很多高级管理者都认为好的管理者应该是"没有我的时候，团队完全能自行运转"，第四类风格就有点这个意思。

这类管理者就好似车夫告诉马匹目的地，然后就不管马车了，只是到目的地去等着马车的到达。对应到工作中，他们往往安排好任务就"撒手不管"了，把工作完全授权给了团队成员，只是在约定的时间去检查结果是否达成，我们把这类管理风格称为授权式管理。就任务执行过程来看，他们是不重人也不重事的。

这类管理者对团队成员做事表现得非常放心，甚至让大家感觉有点漠不关心；对任务执行过程不关心，关心的只是他最在乎的目标和结果。在这类管理者团队中做事，对于不成熟的团队，成员就会变成野蛮生长；而对于成熟的团队，成员就会有很好的发挥空间和舞台，反而会得心应手。

综合上面所描述的四类领导力风格，简单概括如下。

1. 指令式管理：重事不重人，关注目标和结果，喜欢发号施令而不会亲力亲为。
2. 支持式管理：重人不重事，习惯带头冲锋亲力亲为，特别在意团队成员的感受，并乐于分担他们的工作。
3. 教练式管理：重人也重事，关注全局和方向，并在做事上给予教练式辅导和启发。
4. 授权式管理：不重人也不重事，关注目标和结果，不关心过程和人员发展。

为了加深理解，我们再用一个案例来感受一下这四类风格的差异。

三国的故事，中国人都耳熟能详，其中有一段叫"刘备入川"：刘备在落凤坡损失军师庞统之后，就抽调荆州的诸葛亮来支援西川，这时诸葛亮就需要把守卫荆州的重担交给刘备的二弟关羽。那他将会怎么样嘱托关羽呢？

我们来看看四类不同风格的诸葛亮对关羽交代工作的方式。

1.6 怀疑：我似乎不适合做管理

- 指令式的诸葛亮会说："我把荆州托付给你，你对曹操要采取抵抗的策略，而对东吴一定要采取联合的策略，你必须要照我说的做，切不可自作主张，否则荆州一定会丢失。"
- 支持式的诸葛亮会说："兄弟，我去支援主公，没法和你一起守荆州了，但是有什么需要你随时告诉我，我全力支持你！"
- 教练式的诸葛亮会说："云长，荆州这个重担就交给你了，如果曹操来打荆州，你打算怎么应对呢？如果曹操和孙权一起来打，你又会怎么应对呢？"听完关羽的方案，教练式的诸葛亮会给出自己的建议："你这么做荆州比较危险，你可以参考我的策略：北拒曹操，东和孙权。"
- 授权式的诸葛亮会说："云长，荆州就交给你了，我相信你一定能搞定！"

所以你看，不同的风格，对于同一件事，做法差别是很大的。那么，你会是哪种管理风格呢？你的上级和你认识的管理者，他们又偏重哪个风格呢？

也许你会追问："那么，到底哪种风格最好呢？本节开头几位管理者的问题还是没有答案啊。"

我想说，所谓风格，就是手段层面的东西，评价手段的优劣，我们往往用是否有效来衡量，而不是用好坏来衡量，因此，这四类风格无所谓谁好谁坏。一个成熟的管理者应该对这四类风格都能有很好的了解和认知，甚至是能驾驭。

当然，不同的风格，在不同的场景下，的确会有不同的适用度，我们简单列几个场景做一些说明。

- 当一项工作不容有闪失，而你又是唯一熟悉且最有掌控力的人时，一个命令式的你更能降低风险、达成目标。因此，命令式管理适用于需要强执行的场景。
- 当一个团队特别需要凝聚力和斗志去努力攻坚的时候，一个支持式的你会促成很好的效果。因此，支持式管理特别能带动团队士气和凝聚力，在提升大家的热情和积极性方面很有优势。
- 当有一些核心人才需要重点培养，团队需要发展梯队的时候，一个教练式的你会带来明显的效果。不但能把事情做好，团队成员也能得到快速成长。虽然执行速度通常不快，但是不会偏离方向。
- 当团队梯队很成熟，团队成员需要发挥空间的时候，一个授权式的你能提供最恰当的管理方式。因为成熟的下级最需要的不是你的帮助，而是你的放权。

当然，大部分管理者都还是以自己最拿手的风格来带团队，其他方式仅在必要时使用，如果你能驾驭多种风格，那是非常厉害的。

既然管理风格的本质就是你和团队的协作方式，是手段层面的东西，那么，不同的风格并不会妨碍你成为优秀的管理者，你自然也可以有自己的管理风格，不是吗？在本书最后的章节，我们还会基于自己的风格去探讨如何走出一条属于自己的管理之路，所以对于风格，我们要做的是认识它、利用它、强化它，而不是摒弃它。

1.7 心虚：如何找到管理自信

在新经理的常见困惑中，"不自信"是普遍存在的一类情况。尤其是当遇到一些挑战或挫折的时候，很容易产生"自我怀疑"，常见的说法有：

- "这么点小事都没有处理好，我是不是不适合做管理啊？"
- "大家对我的方案有异议，是不是不服我管？毕竟我不是团队里技术最强的。"
- "我进公司晚，资历不如大家老，那应该怎么去管这些'老人'呢？"
- "上级对我的期待那么高，我能做好吗？"

归结起来，你会发现，新经理不自信的来源，主要是以下三类原因。

1. 管理经验不足和管理方法欠缺。对于很多管理事务不知道该怎么着手，在摸索前行中磕磕绊绊，于是怀疑自己没有能力做好管理。
2. 和团队成员作比较。由于资历或能力不是团队里最突出的，担心团队里资历老或能力强的员工会不服自己，尤其是当这些人提出不同意见的时候，常常会使新经理感到挫败和沮丧。
3. 背负着沉重的心理包袱。因为担心管理工作做不好会辜负上级的期望，所以带着很大的心理负担去工作。

既然我们清楚了引发管理不自信的源头，那么该如何消除这些根源，提升管理自信呢？我们逐一来探讨。

第一类自信困境是：因欠缺管理经验和技能而引起的不自信。

这是每位管理者的必经阶段，其实也是学习所有新事物的必经阶段。你想想刚接触技术工作的时候，是不是也经常会碰到一些让你不知所措的问题呢？

只不过不同的是，技术问题往往有比较标准的答案，通过查资料就能解决大部分问题；而管理问题则很少有标准答案，很多经验和技巧是在不断实践的过程中积累起来的，掌握起来不像技术问题那样查查资料就可以快速解决——技术人应对问题最常用的手段，竟然用不上了，这也正是技术人觉得管理有挑战的地方。

那么，有没有一些方法可以快速提升管理能力呢？答案是有的，你可以从之前的工作经验中，迁移一些能力过来。

你可能会说，之前的工作经验以技术为主，有什么能力可以迁移过来呢？为了回答好这个问题，我们先介绍一个职业生涯规划领域常用的能力层次模型叫作"能力三核"（如图1-4所示），这个模型把能力分为三个层次：知识、技能和才干。

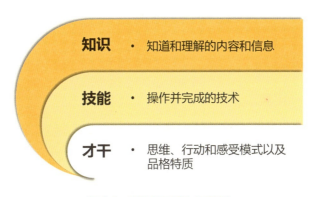

图1-4 "能力三核"示意图

1. 知识，是指你知道和理解的内容和信息，其掌握程度一般用深度和广度来衡量。

   因为大部分知识都是基于特定工作场景的，所以这部分能力的可迁移性很低。你很难把技术知识直接迁移到管理工作的场景中来，因此，关于管理的知识，需要新经理重点补习和加强。

2. 技能，是指你能操作和完成的技术，其掌握程度一般用熟练度来衡量。

   这个层次的能力就有一定的可迁移性了，例如：

   - 快速学习的能力——如果你在做技术时积累了快速学习的良好方法和技能，你可以稍加调整并运用到学习管理中；
   - 进度控制能力——如果你在做工程师时对完成一个项目有很好的进度控制能力，就可以把控制进度的方法和要点，运用在项目管理工作中。

其他容易迁移的能力还有很多，比如沟通呈现能力、结构化思维能力、目标管理能力等，都是可以迁移到管理工作中的。你可以专门思考一下，自己在做工程师时培养的哪些能力可以快速迁移到管理工作中。

3. 才干，是你自然而然高频运用的那些思维、行动和感受模式，也包括你的品格特质。

这个层次的"能力"是迁移性最强的，换句话说，你想不迁移过来都难。

- 例如自信，如果你是一个自信满满的人，那么本节对你来说，就权当是开卷有益了。
- 例如前瞻，如果你是一个前瞻性很强的人，你可能会习惯性地去规划团队未来的图景，并用未来的图景去激励团队。

还有很多其他思维、行动和感受模式，如责任、热情、积极、果断、审慎、纪律、和谐、体谅、公正、完美，等等，人人都有自己的模式，且每个人各不相同。

那么如何知道自己都有哪些才干和品质呢？

一个常用的方法就是：从你之前的"成就事件"中去提取，或者从同事朋友对你的赞美中去归纳。如果你对自我优势探索这个话题感兴趣的话，也可以去了解一下"盖洛普优势识别器 2.0"或"VIA 品格优势"等相关理论和测评工具，它们对才干和品格都有很系统的介绍，并且都定义了一套清晰的"优势语言"。当你有意识地把你的才干和优势运用到管理中时，就会发现很多事情变得轻而易举、得心应手了。

你可以按照上面提到的知识、技能、才干这三个层次去梳理一下自己的能力，虽然很多知识层面的能力很难对管理产生直接帮助，但可以把一些技能和才干迁移过来，帮助你做好管理工作。同时，建立能力的分层意识，也会让你更加迅速而有效地积累管理经验。

第二类自信困境是：如何面对团队里的老资格员工和高能力员工。

如果你团队有不少资历比你老的员工，或者有一些技术能力比你强的员工，那么我得首先恭喜你。因为这至少说明两个问题：第一，你真的是非常优秀，以至于你能被公司赏识来负责这样一个团队；第二，因为这些老资格和高能力员工的存在，你有机会做出更好的业绩。

你可能还是会疑惑:"他们不听我的,不服我,说什么都是白搭!"对此,我要说的是:你现在是团队的负责人,需要把自己从和任何团队成员的比较和竞争中抽离,把目光投向远方,去看看你将带出一个什么样的团队,以及在这个过程中,你能为公司、团队和各位团队成员带来什么样的成绩和成长。

当你不再把团队成员放在你的对立面的时候,你和他们就没有任何竞争关系,因为所有的比较和竞争是在同一个层次上才会发生的,就好像你可能会和你的同学、同事比财富,但是不会和马斯克去比较一样。

因此,你要做的,不是和团队成员竞争、比较,也不是比团队每个人都强,而是要考虑如何让大家把自己的才智都发挥出来,去达成一个共同的团队目标。总之,你要做的不是管束和控制大家,而是引导和支持大家。当你用引导方向和支持帮助的视角去看待你和那些老资格、高能力的员工时,你会因为自己的初心而不再有猜疑和恐惧,因为当你真的能够为团队带来更好发展的时候,总会赢得员工发自内心的真正的信赖。

所以,你要做的,就是用大家的力量,去做出更好的成果,而不是单单因为你的职位让大家服气。一旦你做到了,你也就完成了从工程师到管理者的蜕变,成为真正的团队领袖,自信也就油然而生。

第三类自信困境是:因为背负了上级太高的期待而担心做不好。

如果说前两类自信来源于自我能力和角色认知的提升,那么第三类自信的增强则来源于外部反馈,尤其是上级。

事实上,自信心的建立的确需要外部的正向反馈,这些正向反馈可以极大地提升你的自我认可度。那么,如何才能得到外部持续的正向反馈呢?

首先要把反馈通道建立起来,尤其是和上级的沟通通道。可以和上级约好一个例行的沟通机制,定期汇报团队工作,并就已经完成的一些重要工作征求上级的看法和评价。其中,改进建议固然是很宝贵的,但是你还需要寻求一些肯定性的反馈,例如,你可以问:

- "在你看起来,我有哪一两点做得是不错的吗?"
- "你能感受到我明显有进步的地方吗?"
- "我希望了解你比较看重什么?"

类似的问题，你也可以和合作伙伴去聊聊，除了请他们提意见，不要忘了问问他们有没有觉得你哪点做得好。当你越来越清楚自己擅长的工作方式是什么的时候，你的自信会和这些正向反馈一起螺旋上升。

前面，我们探讨了引发新经理不自信的三个困境，并分别给出了三个应对策略，简要总结如下：

1. 你可以通过梳理自己可迁移的能力，提升能力自信；
2. 你可以通过把自己从团队成员的对立面抽离，提升角色自信；
3. 你可以通过收集外部积极正向的反馈，提升自我认同。

倘若，此时此刻你正面临一项挑战，来不及通过上面的三种方式来增强信心，我曾经的上级传授给我一句话，对我非常有效，相信对此时的你也一定会有所帮助，她对我说："你也许不是最强的那个人，但是你得知道，你是此时此刻做这事儿最合适的人。"

是的，既然你被任命为这个团队的负责人，你就是当前带领这个团队前行的最合适的人。还有什么比这个更能让你"嘚瑟"的呢。

小结

本章聊了聊管理路口的七个"小妖"：迷茫、困惑、懵懂、纠结、忧虑、怀疑、心虚。目的是让从技术向管理迈进的人们扫除内心的不安，从而在管理的路上轻装上阵。

因为我见到太多的新经理被这些"小妖"持续困扰，其中也包括我自己。回头想想，这些问题并不复杂，有过来人稍加点拨就能明白，只不过对管理路口的新经理来说，如堕五里雾中，一时不知所措，也许这就是大家说的"当局者迷"吧。

如果你恰好在这个路口徘徊，希望本章的话题对你有所启发。

本章要点

1. 面对"迷茫"，我们有四个大类八个方向供技术人参考（参见表1-1）。
   - 技术类的两个方向：架构师、技术专家。
   - 管理类的两个方向：技术管理者、职业经理人。
   - 创业类的两个方向：创始人、技术合伙人。

- 顾问类的两个方向：投资顾问、管理顾问。

2. 面对"困惑"。对于外力的权衡，我们可以参考，但内心的动力才是长线发展的保障。

- 是否认同管理的价值。
- 是否对管理充满热情并享受此工作。
- 是否看重在管理方面的成长。

3. 面对"懵懂"。我们要看到有利的外部因素，以及自己内心的笃定（参见图1-2）。

- 天时：机会、时机、大环境、时代背景。
- 地利：优势、能力，以及所负责的工作内容。
- 人和：建立自己的支持系统。

4. 面对"纠结"。核心是认清形势。

- 不必"患失"——做技术管理并不会抛弃技术。
- 不必"患得"——做管理一定会有所收获。
- 认清现实——即使退回去，也回不到原来的路。

5. 面对"忧虑"。核心是从提升技术实现能力，转为提升技术判断力即技术评估能力。

- 结果评估的能力。
- 可行性评估的能力。
- 风险评估的能力。

6. 面对"怀疑"。核心是认清领导力风格并不代表领导力高低，领导力主要有四种风格。

- 指令式管理：重事不重人。
- 支持式管理：重人不重事。
- 教练式管理：重人也重事。
- 授权式管理：不重人也不重事。

7. 面对"心虚"。我们针对三个自信困境，给出三个应对策略。

- 通过梳理自己可迁移的能力，提升能力自信。
- 通过把自己从团队成员的对立面抽离，提升角色自信。
- 通过收集外部积极正向的反馈，提升自我认同。

第2章
管理的基本框架

如果你已经理顺了内心的力量，希望在管理这条路上大干一场，那么很快你就会遇到一个关于"What"的问题——管理到底要做哪些事儿呢？

在实际的工作场景中，新经理基本上都是跟着上级"照葫芦画瓢"——看上级做什么，就做什么；上级怎么做，就怎么做。毕竟，模仿是人们学习新事物的重要方式。如果碰到的问题都是之前上级处理过的，我们模仿上级的做法，倒也能应付个八九不离十。但管理偏偏不是一件靠一成不变的"套路"就能做好的事情，几乎每一个管理情境都是具体而特殊的，很多时候模仿上级就是在刻舟求剑。当我们面对新情况、新问题而不知所措的时候，一个强烈的愿望就会扑面而来——谁能告诉我，管理到底包含了哪些工作，面对这个问题应从哪里着手呢？

我在培养新经理的过程中，也常常会被问到类似的问题。

- "有没有管理框架或管理地图？这样我就清楚需要做哪些事儿了。"
- "技术有技术图谱，那么，管理有没有管理图谱呢？这样我就知道该提升哪些能力了。"

事实上，我自己对这个问题也颇感兴趣。和大多数工程师出身的管理者一样，我对追问管理理论的底层逻辑也是有执念的，我相信"清楚了一切的'为何'，也就知道了一切的'如何'"。于是，我查阅了很多管理图书和网站，但是并没有找到完整而系统的"管理框架"或"管理图谱"，大多是连 MECE[1] 原则都做不到的经验堆砌，对此我一直耿耿于怀。尤其当遇到类似下面这些复杂的"大问题"时，对"管理图谱"的渴望就更加难以抑制。

---

[1] 全称为 mutually exclusive collectively exhaustive，意为"相互独立、完全穷尽"。

- "如何打造高效执行的团队？"
- "如何群策群力打胜仗？"
- "如何提升团队的战斗力？"

这类问题的一个共同特点就是"大"，虽然每个管理者都可以凭经验给出一些建议，但往往是一些散落的点，很少能给出系统的回答，因为这些问题本身包含着很多子问题，一时不知该从哪里说起。

而且，如果问题只是复杂倒还好了，更令人头疼的是，答案还不稳定——即使对于同一个问题，随着时代背景的不同，这些问题的答案也有很大差异。比如工业时代的员工激励和知识经济时代的员工激励，所采取的手段甚至是相反的。

- 工业时代追求严格管控，强调"外驱"，更多地依靠"胡萝卜加大棒"的奖惩机制；
- 知识经济时代追求创新，强调"内驱"，更多地依靠激发员工自主性的机制。

即便是"激励"这样一个具体的管理主题，也在随着时代背景、社会环境的不同，而不断发生变化，更何况是"管理"这个高度抽象的概念了。这也就难怪，直到今天，也没有哪位大师能够给"管理"明确一个被普遍认同的定义。

2.1 什么是管理

既然我们要探讨"技术人如何做管理"这个话题，那么对"什么是管理"以及"管理是干什么的"这个问题就无法回避。虽然"管理"这个概念很模糊，但是我们依然可以通过界定管理者的核心职责，来刻画出管理的含义。

2.1.1 大师谈管理

在管理学的发展史上，有很多彪炳史册的管理大师，我们不妨看看，管理界这几位泰斗级人物是怎么说的。

- 古典管理理论的代表亨利·法约尔认为："管理是由五个要素组成的一种普遍的人类活动，这五个要素是：计划、组织、指挥、协调和控制"。不难看

第 2 章 管理的基本框架

出,他特别关注管理的过程性,强调"做事"的可控性,不愧为"管理过程学派"的创始人。

- "科学管理之父"弗雷德里克·泰勒认为:"管理就是确切地知道你要别人干什么,并使他用最好的方法去干"。显然,他关注的焦点有两个:一个是"干什么",另一个是"怎么干"。有明显的目标方向性和做事方法性,强调"目标"和"做事"。
- "现代管理学之父"彼得·德鲁克认为:"管理是一种实践,其本质不在于'知',而在于'行';其验证不在于逻辑,而在于成果。其唯一权威就是成就"。他这个说法的焦点在于实践性和结果性。众所周知,德鲁克是"目标管理理论"的创始人,尤其强调"目标"。
- 当代管理大师斯蒂芬·罗宾斯给管理的定义是:"所谓管理,是指同别人一起,或通过别人使活动完成得更有效的过程"。仔细分析这句话,我们会发现这个说法的背后蕴含着三个要素:"人""过程"和"有效",用正式一点的名词叫组织性、过程性和方向性。强调了"带人""做事"和"目标"。为什么"有效"可以表征目标呢?这是因为,没有目标,就无从谈论是否"有效"。

从上面几位大师对于"管理"的解读,我们会发现,大师们关注的重点也是在不断变迁的,管理大体上分为三个阶段。

1. 关注过程,强调如何"做事"。为了方便探讨,我们把这个阶段的管理称为"管理 1.0"。
2. 关注过程和目标,强调设定"目标"并通过掌握如何"做事"来达成目标。为了方便探讨,我们把这个阶段的管理称为"管理 2.0"。
3. 关注团队、过程和目标,强调设定"目标"并通过掌握如何"带人"和如何"做事"来达成目标。为了方便探讨,我们姑且把这个阶段的管理叫"管理 3.0"。

管理的要素越来越多,是管理大师们越来越高明了吗?不可否认,后来的大师是站在"巨人肩膀"上的,但更主要的原因是时代背景发生了变化。上面的三个阶段,对应了三个不同时代下的不同价值取向。

1. 工业生产时代:工业时代早期,以流水线为典型特征的业务模式,"标准化"和不打折扣地"照章办事"是最重要的工作价值观。任何员工的"主动创新"都可能会给流水线造成巨大的破坏性。因此，管理的焦点放在"过程"上，强调做事。
2. 工业竞争时代：工业时代中后期，随着竞争越来越激烈，生产本身不能带来显著的竞争优势时，管理者开始考虑，如何才能让生产更加"有效"，即产生更多的"业绩"，因而越来越关心生产的目的性。除继续强调"做事"之外，管理工作也强调"为了什么做事"，即"目标"。
3. 知识经济时代：工业发展更加充分之后，"守正出奇"的趋势越来越明显，尤其是信息产业把我们带向知识经济时代之后，"创造性"变成了很多企业的生命线。显然，所有的生产要素中，只有"人"这个要素具有创造性，因此"人"的因素被提到了很高的管理地位，备受关注。

通过上面的论述，我们知道了下面这样两个事实。

1. 管理的含义会随着时代背景的变化而变化，每个时代都有自己独特的管理要素。
2. 知识经济时代有三个最核心的管理要素：目标、人、过程。也可以通俗地称为"看方向""带人"和"做事"。

2.1.2 领导力

你是否发现，近些年，"领导力"已成为管理领域一个炙手可热的名词。很多原来叫管理的书，现在都叫领导力了；很多原来的管理培训，现在都叫领导力培训了；HR 和管理者们的说法也齐刷刷改口为"领导力"了……"领导力五项原则""领导力八项修炼""领导力十大能力"等类似的说法充斥眼球。可是，究竟什么是领导力，领导力和管理是什么关系呢？

就这个问题，我问过很多管理者和 HR，都没能得到令人满意的解释。如果去翻看关于领导力的图书和网页，你会发现，领导力的定义甚至比管理的定义更丰富多彩，我简单摘录几个。

- "领导就是要创造一种途径，使人们全力献身，成就非凡。"——艾伦·基思
- "领导力就是动员大家为了共同的愿景努力奋斗的艺术。"——《领导力》詹姆斯·库泽斯、巴里·波斯纳

第 2 章 管理的基本框架

- "所谓领导力，就是创造这样一个环境，每个人都能在其中发挥出更多的能力。"——《成为技术领导者》杰拉尔德·温伯格
- "领导力就像美，它难以定义，但当你看到时，你就知道。"——沃伦·班尼斯
- "领导力是怎样做人的艺术，而不是怎样做事的艺术，最后决定领导者的能力是个人的品质和个性。"——摘自百度百科（出处未知）

不少人把领导力和"美"与"艺术"挂上了钩，于是乎，就好像一百个人眼中有一百个蒙娜丽莎一样，一百个管理者心中也有了一百个领导力。

可是，我们如果热衷于一个说不清的概念，那么这跟"喝鸡汤"有什么分别呢？技术人出身的管理者，怎能容忍这样的事情发生？我们就来探个究竟。

"领导力"对应的英文是"leadership"，抛掉"-ship"和"-er"，其词根是"lead"，相当于中文的"领导""带领"。你如果要提升领导力，得先掌握"带领"的要领，而如果要掌握"带领"这个动作，有三个问题是无法回避的。

1. 你要带领谁？
2. 你要带领他们做什么？
3. 你要带领他们去哪里？

其中任何一个问题回答不清楚，都做不到有效"带领"。你有没有发现，这几个问题似曾相识？

1. 你要带领谁？着眼团队，关于怎么"带人"。
2. 你要带领他们做什么？着眼事务，关于怎么"做事"。
3. 你要带领他们去哪里？着眼目的，关于设定"目标"和方向。

这三个要素，不正是管理 3.0 的三个要素吗？原来大家口口相传的"领导力"，也逃不开"带人""做事"和"目标"这个"管理三大件"，和管理 3.0 的内涵基本上是一样的。从这个角度来讲，对于上面几种关于"领导力"的说法，詹姆斯·库泽斯和巴里·波斯纳在《领导力》一书中的定义更为完整："领导力就是动员大家为了共同的愿景努力奋斗的艺术。"

这句话蕴含了"动员大家""共同愿景"和"努力奋斗"，分别对应管理 3.0 中的"带人""目标"和"做事"这三个要素。

那么，为什么大部分关于领导力的图书，焦点都放在了"人"上呢？

仔细想想也能理解，"领导"这个词虽然由来已久，但是"领导力"在管理学中热起来的时间，和知识经济时代是大体匹配的，也就是说，和"人"这个要素在管理中被重视起来的时间是大体吻合的，这就意味着，随着"人"的因素在管理中发挥越来越大的作用，"领导力"才热了起来。

由于学界有一个特点是"逐新求异"，而"做事"和"目标"在管理领域都已不是新事物，于是很多关于领导力的图书都聚焦在"带人"上，"做事"和"目标"不作为重点内容，即便提到"做事"和"目标"，也是作为"带人"的手段来探讨的。

而问题在于，学界逐新求异可以理解，但是作为身处工业界并位于管理一线的我们，如果也认为"领导力"仅仅是"带人"，那就太局限了。要提升自己的领导力，做好知识经济时代的管理工作，需要综合考虑上述的"管理三大件"，全面回答好上述三个问题，而不能只强调"人"的因素。

综合上面的讨论，从所涵盖的管理要素来看，我们不难得出下面的近似等式：

领导力 = 管理 3.0
　　　 = 管理 2.0 + "带人"
　　　 = 管理 1.0 + "目标" + "带人"
　　　 = "做事" + "目标" + "带人"
　　　 = "做事" + "目标" + 狭义领导力

通过上面的等式，可以澄清以下两个问题。

1. 几个重要概念的关系：管理、领导力、狭义领导力（很多领导力书上的说法）。
2. 当下管理工作涵盖的三大内容，也就是上面我们提到的"管理三大件"——带人、做事和目标。

2.2　管理的基本框架

通过前面的探讨，我们了解了管理和领导力的含义，也了解了管理内容的"三大件"。可是，这"三大件"又是三个很大的问题——具体该如何带人，如何做事，如何规划目标和方向呢？关于这类"大问题"，是否有迹可循呢？

而且，管理、领导力、带人、做事、规划方向……这些词"很虚"，即便我们理解了,如何能生动易懂地告诉我们的新经理们,使他们快速理解和掌握呢?

2.2.1 "管理三明治"

老子曾说:"治大国,若烹小鲜",如此复杂的事务也可以用很简单的事情来阐释。那么关于做管理,有哪些生动的比喻呢?

一个常见的说法是把做管理比喻成"带兵打仗",也有人把做管理比喻成教练"指导球队比赛",还有人认为做管理就像指挥家"指挥乐队演奏",等等。这些说法听起来都比管理本身要生动易懂,而且,它们有一个共同点,就是都由两个要素组成:一个要素关于人和组织,像"兵""球队""乐队",即"带人";另一个要素关于事务,像"打仗""指导比赛""指挥演奏"等,即"做事"。

我更愿意把做管理看作"驾驭马车"——驾驶一辆由多匹马组成的马队拉着的车。这个比喻也体现了前面的两大要素——带人和做事,只不过这里的"人"是拉车的马队,而"事"就是驾驶马车赶往目的地。"马车模型"示意图如图2-1所示。

图 2-1 "马车模型"示意图

下面,我们就来仔细探讨一下,驾驭马车和做管理有哪些相通之处。

- 要想驾驭马车,你需要先跳上马车,成为一位马车夫。也就是说,无论你之前是"男朋友"还是"丈夫",抑或是"女儿"或"妈妈",无论你是"动物爱好者"还是"歌唱家",即便你原来是一匹拉车的"马",一旦跳上马车后,你首先得"变成"一位马车夫。这就是所谓的"角色认知"。对应到管理,当我们从一位工程师成为团队的管理者时,需要对"管理者"这个角色有充分的认知,做好角色转换。

2.2 管理的基本框架

- 在启动马车之前,你需要先看看车上拉的是什么,目的地在哪里,马队是什么情况,以及选择走哪条路。对应到管理中,就是得弄清楚团队的基本职能、工作目标、团队状况及路径选择。我们把这类工作称为"管理规划",它代表着团队前进的方向。
- 清楚方向之后,你开始驾驶马车前行,在这个过程中,你需要持续地做两件事:一边抓住马缰,协调好整个马队,让马匹一起用力;一边挥舞马鞭,指挥马队把车拉到一个又一个里程碑,完成一段又一段旅程。前者对应到管理中,很像在做人和组织相关的工作,我们称之为"带人",或者"团队建设";后者对应到管理中,很像在完成一个个项目或一项项任务,我们称之为"做事",或者"任务管理"。
- 在驾驶马车的过程中,车夫不断吆喝也好,挥舞马鞭也好,对其他车夫喊话也好,就是在分别和马队及其他环境要素进行互动和沟通,这对应到管理工作中,就是我们说的"管理沟通"。

综合上面驾驭马车的五个要素并对应到管理工作中,便是角色认知、管理规划、团队建设、任务管理和管理沟通五个管理要素。其中:

- 角色认知存在于管理工作的一言一行、一举一动,它无处不在、无时不在,就好像空气一样,这是做好管理的前提;
- 管理沟通贯穿于所有管理工作之中,把所有相关的合作方都连接在一起,并像水流一样,让所有的工作"流动"运转起来,是做好各项工作的载体;
- 而管理规划、团队建设和任务管理,就是管理者的工作内容了,分别对应着管理工作的"三大件":看方向、带人和做事。

提示 由于"管理规划"不只是设定目标,因此在本书后面的论述中,我们用"管理规划"和"看方向"来代替前文中提到的"目标",作为管理中要考虑的方向性问题。当然,"目标"仍然会作为"管理规划"中的一个要素出现。

我们把无所不在的空气般的认知作为管理的"天",把承载一切管理工作的沟通作为管理的"地",把管理者日常需要做的三大管理动作——看方向、带人、做事放在中间,就组成了一个基本的管理框架。管理者就是在角色的"天"和沟通的"地"之间不断地"劳作"——看方向、带人、做事。此时,你有没有感受到一种浓郁的生活气息呢?由于这个框架看上去像一块三明治,我们形象地称之为"管理三明治",甚至有读者把这个框架戏称为"两片面包夹三根火腿肠",如此描述倒也更加通俗易记。具体如图 2-2 所示。

图 2-2 "管理三明治"示意图

在后面的论述中,还时常会用"驾驭马车"来类比管理中遇到的问题,我们把这个隐喻称为"马车模型"。在你回答别人"管理都做哪些事儿"这个问题时,也可以套用"马车模型"来做一个生动的比喻,是不是就容易理解多了呢?

当然,这个框架依然非常粗略,即便我们已经理解了"马车模型"和"管理三明治",清楚了管理者需要关注的五大部分内容,在管理中要想达到"按图索骥"的效果,显然还是做不到。因此,我们需要进一步去解析各部分工作的要点,弄清楚那些日常琐碎的管理工作都在如何发挥着作用。

下面,我们就依次来分析一下"管理三明治"的五大部分内容。

2.2.2 角色认知

我们先来谈谈管理三明治中的第一部分——"角色认知",如图 2-3 所示。

图 2-3 "管理三明治"框架图

角色认知,也就是,我们作为一个管理者,是否清晰地理解自己的角色,从而

2.2 管理的基本框架

做出符合角色要求的言行举止。

要想做一个"职业"的管理者，认清楚自己的角色是最基本和最重要的前提条件。正如前面我们所论述的，角色认知存在于管理者工作中的一言一行、一举一动，它无处不在、无时不在，就好像空气一样，弥漫在每天的日常管理中。在做管理规划的时候、在做团队建设的时候、在做任务管理的时候、在做管理沟通的时候，如果管理者不能很好地理解自己的角色，会因为言行失度，带来很多不必要的管理困难，甚至产生不必要的管理事故。因此，对于角色认知，无论怎么深刻都不为过。因此，我们称之为管理的"天"，放在"管理三明治"的最上层。

具体地，关于技术人从个人贡献者（individual contributor，IC）岗位到管理者岗位，其角色都发生了哪些变化，以及新经理由于角色认知不足而常常会陷入哪些管理误区，我们将在第 3 章中详细探讨。

2.2.3 管理规划

管理三明治的第二部分是"管理规划"，如图 2-4 所示。

图 2-4 "管理三明治"框架图

- 从含义看，管理规划就是在你头脑中构建出的管理愿景，它代表着未来的管理方向。
- 从形式看，管理规划是一个"协议"，体现你和上级就未来管理工作所达成的共识。
- 从内容看，管理规划是为了回答这样一个问题：接下来你的团队要投入哪些资源来达成什么目标。如果你对"战略"这个词有清晰的理解，管理规划其实就是你的"管理战略规划"。

第 2 章　管理的基本框架

因此，管理规划最常见的"出场"情景有以下几个。

- 季度或年度交替之际，需要重新审视团队投入产出情况的时候。
- 由于组织调整，你的团队或所负责的业务范畴发生显著变化的时候。
- 你"空降"到一个新团队做管理者的时候。

在上述情形下，我们作为管理者，总是要对管理工作做一个全面的梳理和规划，并用你和上级都习惯的形式和语言，产出一份"管理规划报告"，然后和上级进行沟通确认，从而形成你下一阶段的管理工作计划。

那么，关于管理规划，具体该怎么操作呢？

生动起见，我们再次拿出前面提到的"马车模型"。和"接手一个新团队该如何着手"类似的问题是：一辆新的马车交给你，在驾驶它上路之前，你要先考虑哪件事呢？

不难想到，有四个核心问题是无法回避的。

第一个问题是：这是一辆什么车，它是做什么的？

你可能会问，"这是一辆什么车有这样重要吗？管它是什么车，我都给你拉到目的地就行了呗！"而问题在于，如果你不清楚这辆车是做什么的，你就没法设定目的地，也不清楚该找什么马来拉，更不知道该走哪条路。

有这么严重？我们不妨举例来说。

- 如果你拉的是一辆远途客车，目的地就设定得非常清楚，而安全、快捷、舒适地把客人送到指定目的地，就是你的职责和使命。于是，你的车内是否舒适、马匹的选择是否快速、选择的路线是否安全等都是你要考虑的问题。
- 如果你拉的是一辆观光旅游车，目的地可以很清楚，也可以不清楚，因为你这辆车的使命在路上，核心是这个过程能否让观光客满意。此时，车体设计能否让乘客很方便地观赏路上的风景、马匹选择是否速度适中、选择的路线是否风景优美就变成了你优先考虑的问题。
- 如果你拉的是一辆送货的货车，你需要考虑的就是马车是否满足货物要求、载货量、马匹和路线的选择，以尽快到达交货地点。要考虑的问题和远途拉客、观光旅游，显然有着巨大的差异。

还有很多特殊的马车，如马拉雪橇、古代的战车等。每辆车设计出来，都是为了满足特定需求的，你的团队亦是如此，因此首先要弄清楚团队是干什么的。

弄清楚自己的团队承担着什么样的职责和使命，决定了需要设定什么样的工作目标，以及用哪些维度来衡量目标；决定了需要什么样的人加入团队，以及需要多少人；决定了选择什么样的手段，以及投入什么样的资源来完成工作。这个问题是如此重要，以至于我们把对这个问题的澄清，作为管理规划的第一个要素，称之为"职能"，这是管理规划的起点。

顺便问一下，对于你自己的团队，你是否可以毫不迟疑、非常简练地说出团队的职责和使命呢？

第二个问题是：需要把这辆车拉到哪里去？

只有明确了要去的目的地在哪里，才能评估需要什么样的马，需要多少匹，以及有哪些路线可以选择。这个关于"目的地在哪里"的问题，是管理规划的第二个要素，称为"目标"。对于为什么要设定目标，很少会有人质疑，因为大家都认为设定目标是理所当然的事情，其必要性不言而喻。然而，对技术团队来说，想设定清晰明确的目标，却是很困难的，因为工程师的大部分工作都难以量化。具体该如何操作将在第 4 章探讨。

第三个问题是：你的马队状况如何？

正如马车夫在出发前要了解和评估马队的状况一样，接手一个新团队时，你也要盘点自己带的是一个什么样的团队，因为所有的工作，都是靠团队来落地完成的，团队是真正"拉车"的人。就好像马匹是马车的动力之源一样，团队就是你达成团队目标和使命的发动机。因此，盘点自己的团队，以及看看在整个"赶路"的过程中要如何升级完善自己的团队，并思考在达成目标之后你期待收获一个什么样的团队，是一个管理者必须要考虑的问题。这就是管理规划的第三个要素，我们称之为"团队"。

第四个问题是：驾驶马车走哪条路？

也许你会说，已经有了职能，有了目标，有了团队，接下来不应该就是赶路了吗？

在赶路之前，你还得先看看有哪些路可以走，即，你有哪些不同的选择，分别需要多少资源投入。如果你选崎岖的近路，可能你需要马中的"特种兵"，并配给高精尖的装备，会很贵重；而如果你选择宽阔的大路，你可能需要跑得快、耐力强的马。而且，马车所携带的补给也会因为路况而有所差异。因此，路径的不同选择，

第 2 章 管理的基本框架

会带来资源投入的差异。对应到管理规划中,你需要选择达成目标的方式和手段,并据此向公司申请相应类别和规模的资源。由于公司的预算是要提前做的,因此在管理规划中要考虑到,这就好像在马车出发前,就要预算好补给一样。这就是管理规划的第四个要素,我们称之为"路径"。同时,我们也看到,资源并不是一个独立的要素,资源投入和路径选择就好像一个硬币的两面,是一一对应的,抛开路径谈资源是没有意义的,也是没有说服力的。因此我们把路径的选择和资源的预算作为一个要素来探讨,也就是"路径"。

> **提示** 不难发现,路径选择要回答的问题是"通过什么手段来实现目标",显然这是从目标拆解下来的,于是很多人会把"路径"和"计划"混淆。这里做一个说明。
>
> - 目标拆解为路径,其核心目的是资源预算。主要根据不同手段去评估投入的资源类型和规模,确保规划的可行性。
> - 目标拆解为计划,其核心目的是落地执行。会根据执行人员的情况不同,拆解到相应的粒度,以确保执行过程可控。

上面,我们逐个探讨了管理规划的四个要素——职能、目标、团队和路径。这四个要素分别回答了下面这四个问题,而这四个问题往往是上级最为关心的(如图 2-5 所示)。

1. 职能:你的团队是干什么的?
2. 目标:你要产出什么?
3. 团队:你依靠谁?
4. 路径:你要投入什么?

图 2-5 "马车模型"与"管理规划四要素"示意图

我们把这四个要素称为"管理规划四要素",当你系统地把这四个要素对应的问题清晰地呈现给上级时,说明你对团队有很好的理解和掌控,他会觉得:由你驾驶的这辆车,跑不偏!

关于如何从这四个要素出发去制定一份具体的管理规划,回答好这四个问题,我们将在第 4 章详细探讨。

需要说明的是,这四个要素并不是彼此孤立和静止的,而是相互关联、动态平衡的,它们之间的关系如图 2-6 所示。在设定目标的时候,不能不考虑团队情况和可选的路径;在盘点和规划团队的时候,不能不考虑要达成的目标和可选的路径;而当选择路径的时候更是离不开要达成目标和团队的状况。因此,目标、团队和路径这三个要素彼此关联,都基于职能来规划和设计,可见职能是四个要素中最稳定的,它是管理规划的起点。

图 2-6 "管理规划四要素"关系图

中国有句谚语叫"磨刀不误砍柴工",磨刀虽然看上去花些时间,却能让砍柴更加有效。作为管理者,花些时间来思考团队的管理规划,显然是值得和必要的。

那么,你大约多久会审视一下自己团队的规划呢?

2.2.4 团队建设

管理三明治的第二大管理动作是"团队建设",如图 2-7 所示。

图 2-7 "管理三明治"框架图

我们常常通俗地把团队建设称为"带人",也就是我们常说的"带团队""带队伍"。显然,所有的团队都需要规划目标和方向,也都需要在任务执行的过程中去锤

第 2 章　管理的基本框架

炼和打磨,所以,"带人"和"看方向""做事"是脱不开关系的。但是,为了分析问题的方便,还是要先独立探讨。因此,我们现在仅就"团队"来做一些探讨。

那么,究竟怎么带好团队呢?带团队需要从哪些方面去展开工作呢?

我采访过一些管理者,大家的说法各不相同,这让我有些意外,却又在情理之中。

- 有人说:"带团队的核心是要做好人才培养。"
- 有人说:"最重要的是把合适的人放在合适的位置上。"
- 有人说:"对团队来说,最重要的是梯队和氛围。"
- 有人说:"一个好的团队是各有所长,协同配合。"
- 有人说:"激励很重要。"
- 有人说:"团队凝聚力很关键。"
- 有人说:"经理要以身作则。"
- ……

虽然说法各不相同,但每个人说的似乎都有道理,都蕴含着真知灼见和各自的管理精髓。每一个真知灼见都在我脑海中点亮一颗星星,以至于我眼前出现了"姜子牙封神"时的情景:天空中的星星一颗颗亮起来,越来越多,越来越多……突然之间,我有些眼花缭乱、不知所措——到底该去摘哪一颗呢?有没有一个"星空图",能够把这些散落的繁星连接成有意义的轮廓?那样就可以按图索骥地去寻找需要的那颗星星了。

作为一个做技术出身的管理者,散落一地的经验是不能令人满意的,我一定要找到"带团队"这个主题的系统性框架,然后把这些宝贵的经验都安放进去。

要分析如何"带团队",需要先来好好研究一下"团队"这个对象。

为了容易理解,再次搬出前面提到的"马车模型",当下我们的研究对象是"团队",对应着"马车模型"中拉车的"马队",那么,我们就来分析一下这个"马队"。

分析这个"马队",有以下三个层次的视角。

1. 第一个层次:马匹个体。就是单个的马,马队是由一匹一匹的个体的马组成的。
2. 第二个层次:马匹之间。个体马匹之间是有连接的,如果个体间没有联系在一起,它们就不能作为一个团队去拉同一辆车。
3. 第三个层次:马队整体。马队是有其整体性的:马队的规模、马队的气势、马队的耐力等。

这样，我们就把"马队"这一研究对象拆解成三个子对象，即"马匹个体""马匹之间""马队整体"。下面我们就从这三个视角看过去，探讨一下这三个子对象。

从"马匹个体"这个层次来看。

要想整个马队有最强的"战斗力"，首要前提是单个马匹都能够发挥出最强的"战斗力"。这需要具备两个要素。

1. 力气。首先，一匹马本身得有力气，这是马车前进的基础。如何让一匹马有力气就是一个重要的工作。对应到团队管理工作中，如何提升马匹的力气或体能，就是"如何培养员工的工作能力"这一管理主题，新人导师、技术交流、学习培训等都属于这个范畴，我们简称为"能力培养"。
2. 意愿。只有力气是不够的，要让马匹奋力向前，除了力气，还得有意愿，就是得给马匹一个理由，让它愿意使劲地拉车。这对应到我们的团队工作中，就是"如何提升员工意愿和积极性"这一管理主题，表扬赞赏、升职加薪、惩罚批评等都属于这个范畴，我们简称为"员工激励"。

如果一匹马既有力气，又有意愿，它的战斗力就能够发挥出来。对应到团队建设中，从个体角度出发的工作，主要是"能力培养"和"员工激励"，以此来提升员工的"能力"和"意愿"，从而提升员工的个体战斗力。

从"马匹之间"这个层次来看。

假设每匹马都奋力向前，车就一定会跑得快吗？除了马匹个体用力，还有什么要素会影响车的速度呢？这也包含了两个要素。

1. 阵形。也就是，马和马之间是用什么结构连接起来的，这决定了各匹马用力的方向是什么。即便两匹马都很拼命，但是如果它们往相反的方向用力，马车也是不动的。古代的酷刑"车裂"就是利用了这个原理。具体到我们的团队中，则对应到人员的分工上，明确每个人在什么位置努力。
   当然，实际工作中，我们很少会做出相反的分工，但是"不同向"现象却非常常见，比如对于同一个任务，一个员工在努力地赶进度，而另一个员工在拼命追求质量，显然他们是在往不同的方向努力。虽不至于"撕裂"，但达不到最高效率是肯定的。因此分工不是简单的"谁做啥"的问题，还包括员工间的协同一致，这是一个很重要的管理主题——"团队分工"。

2. 节奏。如果阵形结构能保证所有马匹往一个方向努力，车就会快了吧？也未必，还有一个要素需要考虑，就是马与马之间，有没有一致的节奏和良好的默契，这也是很重要的。具体到我们的团队就是，团队成员间有没有很好的信任和默契，协作上是否高效顺畅，是不是只需要只言片语、一个眼神、一个手势就能心领神会呢？显然，团队成员间的协作水平对团队整体战斗力的输出影响很大，高水平协作是一个团队努力追求的方向，我们把这个管理主题称为"协作水平"，协作水平越高，团队合力越大。

可见，如果把"团队分工"和"协作水平"都搞好了，就已经抓住了"个体间"这个视角下管理工作的核心。

从"马队整体"这个层次来看。

如果说我们研究"马匹个体"，是为了搞清楚如何让"马跑得快"；研究"马匹之间"的结构，是为了形成合力，搞清楚如何让"车跑得快"；那么我们研究"马队整体"，主要是想看看如何才能让马车"一直跑得快"，或者说，跑得远，这就是团队的耐力和可持续性问题。

我们可以从外部来给团队很多的激励，如愿景、目标和使命，比如带团队做出好的业绩和大的成就，这两个视角，我们会在探讨"管理规划"和"任务管理"中讨论。那么，仅从团队角度来看，如何提升团队的耐力呢？有"硬件"和"软件"两个要素。

1. 梯队。也就是，马队马匹构成。从这个角度来审视马队，对应到团队建设中就是梯队——团队员工的新老强弱的能力构成。团队工作要着眼于长线，我们不是只赶一段路。一个团队如果没有良好的梯队，只靠一两个成熟的高手在支撑，这样的团队是很脆弱的，一旦这一两个高手请假、调走或者离职，整个团队就瘫痪了。因此，要把团队的战斗力放在一个更长的时间区间去考虑，这就需要团队有一个强健的"骨架子"，这个管理主题，就是我们常说的"梯队培养"，对团队来说，这是团队有韧劲的"硬件"条件。

2. 文化。也就是，马队展现出来的气势和精神面貌。对应到团队建设中就是文化和价值观,如果你的团队规模比较小,觉得团队文化难以捉摸,也可以叫"团队氛围",总之就是团队成员能够在这里找到非常强的认同感,大家也非常清楚这个团队最核心的工作理念,什么是重要的,什么是不重要的,什么是应该的,什么是不应该的,而不需要去一点一点交代。我们平时也许不会特别注意到团队文化,但是它却是无处不在。一个公司文化发生变化而带来的团队动荡,是灾难性的、难以缓解的,这样的案例在互联网行业时有发生,值得重视。对团队来说,这是团队有韧劲的"软件"条件。这一管理主题叫作"文化建设"。

如果一个团队既有良好的梯队作为体魄,又有良好的文化作为精神,其耐力和韧劲必定不凡。

综合上面我们对"马队"三个层次的解析,我们就得到了团队建设的六个着手点,也就是做团队建设的六个工作维度,我们称之为"团队建设六要素"(如表2-1所示)。

- 针对员工个体的两个要素是:能力和激励。解决个体动力问题。
- 针对员工个体之间的两个要素是:分工和协作。解决团队合力问题。
- 针对团队整体的两个要素是:梯队和文化。解决团队耐力问题。

当一个团队动力、合力和耐力都足够强大时,这个团队的战斗力就无可挑剔了。

表 2-1　团队建设六要素

一个目标	三个视角	六个要素
团队建设:战斗力	个体:动力 (马)跑得动	员工实力:能力培养
		工作意愿:员工激励
	个体间:合力 (车)跑得快	排兵布阵:团队分工
		步调节奏:协作水平
	团队:耐力 (马车)跑得远	新老强弱:梯队建设
		归属认同:文化建设

如此,虽然"带团队"是一个无处下手的大概念,但是我们如果从这六个要素去着手开展工作,是不是感觉清楚多了呢?有没有看到将满天繁星连接起来的"星空图"了呢?进一步来看,这六个要素也是日常管理工作最常见的六个主题,未来的工作中,我们还可以从这六个要素出发,逐步积累自己的管理方法论。

当然,实际做团队建设的工作时,我们不可能六个要素一起抓。优先去改善那些用最小的成本就能取得最大的收效的要素，这样做性价比最高，而那些改善起来性价比较低的要素，可以往后放。

如果你对每一个要素该如何着手开展工作感兴趣，我们会在第5章来依次探讨。

2.2.5 任务管理

管理三明治的第四部分，是"任务管理"（如图2-8所示）。任务管理，也就是如何把任务完成，把事情做好，把结果交付出来。对很多团队来说，大部分工作都是以"项目"形式存在的，因此，任务管理大体上又是项目管理，只是为了涵盖非项目的那些工作，我们才把"做事"叫作任务管理。

图2-8 "管理三明治"框架图

如果说我们探讨管理规划，是为了把事情做对；我们探讨团队建设，是为了搞定做事情的主体；那么，我们研究任务管理，就是为了把事情做出来，产出实实在在的业绩和成果。作为结果导向的管理者，这才是管理工作的最终落脚点，同时也是验证管理规划是否合理、团队建设是否有效的最重要的标准和依据。因此，"做事"同样是非常重要的管理内容。

我在各种规模的公司都做过调研，令人欣喜的是，所有的统计结果都显示：任务管理是技术管理者们最擅长的一项管理主题，而且不只是他们自己这么认为，他们的上级也是如此评价。我想，一方面是因为在这方面受到的训练比较多；另一方面，也可能和工程师的"基因"有关。工程师秉持着一种确定性思维，凡事都力求"靠谱"，一般明确答应过的事情，都会如数兑现，这是优秀工程师的普遍品质。

然而，不可否认，"做事"也是一个综合的大话题，我们要如何探讨呢？

既然做事是一个过程，我们就从"事前""事中""事后"三个阶段来探讨。

2.2 管理的基本框架

- 事前，我们首先需要回答的问题就是"要做什么事"。也就是，把哪些事放入工作列表，先做哪件后做哪件。也就是分清楚轻重缓急，也叫优先级梳理。
- 事中，我们要确保事情的进展按照计划推进，尽在掌握之中，也就是有效地推进执行。
- 事后，我们要复盘做事的整个过程，并从过去的经验之中抽取一些流程机制，让以后类似的工作可以做得更高效更顺畅。

于是，我们把事前的轻重缓急、事中的有效执行和事后的流程机制，称为"任务管理三要素"，如表2-2所示。

表2-2 任务管理三要素

任务管理	阶段	主要工作
目标落地	事前：做什么	排优先级：轻重缓急
	事中：怎么做	执行落地：有效执行
	事后：怎么做更好	自动驾驶：流程机制

那么，如何盘点任务的轻重缓急？如何确保任务的有效执行？如何制定有效的流程机制？我们将在第6章中具体探讨。

2.2.6 管理沟通

我们通常所说的管理，都是指管理一个团队，这就意味着，多人协作是不可避免的，而多人协作又离不开沟通。管理者作为协作的总协调人，几乎所有的管理工作都是靠沟通来实现的。管理沟通贯穿着每项管理工作的始终，并让所有的管理工作都运转起来，它是管理工作的载体。因此，我们称之为管理的"地"，放在"管理三明治"的最下层，如图2-9所示。

图2-9 "管理三明治"框架图

第 2 章 管理的基本框架

管理沟通是一个很大、很复杂的话题，也是很多公司管理培训课的重头戏，相信你也参加过 HR 组织的不少管理沟通课。即便如此，我在调研几百位管理者后发现，管理沟通依然是技术管理者心中的痛，名列"最具挑战管理主题清单"首位。关于它所涉及的方方面面，表 2-3 可以给我们一个直观的感受。

表 2-3 管理沟通涉及的方方面面

维度	描述
沟通场景	向上沟通、向下沟通、横向沟通……
沟通目的	建立关系、同步信息、表达情感、说服影响……
沟通内容	计划、进展、风险、协同、人员……
沟通方式	当面、电话、消息、电子邮件、协作平台……
沟通工具	3F 倾听、积极主动式反馈、回放确认……
沟通意识	主动通报、换位思考、闭环意识、结论优先……

关于对管理沟通更详细的探讨，我们放在第 7 章。

2.2.7 "管理全景图"

通过前面五个小节的探讨，我们对角色认知和管理沟通有了进一步的理解，并拆解出管理规划四要素、团队建设六要素和任务管理三要素，于是我们把"管理三明治"进一步细化为"管理全景图"，如图 2-10 所示。

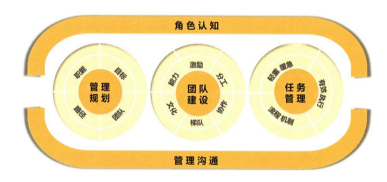

图 2-10 "管理全景图"（©2019 果见）

透过"管理全景图"，我们可以更清楚地看到管理工作都包含了哪些主题，以及每个管理主题都在什么要素上发挥着作用。这样，我们就可以按图索骥地拆解日常遇到的管理问题，并清晰地定位这个问题到底是一个什么管理问题，从而快速抓住解决问题的关键点。

还记得本章开头的那几个让我们很难一下子抓到重点的"大问题"吗？

- "如何打造高效执行的团队？"
- "如何群策群力打胜仗？"
- "如何提升团队的战斗力？"

其中，就"如何群策群力打胜仗"这个问题，还有过一个故事。

有一次，我给一个技术团队的管理层做培训。在需求调研的时候，我问技术团队的总负责人："你期待通过这个培训，解决什么样的问题，并收获什么样的效果呢？"

他认真地跟我说："我希望能够让管理者们了解到，如何群策群力打胜仗！"紧接着，他又补充说："CEO也是这么期待的。"

听他这么说，我第一反应就是：高管毕竟是高管，说话如此高屋建瓴！——我们做管理的目标，归根结底，不就是"群策群力打胜仗"吗？"群策群力"就是如何带好团队，"打仗"就是如何做好工作，"胜"是达成好的业绩目标，"带人"+"做事"+"看方向"，齐了！涵盖了一个管理者所有的工作内容。可问题是，既然"群策群力打胜仗"是管理者终极目标，那我们从哪个管理要素来着手呢？

于是我接着问他："那么，在你看起来，我们通过解决或改善什么问题，来更好支持你的实现'群策群力打胜仗'这个目标呢？毕竟这是每位管理者的理想，具体到你的团队，做哪几件事会特别有效果？"

他若有所思，然后跟我说："团队的经理大部分都是工程师新转过来的，即便有的已经带领几十人的团队了，也还是不太清楚管理都该做哪些事情，有时候还没有把自己放在管理角色上来看待工作中的问题；另外呢，我们这些管理者彼此间也需要更好地融合，大家合作的时间并不长，信任和默契还不太够，凝聚力不强……"

我试着总结："听下来，你是希望通过做这样两件事，来更好地群策群力打胜仗：第一，提升管理者的角色认知，让他们清楚自己作为领导都要做哪些工作；第二，通过做团队融合，经理间可以有更好的互信和默契，从而提升团队的协作水平。"

他连连点头说："对对对，就是这个意思……"

于是，我专门针对他们的情况设计了一次培训，主体内容就是角色认知和团队融合，收获了很好的效果。

第 2 章 管理的基本框架

在这个案例中,你看到我是怎么使用"管理全景图"的吗?

一开始我们谈及了一个很大的话题——"群策群力打胜仗",它几乎涵盖了管理的方方面面,这个问题是无从下手的。于是我引导客户把具体情况说出来,并快速判断这是一个什么问题,然后把它定位在"角色认知"和"协作水平"这两个管理要素上,从而找到应对该需求的着手点,设计出有针对性的方案。

上面的案例让我们再一次看到,"管理"是一个多么复合的词,对不同的管理者来说,它包含了不同的层次和维度,每位管理者都会有自己不同的理解和表述。正因为如此,做管理工作,如果仅凭感觉泛泛地去做,效果是很难预期的。而要想有效地解决问题,清晰地定位和定义问题是关键前提。"管理全景图"既提供了一个管理工作的全貌,又提供了各项管理工作具体的"切入点",它可以有效防止我们把所有管理问题都糅在一起,让我们可以快速理出头绪,并围绕这些"切入点"找到解决方案,从而做到胸有丘壑。

关于如何使用全景图来应对管理当中的那些模糊问题,甚至是看似无解的管理难题,我们将在第 8 章详细探讨。

前面,我们只是拆解出管理三明治所涵盖的最基本的管理要素,那么,针对各个管理要素所对应的管理问题,各自都有哪些具体的管理方法和技巧呢?我想说,这正是本书接下来所要阐释的,套用林徽因的一句台词——答案很长,我准备用整本书来回答,你准备好要听了吗?

各个管理要素和管理主题的对应关系如表 2-4 所示。

表 2-4 管理要素和管理主题对应表

管理要素	管理主题	所在章
● 角色认知	关于管理意识、管理视角、管理判断力等体现管理整体素质的管理主题	第 3 章
● 管理规划	关于管理规划("看方向")的管理主题,常以"管理规划报告"形式出现	第 4 章
◆ 职能	关于定位团队核心价值及评估维度的管理主题	第 4 章
◆ 目标	关于目标管理的管理主题	第 4 章
◆ 团队	关于团队盘点和团队规划的管理主题	第 4 章
◆ 路径	关于战略路径选择和成本预算的管理主题	第 4 章
● 团队建设	关于团队建设("带人")的管理主题	第 5 章
◆ 能力	关于员工能力培养的管理主题	第 5 章
◆ 激励	关于提升员工工作意愿和积极性——员工激励的管理主题	第 5 章
◆ 分工	关于做团队人员分工和组织架构设计的管理主题	第 5 章

续表

管理要素	管理主题	所在章
◆ 协作	关于提升员工间信任、默契和团队凝聚力的管理主题	第 5 章
◆ 梯队	关于梯队建设的管理主题	第 5 章
◆ 文化	关于文化价值观和团队氛围的管理主题	第 5 章
● 任务管理	关于任务落地执行（"做事"）的管理主题	第 6 章
◆ 轻重缓急	关于排任务优先级的管理主题	第 6 章
◆ 有效执行	关于项目管理或过程控制的管理主题	第 6 章
◆ 流程机制	关于建立流程和机制的管理主题	第 6 章
● 管理沟通	关于所有管理沟通问题的管理主题	第 7 章

小结

本章主要澄清了管理和领导力相关的核心概念，并通过介绍"马车模型""管理三明治"和"管理全景图"，力求让管理者的工作做到按图索骥、有迹可循。其中"管理全景图"既是管理者的工作框架，也是本书的主要框架，本书后面的内容安排，大体是把"管理全景图"的各个要素进行了深入和细化的探讨。

本章要点

1. 核心概念
- 管理的含义随着时代背景不断发展变化，先后经历了管理 1.0、管理 2.0 和管理 3.0。
- 管理的主体内容包括"看方向""带人"和"做事"三大块，通俗地称为"管理三大件"。
- 领导力要回答的问题和管理 3.0 是一样的，只关注"带人"的领导力是狭义领导力。

2. "马车模型"和"管理三明治"
- 马车模型——把"做管理"隐喻为"驾驭马车"，可以让很多管理问题变得生动起来。
- "管理三明治"框架，是指以"三明治"形式排布的管理者要关注和修炼的五大维度：角色认知、管理规划、团队建设、任务管理和管理沟通。

3. "管理全景图"
- 角色认知是管理的"天"，管理沟通是管理的"地"。

第 2 章 管理的基本框架

- 管理规划四要素：职能、目标、团队、路径。
- 团队建设六要素：能力、激励、分工、协作、梯队、文化。
- 任务管理三要素：轻重缓急、有效执行、流程机制。

扩展思考

基于本章内容，你如何看待下列问题。

1. 如何打造高效执行的团队？
2. 刚接手一个新团队，你会从哪些方面着手开展工作？

要了解作者观点或更多管理者的观点，请查阅作者公众号（见作者介绍）中的相关内容。

第 3 章

角色认知

角色认知是什么概念？

简单来说，角色认知就是回答"你认为你是谁"。具体到管理场景，就是回答这样一个问题——"你是否意识到自己是一位管理者？"

你可能会说："这很容易啊，我当然意识到自己是一位管理者！"

可是，能够回答出这个问题，并不能体现你的角色认知程度，真正体现你角色认知程度的，恰恰是在没有人问你这个问题的时候。也就是说，在所有的管理场景中，面对所有的管理问题时，你有多大比例是从"管理者"视角来考虑问题并做出反应，这才是你的角色认知程度。换句话说，角色认知常常是在潜意识层发挥作用，自己很难察觉，却很容易被别人感知，尤其是自己行为和角色不符时。

3.1 角色认知的必要性

角色认知到底有多重要，为什么会被管理者和 HR 们挂在嘴边？

我系统地访谈过多家互联网公司的新经理和他们的上级，发现了一个很有意思的现象：新经理们普遍的期待是希望我提供给他们一些工具和方法，好让他们应对日常的管理事务；而他们的上级，则无一例外地认为新经理最需要提升的是管理认知，其中最核心的就是对管理者角色的理解和认知。不难发现，新经理要学习"实操"，而上级却要他们提升"认知"，他们的期待难道存在重大分歧？

其实未必，如果熟悉罗伯特·迪尔茨的"NLP 逻辑层次图"（如图 3-1 所示），你就会发现，他们所期待的其实是同一个事物的不同层次。NLP 逻辑层次图的基本思想是：我们的行为包含着一个层级系统——每个层次超越了其下面的层次，又包含着其下层级的含义和关系。关于"NLP 逻辑层次图"的原理和来龙去脉，网上有丰富的相关资料，我不具体介绍。简单来说，这个工具可以让我们理解一个"行为"发生时，它背后的逻辑是什么——运用了什么"能力"，遵循了什么"信念和价值观"，并体现了什么"身份"和角色。这告诉我们一个道理，即每一个"行为"背后都隐含着你对自己"身份"的认定，无论你是否意识到。显然，不同的"身份"认定，会带来截然不同的"价值观"，从而产生千差万别的"行为"。身份的差之毫厘，就会使行为谬以千里，角色认知的重要性可见一斑。

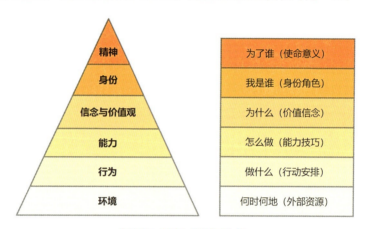

图 3-1　NLP 逻辑层次图

对照"NLP 逻辑层次图"不难发现以下两点。

- 新经理的焦点在"能力"层，希望掌握的是管理者做好管理的能力，从而做出有效的"行为"来和"环境"良好互动，也就是"术"的层次。其核心逻辑是：学会了怎么操作，就可以做好管理工作。
- 新经理的上级关注的焦点在"身份"层，他们希望新经理在正确理解"管理者"这个角色的前提下，形成符合管理者角色的"信念和价值观"，然后去培养对应的能力，从而做好管理工作。显然，他们更关注"道"的层次。

我们知道，要做好管理，成为一个称职的管理者，"道"和"术"两个层次都是需要提升的，既要提升"认知"，又要学会"实操"，不能割裂开来。因此在访谈中新经理及其上级的期待并不冲突，是关于"做好管理工作"的"知"和"行"的合一。

由于"身份""信念和价值观"相比"能力""行为""环境"，处于更高的层次，因而更具有决定性。用计算机语言来说就是，角色认知"具有更高的权重，拥有更高的中断优先级",所以管理者对角色的理解决定着他各项日常工作中的行为,包括如何"看方向",如何"带人",如何"做事",以及如何做"管理沟通"。也正是因为它无处不在,我们才把角色认知比喻成"空气",并放在"管理三明治"框架的最上层。

当然,角色认知之所以常常被管理者和 HR 挂在嘴边,还因为在他们看来,有很多管理者在这个方面做得不够好,对新经理来说,尤其如此。

那么,要如何加强角色认知呢?下面我们从三个方面进行探讨。

- 感受和理解角色带给我们的力量。
- 探讨走上管理岗所发生的角色变化。
- 认识常见的角色认知误区并引以为鉴。

3.2 角色的力量

角色真的可以决定我们的信念和价值观,并影响我们的能力和行为吗?

我们来看一个实际案例。

【人物汇报关系】小青汇报给小白,小白汇报给大海

【背景】数据部门负责人大海要求数据团队的研发经理小白从无到有搭建一套数据分析系统。大海和各相关人员经过反复探讨,历经三次需求修改后,重新启动了已两度中断的开发工作。

【事件】开发的第三天,大海突然发现,某个核心指标需要重新定义一下,这对于公司接下来的战略决策有重要影响,于是他找到负责该项目的小白再次沟通调整需求,并明确表示完成时间不能因此延后。小白知情后,立即找到实际负责开发的数据工程师小青沟通此事……

【问题】对于这个事件的发生,你认为:

1. 小青、大海、小白各自的感受是什么;
2. 他们可能会采取哪些行动;
3. 他们各自的意图——想要达到的目的什么?

对于上述问题,你会怎么回答呢?

这是一个真实案例,类似的情形在我们身边时有发生,相信你也曾经遇到过,

当时你的角色是小青、大海还是小白?你的感受和意图是什么呢?

我在管理课堂上收集了很多管理者的答复,主要观点如下。

- 对小青来说,她的直接感受往往是恼火、质疑、焦虑,非常不满,很是抵触。
    - 恼火的是:"需求怎么又变了,还让不让干活了!"
    - 质疑的是:"老板能力行不行?到底有没有想清楚,靠不靠谱!"
    - 焦虑的是:"我还能不能完成呢,还不能延后!"

    小青可能采取的行动有以下几个。
    - 和小白确认需求还会不会再次变更。
    - 评估工作量和难度,并预警风险。
    - 申请加人、加班或其他支持。

    小青的核心意图:完成开发,按要求完成项目。

- 对大海来说,他直接的感受是必须、一定甚至还有点"小庆幸"。
    - 必须、一定的是:"这个需求必须要这么改,而且一定要在要求时间内完成。"
    - "小庆幸"的是:"幸好我发现得还不是太晚……"

    大海可能采取的行动有以下几个。
    - 可能会告诉小白为什么要改。
    - 告诉小白赶紧改,而且要按时完成。

    大海的核心意图:我一定要根据这个指标来做出正确的战略决策。

- 对小白来说,她最直接的感受是为难、犯愁。
    - 为难的是:"怎么和小青沟通这事儿呢?她一定会很恼火。"
    - 犯愁的是:"需求改了,完成时间却不变,我们要怎么做才能完成呢?"

    小白可能采取的行动有以下几个。
    - 和小青沟通,并一起评估完成的难度和解决方案。
    - 调配资源,实在不行亲自上手帮小青做。
    - 事后和大海沟通,看看如何让需求变更控制在合理范围。

    小白的核心意图:协调好上级的需求和下级的执行。

从大家的回答中我们不难发现:大海、小白和小青对于同一个事件的感受完全不同,比如大海因为及时调整了需求而有点"庆幸",而小青却非常质疑和恼火。

那么，他们三个人的想法和做法到底谁是"对"的呢？

实际上，他们三个的行为都是"对"的，所谓"对"，就是说这些行为的发生都是他们职责所在，符合他们各自的角色需要。而对于同一个事件截然不同的反应，正是因为他们站在了不同的角色上，这恰恰是合理的。

- 对小青来说，作为在一线执行的工程师，角色对她最重要的要求就是搞定执行，按照要求交付项目结果。这是小青作为一个工程师的信念和价值观。小青所有的反应和行为，都围绕着"能否确定地交付结果"，她思考的问题是"要想完成需要什么资源以及排除哪些风险"，追求的是事情的"确定性"。
- 对大海来说，作为部门总负责人，角色要求他做出正确的决策，带着团队朝成功的方向努力。这也是大海作为一个部门负责人的信念和价值观。可以看到，大海所有的反应和行为是围绕着"做这事儿能给我们带来什么"进行的。他思考的问题是"要达成什么目标，这个目标会给部门带来什么收益"，追求的是事情的"可能性"。
- 对小白来说，作为大海和小青中间的管理者，她的角色对她最重要的要求是，如何用下级确定性的交付来实现上级可能性的意图，即，如何用下级最小的成本，获得上级最大的收益，上级的收益也就是部门的收益。因此，评估上级的期待和评估下级的投入，是她需要思考的问题，因此她的反应和行为就是在不断地评估和权衡，追求的是事情的"性价比"。

虽然对同一事件的反应截然不同，我们却不能因此断定他们谁对谁错。因为反应和行为都源于各自的角色，尽管很多时候，他们自己都没有意识到这一点。

你可能会说，角色虽然很重要，但看起来角色认知并不是一个难题。然而，魔鬼总是藏在细节之中，我分享一下这个案例中最常见的两个误区，你可以感受一下。

很多新经理站在"大海"这个角色上发言时，常常会认为"大海要主动帮小白协调资源、安抚小青"。我想说，如果你对大海有这样的期待，说明你混淆了大海和小白的角色。

身处"大海"的角色位置，是不会知道小白是否需要资源以及需要多少资源的，更不知道小青是否需要安抚。这些事情既不是"大海"所应该考虑的，也不是"大海"所擅长的。这属于小白的工作范畴，是需要小白来考虑的。小白如果有需要，可以主动请求大海来支持她。如果在小白没有请求支持的情况下，主动帮小白考虑甚至处理这些问题，看似是对下属的关怀，实则越俎代庖，抢了小白的职责，压缩了小白的发挥空间，甚至还可能会帮倒忙。虽然大海主动做这些事不合理，但是身为"小白"的新经理有这样的期待也是不合适的。如果新经理总是期待上级主动帮他们"搞定执行"，说明他们的认知依然停留在"小青"的角色上，还没有建立起管理者的角色认知。

很多新经理站在"小白"这个角色上发言时，往往会聚焦于"对下"做工作，即"安抚小青，和小青一起搞定执行"，很少会"对上"做工作；即使有提到，也大多是"了解清楚大海的需求"。默认上级的手段和意图总是匹配的，是很多新经理常见的思维误区。

小白是最该了解大海需求的人，也是最清楚实现方案的人，换句话说，她最有能力用合适的方式取得合适的结果。如果小白的焦点只是放在如何执行和交付上，她其实就站在了"小青"的位置上。小白还需要做的事情是评估需求的合理性，而不是默认大海的需求是合理的。

在接到上级的需求时，最好先去了解一下上级的真实意图，然后基于你对技术和业务的熟悉，给出更好的需求建议。比如，有的上级想赶工某个项目要求"996"；有的上级想改变团队氛围要求"996"；有的上级为了自己的感觉要求"996"……，如果你不清楚上级为什么要求"996"就去执行，很可能的结果是，上级和下级对你都不满意；而当你清楚了上级为什么要"996"，也许你们不必采取"996"这个手段。因此我想强调的是，如果你站在"小白"这个角色上，就需要进一步去了解上级的真实意图，从而确保上级的诉求和我们采取手段是最匹配的，这才是最好的承上启下。

作为管理者，我们常常处在"小白"这个中间角色上，好奇地问一句，你是否陷入过上面的认知误区呢？

上述案例的分享和解读，使我们充分感受到角色带给我们的力量和判断力。每一个角色都有它特有的是非对错，在管理中，如果抛开自己的角色，我们甚至无法评判"对"和"错"、"应该"和"不应该"、"重要"和"不重要"。

3.3　角色发生了哪些变化

前面我们已经探讨了角色认知的重要性。那么，从一位职业的工程师到一位职业的管理者，在角色上都发生了哪些变化呢？即，从一位个人贡献者（individual contributor，IC）到团队领导（team leader），要进行怎样的角色转换呢？

为了让这个角色的转换过程更加生动易懂，我们再次拿出"马车模型"。作为一位出色的工程师，我们就好像马队里的"头马"，是团队里"拉车"最给力的人，也是上级最倚重的人。而一旦成为这个团队的管理者，我们就实现了一次蜕变，从"头马"转变为"车夫"（如图 3-2 所示），这个角色的转变对我们来说都意味着什么呢？

图 3-2　角色转换示意图

下面我们从十个角度来探讨。

第一个角度是，从工作职责来看。

作为"头马"时，我们的核心职责是"拉好车"，其他事情都是次要的；而成为"车夫"后，虽然我们依然可以去帮马队拉车，但核心职责却是"驾好车"，如何确保这辆马车良好地行驶在正确的方向上，并到达目的地，才是最需要我们关心的。对应到工作中来看：

- 做工程师时，完成好上级安排给我们的工作就诸事大吉，至少是无咎的；
- 而作为一个管理者，我们要做的是带领整个团队往前走，上级和我们一起设定一个目标，剩下做什么、怎么做，就都是我们自己要考虑的问题了，所有对实现目标有帮助的工作都是分内的，并不局限于"拉好车"，这就是"驾车"和"拉车"的不同。

> 第二个角度是，从负责对象来看，也就是我们需要对谁负责。

作为"头马"时，我们只要对自己拉车这事负责就可以了；而成为"车夫"后，我们得负责为马队指明方向，还得为本次任务的"客户"负责。

- 作为一位工程师，用大家自己的话说是"管好自己就可以了"，所以主要是对自己和自己的工作负责。
- 作为一位管理者，要充分认识到，我们负责的团队是上级和公司交给我们的资源，所以，我们需要对上级负责，还得关心团队成员的发展和成长，对下级负责。难怪有管理者幽默地说："做工程师是'一个人吃饱全家不饿'，做管理就是'上有老下有小'。"我觉得非常贴切，更高的职位的确意味着更多的责任。

> 第三个角度是，从关注焦点来看，也就是我们最应该关注什么。

作为"头马"时，我们关注的是如何走好每一步路；而成为"车夫"后，要关注马队走的每一步路是否前往正确的方向。

- 工程师一般是过程导向的，因为他们需要一步一步把工作执行到位，眼睛盯着的常常是"脚下的路"。
- 管理者是目标和结果导向的，要时时关心目标和前进方向，关心"远方的目标"，因为管理者需要不断回答一个问题："我要带着团队去往何方？"

> 第四个角度是，从能力要求来看。

作为"头马"时，我们最重要的能力是拉车赶路的能力；而成为"车夫"后，我们得有分辨方向的能力、驾驭马队的能力、选择路径的能力……

- 工程师属于 HR 口中说的个人贡献者，是靠个人专业能力来产生业绩的，工作内容以发挥专业能力为主，相对比较专一；
- 管理者属于团队贡献者，要做成一项工作，除了技术判断力，还需要目标管理能力、团队规划能力、项目管理能力、沟通协调能力、团队建设能力等，需要看方向、带人、做事这三大管理动作的多维和综合的能力。

第五个角度是，从任务来源来看。

作为"头马"时，只要听"车夫"的命令即可；而成为"车夫"后，我们除了要关心"客户"去哪里，还得把自己的理解加进去，从而选择更合理的路。

- 工程师的工作任务来源，主要是上级安排，听上级指挥。
- 而管理者的工作内容，虽然也有上级工作的拆解和安排，但更多的是靠自己筹划，然后和上级去沟通确认，从被动"等活儿"变为主动规划，用某人的话说就是"从'要我做'转变为'我要做'"。

第六个角度是，从实施手段来看。

作为"头马"时，路都是自己一步步走出来的；而成为"车夫"后，我们要靠马队把车拉向远方，再执着于靠一己之力是走不快的。

- 对工程师来说，大部分工作是要亲力亲为的，因为工程师角色是"个人贡献者"角色，所以主要靠自己完成。
- 对管理者来说，其工作清单涵盖了整体团队的工作，靠自己一个人是无论如何都做不完的，因此主要是依靠团队来完成。

第七个角度是，从合作维度来看。

作为"头马"时，主要是和其他马协调好节奏；而成为"车夫"后，要和马队、其他马车、其他车夫去协作前行。

- 对工程师来说，主要的合作内容就是和平级的伙伴共同做好执行，因此以平级合作为主；
- 对管理者来说，合作的内容变得非常丰富，比如，需要和上级合作规划好整个团队的目标，和下级合作做好落地执行，和平级管理者合作完成联合项目，有时候还需要和平级管理者的上下级一起协调资源和进度。因此合作的维度变得非常多样化。

第八个角度是，从和团队成员的合作关系来看。

作为"头马"时，我们和平级的伙伴还能拼个谁快谁慢；而成为"车夫"后，

第 3 章　角色认知

我们和马队里的每一匹马都是纯粹的合作关系。

- 做工程师的时候，和大家都是平等竞合关系，以合作为主，也有"竞"的成分。我们通常会说"竞争"，总把"竞"和"争"连在一起说，但"竞"和"争"是不同的，"争"意味着大家拼抢同一个东西，我得到的多就意味着你得到的少，此消彼长。比如摔跤、足球、下棋等都是典型的"争"。而"竞"是朝向同一方向做比较的，比如百米赛跑、跳高跳远等田径类比赛是典型的"竞"。在之前平级的时候，你和其他同事虽然不会有"争"，但是有"竞"的成分在。
- 成为管理者之后，虽然我们成为大家的上级，却和大家形成了全面合作的关系，"竞"的因素不存在了。因为"竞"和"争"都是发生在同一层次上的，在同一个场地和同一条起跑线上，才有所谓的竞争；而随着晋升，我们和之前的同事已经不在同一个层次上工作了，也就不存在"竞"的关系了，而是彼此间荣辱与共、成败与共的全面合作关系。这一点新经理一定要认识到。之所以特别强调这个观点，是因为很多新经理成为之前同事的上级之后，和大家相处有心理障碍，不太好意思指挥和安排他们的工作，用他们的话说，"毕竟之前都是平级"。我想告诉你的是，由于利益同向的缘故，我们和下级的关系其实比以前更好相处了，前提是得认识到这一点。

第九个角度是，从思维方式来看。

作为"头马"时，所有的努力都是为了把路走好；而成为"车夫"后，一直在寻找更好的可选路径。

- 对工程师来说，大部分工作内容和工作要求都是执行，关注过程和细节，更重要的是关注风险和成本，希望通过对风险的排除和成本的掌控，来保证工作交付的确定性，形成突出的"确定性思维"，特点是眼里都是风险和问题。因此技术人做事往往排期保守，力求稳妥，优势就是思维缜密、控制严格，答应的事情基本都能兑现。
- 对管理者来说，虽然也会考虑风险和成本，但是更习惯关注做一件事能带来的可能性收益，并以此来判断是否值得投入资源去做，我们称之为"可能性思维"。由于管理者总是在盘算和筹划一些可能会对公司和团队有价值的事情，而没有仔细考虑风险和成本，所以在工程师的眼中，管理者时不时会提出一些"不靠谱"的期望和需求，但这正是两个角色所关注的内容不同造成的。而且，这恰恰是一种很好的合作与互补——驾车的看方向选路径，而拉车的排除各种风险和困难，把车拉向前方。

第十个角度是，从技术视角来看，即两个角色该如何看待技术。

我们在第 1 章中已经探讨过这个角度，因为很多新经理都担心做了管理会丢掉技术，而其实只是看待技术的视角发生了变化。

- 对工程师来说，技术是用来做事情的，掌握好技术的目的就是为了做好实施，他们从如何实施的角度看待技术。
- 对管理者来说，技术是达成目标的手段之一，所以他们从如何评估的角度看待技术，评估该项技术是不是最合理的手段，以及如何选择才合理，并据此做出决策，因此常常被称为技术判断力。我们的老领导经常会告诫我们，即使做了管理，技术判断力也不能丢，就是指这种能力。

至此，我们从十个角度阐述了从一位工程师到一位管理者，角色上所发生的各种变化（如表 3-1 所示），但这就是全部了吗？显然还不是，你可以根据自己的经验，以及在管理工作中的体会和思考，不断丰富你对"管理者"这个角色的认知和理解。

表 3-1 角色转换要点列表

维度	工程师（个人贡献者）	管理者（团队领导）
工作职责	"拉车"——完成本职工作	"驾车"——引领整个团队前进
负责对象	对自己负责	对公司（上级）和团队（下级）都负责
关注焦点	"脚下的路"——过程导向	"远方的目标"——结果导向
能力要求	专业单一	多维复杂
任务来源	直接上级	主动规划
实施手段	主要靠自己	主要靠团队
合作维度	平级合作为主	多维度合作
合作关系	平级竞合关系	全面合作关系
思维方式	确定性思维	可能性思维
技术视角	技术实施视角	技术评估视角

事实上，角色认知的转变，并不是一蹴而就的，需要不断自我觉察和有意识地纠偏。也正是因为它足够稳定，所以才会成为价值观、能力和行为这些层次的源头。

3.4 管理误区解读

管理更多的是一门实践科学，从"知道"到"做到"，还需要长期的刻意练习，在实际操练过程中，我们会碰到各种各样的问题，这会是常态。即便如此，如果我们能提前知道前面有哪些"坑"是最容易踩到的，也许就可以提前预防，选择跨过去或绕过去。

3.4.1 常见的六类管理误区

下面的这六大类误区，是我过去十年遇到、看到、搜集到的新管理者最常见的角色认知误区，希望可以帮你未雨绸缪。

第一类误区

常见的做法和说法有以下几种。

- 不主动找活儿干，总是等待上级派活儿，如果上级没有明确安排，就"放羊"。
- 即使上级有了安排，也总是指望上级替你做决定该怎么做，选哪个方案。
- 在和上下级沟通中，你主要充当"传话筒"的角色，常用句式是"老板说……"，"某员工说……"，而没有反思沟通要达到的目的和效果是什么。
- 过于关注苦劳和付出，常见说法是"某某还是不错的，没有功劳也有苦劳。"

类似的行为和说法还有很多，你能够看出以上四个问题的共同点在哪里吗？你觉得这些问题背后的原因是什么？会带来哪些可能的后果呢？

用我们前面掌握的"马车模型"来看，不难发现，这类问题的共同原因就在于：这位管理者还在"拉车"，而没有站在"车夫"的位置上去驾驭整个马车。没有掌控整个团队的所有权（ownership），工作比较被动，关注执行过程。因此我们把这类问题归纳为：过程导向、被动执行。

那么这种情况会带来哪些后果呢？

由于没有从"管理者"的视角出发，因此至少会带来以下三个后果。

1. 团队方向感缺失。大家都只是着眼于手头工作，团队得不到愿景的凝聚和激励。

2. 团队做不出有效的业绩。因为团队没有方向感，所以结果很难"有效"。
3. 无法带领一个团队。由于视角局限，管理者还不具备带领团队的意识。

你身边是否有这样的管理者呢？你对此怎么看？

第二类误区

常见的相关说法有以下几种。

- "某某做的太慢了，还是我来做吧，他一天的工作，我半天就搞定了。"
- "团队离了我就不转了，里里外外都靠我操心，他们都担不起这个责任。"
- "某某的工作主要靠我……"，"在我的指导下，某某才……"，"这件事主要是我做的……"

你能够看出以上三个问题的共同点在哪里吗？你觉得这些问题背后的原因是什么？可能会带来哪些后果呢？

我分别用一个词来概况上述三个问题。

1. 包工作。也就是说，作为一个管理者，你把团队成员力所能及的工作都做了。
2. 包责任。也就是说，作为团队的负责人，你把团队成员每个人应该自己承担的责任，都包在你一个人身上了。
3. 包功劳。为了体现自己的能干，你处处凸显自己的功劳，把团队成员的业绩和工作成果也都放在自己头上了。

由于这类问题突出一个"包"字，我们把它归纳为：大包大揽、个人英雄主义。

我相信，你身边一定有这样的管理者，甚至你可能还曾经遇到过，而且对于其中某些大包大揽的行为，你可能还曾钦佩他的能力和担当。那么，你是否觉察到，大包大揽的管理者可能会带来以下后果。

1. 梯队问题。梯队迟迟培养不起来。因为梯队的培养需要授权，需要让高潜力人才有发挥空间并承担相应的责任。
2. 激励问题。由于管理者事事冲锋在前，团队成员感受不到责任和成就，积极性受挫，遇事往后缩。

3. 个人发展受限。由于得不到团队成员的有效支持,自己又忙又累,因而做不了更大的业务。

正因为如此,有些公司明确规定:如果你没有培养出可以顶替你的职位的人,你是不能晋升的。

第三类误区

常见的相关说法有以下几种。

- "好好干,我不会亏待你的,我绝不会让跟着我的兄弟们吃亏!"
- "某某可能会不高兴,可能会离职,怎么办呢。"
- "某某技术比我强,我给他打好下手就行了。"

上面这三个问题,其实是两类管理者的表现。

一类是"带头大哥"式的管理者,讲求的是兄弟感情,不但兄弟的工作是我的,兄弟的"人"也是我的。这类管理者可能在某些情况下特别有战斗力,但是一旦情况有变,对公司的破坏性也是非常大的,因为团队是公司的资源,而不是个人的,所以这类管理者很难做到"职业"。

另一类管理者,由于团队里有资深的高级工程师,管理者在技术判断力方面不如这些高工,索性就给这些高工做起了"保姆",而忘记了自己才是这个团队的掌舵人,因此也不是一个职业的管理者。

把这两类不职业的情况放在一起,我们归纳为:带头大哥、当家保姆。这类问题带来的后果大体有以下两个。

1. 不职业的管理文化。不职业的管理风格和文化,会给公司带来很大的潜在风险。
2. 团队没有舵手。导致很难有正确的判断和决策。

你的管理风格是这样吗?你团队里有高级工程师吗?此时,职业精神才能体现管理者的成熟度。

第四类误区

常见的相关说法有以下几种。

- "人手不够，没人，这真做不了，要做就得招人。"
- "让团队加班的话，得给大家发加班费，不然没法提高积极性。"
- "像某某那样的人才适合做管理，我跟他太不一样了，所以不适合做管理。"
- "还有一个 bug 没修复，不能发布，我们一直都是这么规定的。"

上面的这些说法是不是很常见呢？

做工程师的时候，你肯定不止一次地遇到过，甚至还可能这样说过。作为一位工程师，有上面的这些言论似乎也无伤大雅。但是作为一个团队的管理者还这样说的话，就明显掉到坑儿里了。这个"坑"是什么呢？就是单一视角、固化思维。往往因为某个要素不具备就否定所有的可能性，比如上面提到的"要想做事，就得招人""要想提高积极性就得发加班费""只有某某那样的人才能做管理""某个 bug 没有修复就不能发布"等，思维模式非常单一，造成的后果有以下几个。

1. 卡住。很容易被问题和困难卡住，到处都是绕不过去的鸿沟。
2. 难堪重任。由于创造性地解决问题的能力不足，难以承担具有挑战性的工作。
3. 认知受限。由于被单一惯性思维所支配，考虑问题的维度有限，认知层次无法提升。

所以，如果你已经走上了管理岗位，请务必避开这个误区，很影响个人发展。

第五类误区

常见的相关说法有以下几种。

- "这个是测试的问题，这个是产品的问题，这个是别的部门的问题。"
- "产品经理一点逻辑都没有，没法沟通。"
- "这事不赖我们团队，是某某团队没有按时完成。"
- "我查过了，不是我们的问题，惩罚不到我们。"

上面的这些说法也很眼熟吧？因为在工程师团队里非常常见，相信明眼人一下子就看出来了，这类问题的共同特点就是：自扫门前雪、固守边界。

我们都知道，角色和责任的边界划分，是为了分工和合作，但因为很多大型项目有赖于多个团队一起协作完成，所以又需要有人主动站出来，去承担边界模糊的那部分职责。作为一个员工，边界分明无可厚非，因为一线员工总要基于明确的边界才能做好交付；但是作为一个管理者，就不能囿于自己的团队边界，而要以全局的目标为己任，去拿到公司想要的成果，也只有拿到了成果，才算是给自己的团队成员一个交代。因此，这类问题明显的管理者，常常带来下面这样的后果。

1. 项目推进不畅，影响全局的结果。
2. 自我设限，因此个人成长受限。
3. 个人影响力无法扩展。因为目光和手脚都局限在团队内，所以无法在更大的范围产生影响力，因此也无法成为更高级的管理者。

所以，你知道了，作为管理者，是要站高一层来看待问题的。

第六类误区

常见的相关说法有以下几种。

- "突然不写代码了，感觉吃饭的家伙没了，心里发虚。"
- "管理工作太琐碎，感觉离技术越来越远，现在特别担心个人发展。"
- "做管理最大的挑战是，要舍弃技术，特别难。"
- "管理是一件矛盾的事情，自己技术专业性越来越差，却要带领整个团队。"

怎么样，你记起来了吧？这类问题的核心原因是把管理摆在了和技术对立的位置，同时由于管理能力还没有强大到可以作为自己的核心竞争力，因此忧虑自己的技术会落后，从而失去生存能力。我把这类问题归纳为"身在曹营心在汉、患得患失"。造成的后果会有以下几个。

1. 成长缓慢。犹豫反复，无法全力以赴去做好管理。
2. 对技术的看法太狭隘，影响技术判断力的提升。
3. 误判。可能会错失一个好的发展平台。

所有上面这些"坑"，都是前人的血泪教训，你是否能够在实际的管理工作中一眼认出它们呢？希望你在前行的道路上，能够轻松跨越，驾驭着你的"马车"一往无前。

3.4.2 如何避免陷入误区

针对前面我们提到的六类管理误区，有不少的管理者朋友问我下面这些问题。

- "这些误区的分析都很有道理,如何才能避开误区呢?"
- "误区背后反映的问题如何克服和解决呢?"
- "避免陷入这些坑的办法是什么呢?"

这些问题其实都是一回事,意思就是"我们现在知道这些是误区了,然后该做点什么呢?"

事实上,角色认知的转变,并不是一蹴而就的,需要不断地自我觉察和有意识地纠偏。我的建议是:首先,我们给这些误区做一个定性,也就是说,上述所有误区并非"能力"所致,而是"认知"所致,都属于"认知误区";其次,由于"认知误区"的问题发生在"角色认知"层,也就是NLP逻辑层次图的"身份"层和"信念与价值观"层,这两层都是通过"潜意识"发挥作用的,改变潜意识认知和学习知识、提升能力的步骤和方法有很大差异。

对于认知的改变,大体遵循以下的步骤。

1. 认知。也就是先知道哪些是合适的,哪些是不合适的,先认识这些"坑",然后"圈"起来提醒自己以后避开。换言之,如果不认为某些是"坑",自然就无法避开。
2. 觉察。因为角色认知的"坑"体现在潜意识,所以需要建立预警机制,当某些情形发生时,我们能够觉察到这是一个"坑"。这个觉察可以自己意识到,也可以请别人提醒。
    - 写觉察日记:每天/每周反思自己是否有不符合角色的言行。
    - 物件提醒:给一个随身物件赋予一个特殊含义,看到了就反思一下自己的言行是否符合角色。
    - 请人帮忙:请别人或者自己的上级定期反馈。
3. 改进。如果对某一两点的改进愿望很强烈,可以写入自己的关键绩效指标(key performance index,KPI)或目标与关键结果(objectives & key results,OKR),让这些"重要关切"来敦促自己快速建立预警机制,做出改变。

最后,"角色认知"属于NLP逻辑层次图的上层,你肯定也意识到,一个人的信念和价值观是很稳定的。因此,不要指望一下子就会有很大改变,给自己点时间来成长吧。

第 3 章 角色认知

小结

本章主要探讨了"管理三明治"最顶层的"角色认知",我们一起分析了角色认知为什么如此重要,体验了角色的力量,思考了走上管理岗的角色转换,并解读了最常见的六类角色认知误区。所有的这些探讨都是为了一个目的——把自己先放在管理者的角色上,这是做管理的起点。

本章要点

1. 角色认知的重要性。
- NLP 逻辑层次图:角色认知决定了信念和价值观,从而也决定了能力和行为。
- 上级总是聚焦于可能的收益,下级总是聚焦于确定的投入,中间的管理者的核心价值,就是评估上级的收益和下级的投入,取得最佳的投入产出比。
2. 从个人贡献者到团队领导的十项变化。
- 工作职责:由完成本职工作变为带领整个团队前进。
- 负责对象:由对自己负责变为对公司(上级)和团队(下级)都负责。
- 关注焦点:由过程导向转变为目标导向。
- 能力要求:由单一的专业能力变为多维的综合能力。
- 任务来源:由上级分配变为主动思考规划。
- 实施手段:由主要靠自己变为主要靠团队。
- 合作关系:由平级合作关系变为全面合作关系。
- 合作维度:由主要平级合作为主变为多维度合作。
- 思维方式:由确定性思维变为可能性思维。
- 技术视角:由技术实施视角变为技术评估视角。
3. 常见的六类管理误区(角色认知误区)。
- 第一类误区:过程导向、被动执行。
- 第二类误区:大包大揽、个人英雄主义。
- 第三类误区:带头大哥、当家保姆。
- 第四类误区:单一视角、固化思维。
- 第五类误区:自扫门前雪、固守边界。

- 第六类误区：身在曹营心在汉、患得患失。

扩展思考

基于本章内容，你如何看待下列问题。

1. 何为"职业"？什么情况下，你会说一个人很有"职业精神"？
2. 做了管理就不得不放弃技术吗？关键时刻需要我做技术而我却顶不上怎么办？

要了解作者观点或更多管理者的观点，请查阅作者公众号（见作者介绍）中的相关内容。

第4章
管理规划

第3章探讨角色转换时提到，走上管理岗位后，就不能事事等着上级来安排了，要学会自己主动来规划事情。那么具体该如何规划呢？

说起做管理规划，大部分管理者并不陌生，因为管理者每半年或每季度就需要做一次规划。有的公司叫制定团队KPI，有的公司叫梳理团队OKR，还有的公司叫季度规划或年度规划，总之就是要和上级约定，接下来我们要干什么，以及如何评估干得好还是干得不好。对管理者来说，这是需要和上级对齐的最重要的约定。

准确地说，仅仅完成团队KPI或OKR的设定，并不是完整版的管理规划，因为这主要体现上级对团队的期待，并不能完全涵盖你作为团队负责人对于管理工作的全部规划。那么，一个完整的管理规划涵盖了哪些内容呢？

管理规划是一个复合概念。

- 从基本含义来看，管理规划是在管理者的头脑中，构建自己的管理愿景。
- 从呈现形式来看，管理规划是管理者和上级达成的一个"工作协议"，以实现良好的上下协同。
- 从核心内容来看，管理规划要求管理者回答清楚这样一个问题："这个团队接下来要怎么带？"

那么，如何才能回答好这个复合问题呢？

- 如果我们要回答上级，通常的角度主要是从投入和产出两个方面来回答。
- 如果我们作为管理者要回答自己，则需要把这个问题拆解为四个问题，从以下四个方面来回答。

1. 上级为什么要设立这个团队呢？这是对核心价值的追问。

2. 上级对这个团队的产出有什么期待？这是对产出的追问。
3. 上级对这个团队的发展有什么期待？这是对团队发展的追问。
4. 我们需要向上级申请哪些资源以达成期待？这是对投入的追问。

不难看出，上面的这四个追问，正是我们在第2章中介绍"管理全景图"时拆解出的"管理规划四要素"。

1. 职能：回答团队是干什么的。
2. 目标：回答团队要产出什么。
3. 团队：回答团队是什么状态及未来会是什么状态。
4. 路径：回答所需要做的主要工作，以及对应投入的资源。

显然，我们所做的 KPI 或 OKR 的设定，主要聚焦在"目标"这个要素上，而管理规划则是更大范畴的工作，对一个系统而完整的管理规划来说，目标只是这项工作的一个"子问题"。

为了系统地回答"这个团队你打算怎么带"，我们依次探讨一下管理规划的四个要素。

4.1 规划要素1：职能

团队的所谓"职能"，就是回答"团队是干什么的"这个问题。

如果你觉得这个问题很容易回答，说明你的管理习惯很好，平时对这个问题的思考比较多，而对大部分管理者尤其是新经理来说，远非如此。

2018年下半年，我给某互联网公司一个事业部的几十位经理做工作坊，这个事业部的总经理恰好刚空降过来，特意到我们的课堂上来和大家熟悉一下。

他介绍完自己之后，第一个问题就是要求大家轮流说一下自己团队的职责——这很合乎逻辑，作为上级，他首先要清楚自己负责的这些管理者所带的团队都是干什么的。

和大家的直觉一样，我也觉得这个问题很简单。而在场的几十位管理者中，能够简洁清晰地说出自己团队职责的大约只有25%，大部分管理者无法用几句话说清楚，而不得不花几分钟用很多话来解释。从团队职责的角度来说，需要越多的语言来解释，越说明职责的不清晰。

在后来的 10 多场工作坊中，我都会统计有多少管理者能够简洁地阐述自己团队的职责，比例基本都在 30% 以下。显然，对于这个成熟管理者要首先搞清楚的问题，在新经理群体中的回答情况并不理想。那么，如何能够清晰地回答好这个问题呢？

你不妨问自己下面这三个问题。

1. 公司为什么要设置这个团队，可以不可以没有？
2. 既然必须要存在，那么这个团队存在的独特价值是什么？
3. 你用什么维度来衡量团队价值的高低？

这三个问题都有助于厘清团队的职能，你能立即对这三个问题做出回应吗？

如果能够毫不迟疑地作答，说明你很清楚自己团队的职能。对此，我想继续追问一下："你可以用很简洁的语言来陈述它吗？"如果你的答案依然是肯定的，我想再次追问："你团队的成员，也都能准确无误地说出来吗？"

你可能会有疑问，为什么我们要连续追问呢？因为只有团队成员清楚了团队职能，才能产生以下效果，而如果只有管理者自己清楚，是不能产生这些效果的。

- 提升团队凝聚力。只有大家都清楚自己团队是做什么的，才能明白为什么而凝聚在一起，从而提升员工的团队认同感和归属感，也就提升了凝聚力。
- 有效激励员工。只有大家都清楚了工作的意义和价值，才能让大家工作更有成就感，从而产生激励效果。
- 提升员工主动性。很多管理者总是口头要求员工"要积极主动，不要等，不要靠"，而如果员工不清楚团队职责及工作范畴，不清楚什么是好坏对错，那么除了"等"和"靠"，他们有其他选择吗？所以，只有团队职能定位清晰，并且被员工所理解和接受，员工才有可能去主动思考该做什么，以及该提升自己哪方面的能力来支持好团队。

所以，清晰的职能定位以及对职能的充分沟通，不仅是我们做好管理规划的前提，还可以提升团队凝聚力，有效地激励员工并提高员工的主动性。在当今时代，这是多么重要的管理要素啊！

4.1.1 团队职能的层次

细心的你可能会问，为什么我一直用团队"职能"这个词，用团队"职责"不是更加通俗易懂吗?这是因为,团队只有职责并不够。

实际上,团队职能有两个层次,即基本的职责和升华的使命。

职责,是团队职能的下限。也就是说,至少要把工作"完成",如果这些"基本职责"都搞不定,意味着连团队的基本价值都不能体现。

我们拿前端团队来举个例子:其基本职责通常就是要保证每个项目的高质量开发和顺利发布,如果项目不能按时保质完成,说明前端团队连基本的职责都不能履行。

一般来说,团队的基本职责,是由上级给定的。上级在把这个团队交给你负责的时候,已经给你提出了期待,只不过有的上级会明确交代,而更多的上级默认你很清楚。因此,如果你心里对此并不清楚,请无论如何都先弄清楚上级对你团队的基本要求和核心期待——也就是团队的基本职责,否则会很容易"失职",因为你和上级对于"职责"的理解未必是一致的。

使命,是团队职能的上限。也就是说,如果我们团队做得好,能承担更大的责任,就能体现出更大的价值。

我们还是拿前端团队来举例子:如果前端团队的管理者认为,除保证项目的高质量发布之外,还能做出一些通用组件、服务平台,甚至是行业标准,以支持更多的前端团队,在整个前端领域都能产生很大的影响力,那么这就是这位管理者为团队规划的使命和愿景。

如果说基本职责通常是上级给定的,那么使命愿景就是管理者自己的规划和设想。上级一般不会提出这样的要求,最多就是提出期待,即使团队做不到也不会认为团队"失职"。但是,如果团队做到了,就会是非常亮眼的成绩,团队成员也会受到很大的激励和鼓舞,管理者的领导能力也必定不俗。

也许你会问,团队清楚自己的基本职责就够了吧?要使命干啥,给团队"画大饼"吗?

你可以说是"画大饼",但是我想用另外两个词来形容会更贴切:基本职责解决的是"团队生存"问题,而使命解决的是"团队实现"问题,类似于个人的自我价值实现。对有的人来说,"生存"是第一位的;而对另外一些人来说,看不到自我价值的话,则"生存"也将失去意义。

我带过一位测试经理,他负责的测试团队工作非常认真负责。无论是他个人,还是他负责的团队在整个技术部都有口皆碑,很受认可。就是这么靠谱的一位管理

第 4 章　管理规划

者，一天突然跟我说想看看别的发展机会，理由是：做了几年测试，工作太熟悉了，没有挑战，也没有成长。

于是我问他，"你觉得你团队的工作没有挑战，你能告诉我，你团队是做什么的吗？"

"我负责的是测试团队，负责交付高质量的项目，目前大家做得不错，也比较熟练。"

我继续问他："你的团队叫'QA'团队，你知道'QA'是什么意思吗？"

"Quality Assurance，质量保障吧？"

我继续说："咱们整个公司就你们这一个 QA 团队，既然你负责咱们公司所有产品的质量保障工作，你觉得'做好测试'就足够了吗？"

他若有所悟，我继续对他说："如果你认为自己团队就是做测试的，保证项目的高质量发布就是你团队的职能；而如果你把用户能感知到的所有产品质量问题，都纳入质量保障的工作范畴，那你的团队还有太多事情没有做，例如你是否搭建了产品质量的评估体系，以及线上质量问题的搜集、整理、跟进、解决、反馈等处理机制？显然都还没做。因此你看，一个仅仅做好测试工作的团队领导，和一个能搭建公司完整质量保障体系的团队领导，你觉得面临的挑战和对能力的要求是一样的吗？"

他是一个很有悟性的管理者，否则也无法做出之前那么好的成绩，之所以觉得没成长，只是被自己潜意识的职责定位给限制住了。听我这么一说，他顿时豁然开朗，欣然筹划团队的新发展去了。时隔一年多了，他还在稳定地发展和成长，成为公司的管理骨干，而没有贸然换工作。

你是否从上面的案例得到了一些启发呢？

职责，是团队对上级和公司的承诺，当然很重要。只不过，如果团队只是清楚了自己的基本职责，并将其作为团队的全部追求，会让团队觉得没有想象空间，更看不到使命达成之后，那个令人期待和憧憬的愿景。如果你希望团队成员更有主动性，更有归属感，更有成就感，那么团队使命或愿景将是不可或缺的。

因此，我们需要为团队设定基本职责，也需要为团队确定使命，而这些统称为"团队职能"。

4.1.2 团队职能的设定

前面,我们探讨了职能设定的重要性,也介绍了职能的两个层次。那么,究竟该如何明确团队的职能定位呢?

设定团队职责和使命大体分为三步。

第一步是:收集信息。

从以下四个角度来梳理职能信息。

1. 向上沟通。听听上级对团队的期待和要求,以及希望用什么维度来衡量你做得好还是不好。团队的初始定位和基本职责,一般都是上级直接给定的。你可以这样问上级。

   - "接下来这个季度,哪几件事是我们必须要保证的?"
   - "未来半年,你觉得我做好哪几件事就可以认为我的管理做得不错?"

   如此,我们就清楚上级对团队最重要的期待了,显然,这和团队基本职责是高度吻合的。

2. 向下沟通。主要是和大家探讨对团队业务的看法和理解,以及对未来发展的期待,为以后的沟通做好铺垫。

3. 左看右看。主要是看职能定位的边界在哪里,最好和兄弟团队的职能是无缝对接的。尤其不要覆盖兄弟团队的职责,否则会带来各种合作上的冲突。其实,快速发展的公司,要做的事情非常多,海阔天空,即便是广度不够,深度也还有作为空间,真没必要和兄弟团队争抢"地盘"。

4. 你的理解。也就是,你对业务的理解,你对领域的理解,你对团队的期待,以及你对自己的期待。上级对你和团队往往不会有愿景层面的要求,因为愿景是很难做到的,作为基本要求是不现实的,而且,上级关心的是你团队能否履行好职责。因此,团队的更高职责,即团队使命和愿景,往往来自你的设想,它是你自己的管理理想。

第二步是:提炼和升华。

团队的职责和使命,不能只停留在管理者的脑海中,为了方便记忆和传播,必须从上述信息中进行提炼和升华。提炼和升华有三个要点。

1. 职责的提炼。基于上级的期待和要求，以及你对业务核心价值的理解。最好用上级、团队成员和兄弟部门都易于理解的语言，对职责进行简短化提炼，并尽可能长时间稳定下来。例如：
   - 负责 App 的服务端开发；
   - 负责业务数据分析。

2. 使命的升华。基于基本职责，寻找团队对于部门和公司的独特价值，并和行业发展趋势结合，设定自己的期待。要注意使用基于"结果"的描述，而非基于"过程"的描述。比如，对提供一款打车 App 来说：
   - 基于"过程"的描述方式为"我们是提供打车服务的"；
   - 基于"结果"的描述方式为"我们是为了提升社会出行效率的"，换句话说，"做打车 App 只是我们提升出行效率的手段之一"。

   类似地，
   - "负责 App 的服务端开发"是偏过程性的描述，而"以高质量服务端开发，交付高质量 App 产品"则是偏结果性的描述；
   - "负责业务的数据分析"是偏过程性的描述，而"用数据驱动业务决策"则是偏结果性的描述。

   显然，使命往往是基于"结果"或价值的描述。

3. 确定衡量维度。主要是为了告诉上级和团队，我们将从哪些角度去评价我们做得好还是不好。一般来说，团队的职责和使命决定了衡量维度，例如：
   - 服务端团队会特别重视稳定性、性能、可维护性等维度；
   - 前端团队往往重视开发效率、兼容性、用户体验等维度；
   - 数据团队，关注数据准确性、及时性、安全性等维度。

   不同职能的定位，对于衡量维度的选取是差异很大的。因此，明确的衡量维度，会让员工对职责和使命有更深刻、更准确的理解。

   此外，如果团队职能一时很难提炼出来，可以先问自己一个问题："我用什么维度来衡量团队的价值高低？"，这是一个有效的切入点。因为，关于衡量维度的选取和排序，正是团队价值观的体现，而最核心、最重要的价值观，最能反映团队的职能。

第三步是：确认和主张。

不超过 30% 的新经理能够清楚地说出自己的团队职能，这个数字已经远低于我的预估了，更令人惊讶的是，能把团队职能清晰地传递给自己的团队的新经理，只占很小的比例。换言之，就算这些新经理自己清楚，团队成员对自己团队的职能也并不清楚。这带来的后果是：只有团队规划的基本效果可以达到，而更多对于团队有益的附加效果，诸如提升团队凝聚力、激励员工、提升员工主动性等，都无从达到。因此，团队管理者不仅要明确团队职能，还应该主动向外宣贯，包括：

1. 和上级确认——得到上级的支持和认可；
2. 向平级、下级主张——在合适的场合，比如季度会、合作沟通会等，有计划、有步骤地把团队的职责和使命宣贯给大家。

通过上面的三个步骤，我们就可以弄清楚团队的职能了。当然，团队职能的设定和宣贯是一个长期任务，不要期待一蹴而就。不过，如果做得好，效果很快就能显现出来，所以越早开始越好。

4.2 规划要素 2：目标

如果说职能的界定明确了团队的价值，那么目标则是要回答"通过什么来体现团队价值"的问题。也就是，团队要取得什么成果来体现其价值。常用的句式是：

未来的一段时间里，三个月、六个月或一年，你希望带着团队达成一个什么样的目的呢？

接下来，我们就来看看目标该如何设定。

"目标"是一个大话题，网上关于目标管理的文章数不胜数，公司安排的目标管理培训一般得讲一两天，我们则主要围绕"管理全景图"的初衷，仅探讨目标设定要考虑到的意义、原则、维度、形式、挑战等各个方面的问题。

4.2.1 目标设定的意义

如果我问你，目标重要不重要？你可能会不假思索地说，重要！似乎，目标的重要性是不言而喻的。那么我想问你一下："Why？为什么目标会那么重要？"

对"Why"的回答里蕴藏着动力，我希望你做目标设定的时候，是基于你自己的动力，而不是被惯性推着走，认为目标的存在是理所当然的。那么，目标对于团队管理到底意味着什么呢？

1. 目标意味着期待。最基本、最核心的，目标包含着你和上级的诉求，即，"你们想要什么"。关于目标的描述，无论是 KPI 也好，OKR 也罢，无非是为了更清楚地回答好这个问题。
2. 目标意味着资源的有效配置。明确的目标牵引着资源的调配，可以让你把资源投放在最有效的方向上，从"该做什么"而不是"能干什么"去调配资源。
3. 目标意味着执行力。很多管理者都把执行力和目标分开来谈，在我的访谈和观察中，技术管理者在任务执行上的表现大多是很好的，这并不是他们的短板。而表现出执行力不够的最大的原因，往往在于目标的不清晰或频繁变化。我曾经请管理者们回忆他们执行过的最棒的项目，看是否都具有精确的目标，结果无一例外都是如此。显然，清晰的目标是高效执行的必要条件。
4. 目标意味着凝聚力。很多管理者问我如何提升团队的凝聚力，我都会告诉他们，明确的团队目标和愿景，就是提升团队凝聚力的重要手段之一，大家因为相同的目标而并肩作战，一起取得成就，过程中建立起的深厚的"革命友情"，对凝聚力的提升有莫大帮助。
5. 目标意味着激励。在提升员工自驱力的要素中，要让员工在工作中产生沉浸其中、物我两忘的"心流"状态，就需要有清晰的目标为前提。而且，团队目标感带给员工对工作的意义感和使命感，也是提升自驱力的重要源泉。

你看目标有这么多的正面效应，不仅能帮助我们"做事"，还能帮助我们"带人"，是不是很美妙？但是，并不是随便一个目标都能产生这样的效果，只有清晰合理的目标才有效。因此，我们设定目标要遵循一些基本原则。

4.2.2 目标设定的原则

什么样的目标才算合理？我们常常会听人说，"踮起脚尖能够到的目标最合适"，太有道理了，可是怎么操作呢？

这就不得不说目标设定的"SMART 原则"了,SMART 原则是由著名目标管理大师彼得·德鲁克提出的,目的是帮助管理者对员工实施绩效考核和对目标进行管理。SMART 分别对应着 5 个英文单词的首字母,即 Specific、Measurable、Attainable、Relevant 和 Time-bound,也就是目标的明确性、可衡量性、可达性、相关性和时限性。

前面提到的"踮起脚或跳一跳能够到的目标",只是强调了其中的可达性(Attainable),也就是说,不能定一个完全实现不了的很高的目标,也不能定一个不需要努力就能实现的很低的目标。

作为团队负责人,你会不会认为,定一个肯定能实现的相对保守的目标,对于向上级交差非常有利?如果你真的这么想,你就忽略了关于目标的基本初衷——其目的是让团队集中资源做出有效的成绩。因此,目标是设定给团队的,而不是设定给上级的。当你为了容易交差而给团队设定一个没有挑战性的目标时,团队成员是得不到激励的,完全没有挑战性的目标无法让员工进入"心流"状态。而且,一种常见的情况是,如果你总让员工做没有挑战性的工作,他很可能会因为没有成长而跟你提出离职。因此,一个有挑战性且努力能达到的目标,才是恰当的。

话说回来,对技术出身的管理者来说,想要把目标设定得激进些是相当困难的。因为我们做工程师时练就的"要靠谱"的价值观根深蒂固。因此,为了说到做到,而且保证高质量地完成,目标往往会定得比较保守。好在,管理是一门实践,意识到这一点后,慢慢地调整吧。

接下来,我们也探讨一下 SMART 的其他几个原则。

关于目标的明确性(Specific)和可衡量性(Measurable),我认为这两个原则是分不开的。"目标要明确"这句话,我相信你听得耳朵都磨出茧子了。那么究竟什么叫"明确"呢?我觉得你可以简单地理解为,把目标设定到可以衡量的程度,就叫作明确了。比如,下面的两组目标的说法。

第一组的目标具体如下。

- "我们的目标是提升某个服务的性能。"——这不是一个明确的可以衡量的目标。
- "我们的目标是把某个服务的单机性能从 300 QPS 提升到 500 QPS。"——这就是一个可以明确衡量的目标。

第 4 章 管理规划

第二组的目标具体如下。

- "我们的目标是发布 BI 系统 1.0。"——这看似是一个可以衡量的目标,但如何衡量 BI 系统 1.0 是否完成了呢?还是比较模糊。
- "我们的目标是发布 BI 系统 1.0,支持 KPI 数据统计、全量数据导出功能。"——这样就清楚 BI 系统 1.0 该如何衡量了:要支持这样两项核心功能才行。

因此,S 和 M 虽说是两个原则,我们完全可以结合起来操作,不用刻意分开。

关于目标的相关性(Relevant),对技术团队来说很难跑偏,工程师这个角色决定了其工作内容必定是和上下游及上级目标相关联的。因此,我们不展开细讲。

最后说说时限性(Time-bound)。所有的目标都是基于一定时限的,没有时间限制的目标没有意义。比如前面我们提到的"提升单机性能"的目标或"发布 BI 系统 1.0"的目标,如果没有限定一个时间,就不清楚该什么时候去衡量,也就无所谓是否有挑战和是否完成。因此,一定要有一个明确的时间点,完善一下就更加完整了。

- "到 9 月底,把单机性能从 300 QPS 提升到 500 QPS。"
- "到 12 月底,发布 BI 系统 1.0,支持 KPI 数据统计、全量数据导出分析功能。"

综上所述,当你要评判一个目标是否合理时,需要从 SMART 这五个原则去逐个审视,只有都符合这五个原则时,这个目标才是清晰可行的。SMART 原则检查清单如表 4-1 所示。

表 4-1 SMART 原则检查清单

序号	原则	选项	
1	Specific:目标是明确具体的吗	是	否
2	Measurable:目标的实现是否可测	是	否
3	Attainable:目标描述是可达的吗	是	否
4	Relevant:目标和总目标是否相关	是	否
5	Time-bound:目标是不是有时间限制的	是	否

SMART 原则主要是针对单个目标而言的,在设定我们管理规划中的目标时,还有一个原则就是目标尽可能少。因为,一旦目标设置过多,就违背了目标的初衷——优化资源配置。目标过多必然导致资源分散,很难达到优化配置的效果。

那么具体少到什么程度呢?不同公司、不同团队、不同业务类型,甚至是同一个团队的不同阶段都会有所不同。一般来说，不超过三个是最好的，视情况，五个以内也可以，超过五个就显得多了。

4.2.3 目标设定的维度

在管理规划中，我们需要就哪些内容来设定目标呢？

一般来说，需要考虑以下三个维度的目标。

1. 业务目标。所谓业务目标，就是接下来团队从业绩角度要达成什么目标。这个目标在管理规划中是"必选"的。即使管理者会忘记，上级也不会忘记，因为这往往就是公司每个季度或半年设定 KPI 和 OKR 的主体内容。因此，这个维度的目标来自外部的要求，属于"外在目标"。
2. 团建目标。所谓团建目标，就是接下来团队从团建角度要达成什么目标。比如团队的规模、梯队等有什么样的成长和发展。这个目标体现了管理规划的完整性，需要考虑到，但在设立目标上是"可选"的，即，你觉得团建目标特别重要的时候，才放入目标清单。
3. 专业目标。所谓专业目标，就是接下来团队从专业能力角度要达成什么目标。比如稳定性到达什么级别，业务容量达到什么数量级等。这些专业能力未必会直接产生业绩，所以在设立目标时也是"可选"的。虽然上级很多时候并不会对团队有明确要求，但是这些专业能力往往来自团队职能定位，是团队核心价值的集中体现，属于团队的"内功"，也就是"内在目标"。有追求的管理者，会把专业目标放入目标清单。

总结起来，上述三个维度的目标，实际上是从业绩产出、团队发展和专业能力三个方面来回答"我们想要什么"。具体到每个季度，并不需要把三个维度的目标都列全，但是，从三个维度去进行盘点和思考是必要的。

4.2.4 目标设定的形式

前面探讨了目标的意义、原则、维度，那么，目标的描述一般是什么样子呢？其实，就算是你没做过管理，也肯定不止一次地看到过自己团队的目标了。因此，我简要地做一个说明。

目标的描述形式，大体分为两类。

- 可以量化的指标，就是大家常说的 KPI；常见句式是：到某时间点，什么指标达到什么数字。例如，前面我们举的例子：

  "到 9 月底，把单机性能从 300 QPS 提升到 500 QPS。"

- 不可量化的目标，用关键结果来衡量，就是我们常说的关键结果领域（key result area，KRA）或目标与关键结果（objectives & key results，OKR），总之就是对关键结果（key result，KR）的一种描述。它们的描述形式大体是：到某时间点，完成什么工作，该工作实现了哪些功能或达到了哪些效果。例如，前面我们举的例子：

  "到 12 月底，发布 BI 系统 1.0，支持 KPI 数据统计、全量数据导出分析功能。"

一般来说，关于团队目标设定，每个公司都会提供一套模板，或者在工作流程上完成，都有着明确的要求和操作指南，我们不再赘述。

近几年，很多文章把 KPI 妖魔化，而特别推崇 OKR，于是不少公司都在使用 OKR 进行"去 KPI 化"。实际上，KPI 也好，OKR 也罢，都是实现组织目标管理的手段，它们互有侧重，但本质上并不冲突。

- KPI 里暗含着"O"，没有 O 就定不出 KPI。
- OKR 里包含着 KPI，OKR 里面的"KR"就包括可量化结果（KPI）和不可量化结果（KRA）。

因此，目标管理试图用 OKR"去 KPI 化"是不现实的，而且也是不应该的，因为 KPI 的两个核心要素都非常重要：

- 明确——可量化的目标；
- 考核——对目标的达成情况进行评估。

这两个要素在目标管理中是无论如何都不应放弃的，因为目标越明确，目标体现其价值的效果就越显著，而量化指标是当前最明确的目标呈现形式。如果放弃考核目标，目标就只能起到"喊口号"的作用了。

既然 KPI 并不是妖魔鬼怪，那为什么大家要"去 KPI 化"呢？

原因在于，KPI 过于强调对结果的考核，从而导致目标实现手段的变形，也就是人们常说的"为达目的不择手段"，以至于常会发生目标和手段的脱节的情况。OKR 对于目标管理的优化之处，就在于"O"和"KR"的两层表述形式，确保了目标和手段的一致性：因为所有的"KR"都是为"O"服务的，和"O"相背离的"KR"不能放进来。如此一层层拆解下去，各个层级的团队就无法"不择手段"了。但是 OKR 并没有放弃考核，显然每个团队要达成的"KR"也是要考核的。

所以，关于 OKR 和 KPI，我们得出这样几个结论。

1. OKR 不是对 KPI 的否定，两者都可以作为目标管理的手段使用。
2. OKR 更强调目标和手段的一致性，KPI 则更关注对结果考核。两者各有侧重。
3. 对结果的考核是目标管理的重要一环，OKR 和 KPI 都不应放弃考核。

其实，KPI 也好，OKR 也好，都和自己所处的时代有密切的关系。而 OKR 的流行和 KPI 的式微，也和时代背景紧密相关，这个背景就是从工业时代到知识经济时代的变迁。

- KPI 的基本逻辑是：无论如何要确保 KPI 的达成，追求的是结果达成的确定性。这和工业时代强调追求业绩的确定性是相匹配的，而且工业时代因为操作规程都有明确要求，所以业绩达成的手段也是可控的。因此，在强调结果且对执行有掌控的情景里，KPI 更加适用。
- OKR 的基本逻辑是：对"O"有帮助的都可以做，注重的是目标达成的可能性。这和知识经济时代追求创造性是相匹配的，既然强调创造性，就不能有强制性的整齐划一的操作规程来限定目标达成的手段，既然手段是不可控的，那就用"O"来引领和理顺手段，所以"KR"只不过是达成"O"的部分手段而已，如果你有更好的手段，完全可以更新 OKR。

所以，OKR 和 KPI 都是目标管理的手段，它们都包含了目标的设定、路径的选择以及对结果的考核等要素。只不过 OKR 适用于开放性强、追求创造性的组织；而 KPI 更适用于规则成熟、追求执行性的组织。我们作为管理者要做的，就是根据自己的业务特点和战略规划，选择合适的目标管理手段，既不能因循守旧，也不可盲目跟风。

4.2.5 目标设定的挑战

通过前面的探讨，你还会不会觉得为团队设定目标是一件挺简单的事情？

事实上，新经理在目标设定上，常常会踩一些"坑"，面临着诸多挑战，最常见的是以下四类问题。

1. 基于现有资源做目标，而不是基于远方的目标往回推。

   这类问题常见的说法就是，"我们团队只能做到这个程度""这些项目能做完就不错了"等。而更为合理的做法应该是，从上级的角度来讲，你的团队需要保证哪几项重要的结果，然后看看如何调配和补充资源。

   面对这类问题和挑战的钥匙叫作"以终为始的出发点"。

2. 目标不明确。

   你可能会说，从上面你说的来看，一个明确的目标很容易设定啊！问题在于，新管理者很少会因为"目标笼统或太大"导致不明确，而常常是因为"过程化描述"导致不明确。常见的说法是，"我们要在10月底完成架构改造""我们要在12月底使反作弊系统1.0上线"等，这类描述的问题在于，主要强调"我做了什么"，而没有交代做完这些工作后，"收到了什么效果"。

   面对这类问题和挑战的钥匙叫作"结果导向的描述"。

3. 目标设定好之后，不向下传达。

   目标设定完成，并和上级确认之后，自己和自己的上级都很清楚了，但是没有刻意地向团队成员传达，只是按照目标拆解去安排大家的工作。这样的做法，导致团队成员对于整个团队的方向感不清晰，于是前面我们提到的那些目标能带来的效果就无法显现，比如起不到对团队的凝聚和激励的效果。

   面对这类问题和挑战的钥匙叫作"目标的向下同步"。

4. 苦恼于目标的频繁调整。

   大家最头疼的一个问题，就是目标总是被迫变来变去。互联网领域很少有按部就班的公司，业务总是在调整，自己的上级也时不时就换个新的，甚至于公司的战略也每隔一段时间就变一次。显然，之前为团队设定的目标，也得跟着更新调整。于是，目标慢慢变得形同虚设。

   面对这类问题和挑战的钥匙叫作"设定专业目标"，用专业目标来增强团队的内在定力。团队和人是一样的，如果总是被外在需求牵着走，内心必然会充满焦虑，所以需要弄清楚自己的内在追求。而专业目标，就是为团队树立明确的内在追求。

既然专业目标有如此功效，又常常是被管理者所忽视的，我们稍微深入探讨一下。

专业目标作为"内在目标"，一般来自管理者对团队职能和核心竞争力的理解，属于对团队的自我要求，新的管理者往往会忽略不做。当然，有的是想不到，有的是懒得做。而恰恰是这个内在目标的设定，非常能体现你的管理价值，因为这是能展示你的自主性的地方。

专业目标设定的关键步骤只有两步。

1. 选择你要提升的关键维度。常见的来源有：
   - 最能体现团队核心职能的技术维度；
   - 重大的技术攻坚方向或技术债务偿还；
   - 新技术储备。
2. 设定目标，可以是量化的 KPI，也可以是非量化的 KRA。就好像每个人都有自己的价值观一样，每个团队也都有自己最核心的评价维度，这是由团队职能决定的。例如：
   - 服务端团队的稳定性和性能；
   - 数据团队的准确性和安全性；
   - 功能迭代团队的高效和质量。

这些维度最能体现团队核心能力及价值。因此，即使上级没有提出要求，团队负责人也要基于这些专业维度为团队设定目标，以此来不断修炼团队的"内功"，并作为团队的内在追求。如此，当外部的业务目标不稳定时，相对稳定的专业目标可以让团队内部一直有一个"指南针"，从而降低目标频繁调整引起的员工焦虑，避免了因目标变来变去导致的"瞎忙"或"白忙"。

你可能会说，内在的专业目标还没有达成的时候，上级的业务目标又压下来了，这该怎么办？这类冲突的处理办法和"重要紧急"四象限的权衡思路是一致的：内在的专业目标属于重要的事情，而外部压过来的目标属于紧急的事情。重要紧急的权衡和决策是管理者的日常工作内容，慢慢你会有自己的心得体会的。

前面，我们探讨了目标设定的意义、原则、维度、形式和挑战，至此，你是否可以制定出自己团队的目标了呢？除了业务目标，你制定专业目标了吗？如果你已经有了自己的团队目标，它们符合 SMART 原则吗？如果你都做得非常到位，你把这个非常棒的目标传达给团队的每个成员了吗？

期待你通过对团队目标的驾驭，不但能够取得出色的业绩，还能打造出一个充满自驱力和凝聚力的高效执行的团队。

4.3 规划要素 3：团队

通过对"职能"的探讨，我们清楚了团队的核心价值；通过对"目标"的探讨，我们清楚了团队要"去哪里"。接下来的问题是，我们靠"谁"带我们前往目的地呢？这里的"谁"，显然是指我们的团队，是团队在"拉车赶路"。因此，盘点团队当前的状态，设想一下团队未来的状态，这就是管理规划中"团队"这个要素要关心的问题。

那么要如何盘点呢？

关于"团队建设该如何做"的问题，我们将在第 5 章详细阐述。现在，我们只是从规划角度来探讨团队问题，这里有三个视角。

1. 从团建目标的设定来看。
2. 从资源角度来看团队构成。
3. 从人才发展角度来规划梯队。

接下来我们逐个阐述。

4.3.1　团队规划之目标视角

4.2 节提到需要设定三个维度的目标，即业务目标、团建目标和专业目标。其中业务目标和专业目标设定的要点，在 4.2 节都有探讨。现在我们讨论一下团建目标该如何设定。

所谓团建目标，就是你希望把团队发展成什么状态。换句话说，团队未来会是什么样子。

对一个人来说，提到"长什么样子"的话题，我们会从相貌、肤色、身高、体重等要素来衡量，那么对于一个团队的样子，我们通过什么要素来衡量呢？通常来说是以下三个。

1. 团队的规模。即你的团队有多少人。要理清现有多少人，接下来要新增多少人，即实际人数和预算人数，加起来就是你规划的未来团队规模。
2. 团队的分工。你的团队都负责哪几块业务，每块业务配置了多少人力，以及这些人员如何划分职责，人力分布和业务目标是否匹配等。

3. 团队的梯队。如果分工体现了员工在职责上的分布，那么梯队就体现了员工在能力上的分布。这两个分布相互关联，却不完全一致。一个团队的梯队情况代表了团队的成熟度和复原力，梯队成熟的团队，不会因为一些偶然的因素就随便垮掉，比如某个核心员工休假，或者某个技术负责人离职等。复原力强的团队只会短暂影响部分业务进展，但是不会伤筋动骨、元气大伤，很快就会恢复正常。这个复原力类似技术服务的健壮性，会让团队有韧劲，经得起折腾。

综上，我们从规模、分工和梯队三个要素来描述团队的情况，了解了团队的规模、分工和能力结构，也就看清团队的"样貌"了。因此，做管理规划的时候，就"团队"这个要素，我们要先盘点一下当前的规模、分工和梯队，然后盘算一下未来的规模、分工和梯队。这样，我们就能够把握住未来团建工作的重心了。

以上就是从团建目标的视角来做团队规划。

4.3.2　团队规划之资源视角

在公司 HR 眼里，每个团队就是一笔资源，只不过这笔资源是以"人力"体现的，叫人力资源；在公司财务眼里，每个团队都是一笔成本，只不过这笔成本是以"人力"来体现的，叫人力成本。这就是我们做团队规划时的第二个视角，即资源视角。

从资源视角来看待团队，是一个成熟管理者的标志之一。

既然站在公司的角度，每个团队都是一笔资源和一笔成本，那么管理者在盘点的当前人力和预算人力的时候，需要有成本意识，而不能认为公司给我们多少人都是理所应当的。尤其在互联网领域，技术团队往往是最昂贵的资源和成本，我们要考虑投入这么多资源和成本是否值得，是否合理。要综合考虑目标带来的产出和团队的投入，即考虑投入产出比问题。

实际上，即便你不考虑这个问题，你的上级和 HR 也会考虑。因此，做人力预算的时候，最好给出十分充分的理由：为什么你需要这些人，为什么是这么多人，以及你的依据和估算逻辑是什么。当然，你并不需要把所有的推演过程都汇报给上级，但是这并不意味着，你不需要一个令人信服的推演逻辑，靠拍脑袋肯定是不合理的。

那么如何合理推算呢？很多时候要靠历史经验，下面有两个思路供参考。

首先，是你对业务的理解，以及你希望达成的目标。需要投入的人力和目标是息息相关的，和手段的选择也是密切相关的，你的各项决策都影响着资源的估算。4.4 节我们会具体谈谈手段和路径该如何选择。

其次，可以参照行业资源配比情况。行业中的产品、设计、开发、测试、运维等资源都有大体的比例，虽然不可照搬，但可作为参照，尤其是当业务类型相似时。

4.3.3　团队规划之人才视角

团队是由人才构成的，对团队的盘点，除了团建目标和资源投入视角，还需要从人才发展的角度来看，这就是团队规划的第三个视角。

这个视角的核心含义是：到下一个时间节点，你需要重点培养出哪些人，给他们什么样的平台和空间，以及你有能力提供给他们什么样的指导和支持，期待他们能够胜任什么职能和角色。

一般来说，你重点培养的都是你团队最核心的人，也包括最有潜质的人，而他们大都只涉及你的直接下级和个别的下级的下级这两层，其他层级的人才培养则是你下级管理者的职责。当然，对基层经理来说，只需要关心自己的直接下级。

关于人才的选拔和培养，我们在第 5 章中详细探讨过，这里我们先了解做规划时要涵盖重点人才的培养目标。

关于新人的培养和引进，这里提出一个概念——团队消化能力。鉴于团队现实的梯队情况和新人导师的精力问题，一个团队能够良性吸纳的新人是有限的，我们把这个限度称为"团队消化能力"。如果新人引进过快，超出这个限度，就会快速冲淡当前的团队状态，和新组建一个团队相差不大，在此情况下，很多新经理会顾此失彼，近乎失控。

当然，有的管理者倾向于有步骤有节奏地发展，而有的管理者迫于业务压力，也就不考虑团队消化能力了，这无所谓对错，因人因事而异。但是无论做哪种选择，考虑你团队能消化多少新人，是规划时需要关注的一个问题。

那么如何估算团队消化能力呢？首先，你的团队中谁能带人，分别带几个人比较合理。所谓合理，就是需要兼顾团队成员对业务的投入。其次，看看你团队的新人培养机制是否成熟健全。如果你的团队有成熟的新人入职培养机制以及熟悉业务的学习资料，你们就能同时消化更多的新人。因此，作为一个"踏实"的管理者，这些基础的管理工作对于长远的团队发展是很有好处的。即便你的直接上级是一个"急功近利"的老板，你也可以有自己的管理风格，不是吗？

4.3.4 团队规划的呈现

前面，我们从目标、资源、人才三个视角探讨了做"团队"规划的逻辑和要点，那么，如果真的要给上级提交一份规划报告，关于团队部分，应该以什么形式来呈现呢？

首先，要以你和上级约定的习惯和形式来呈现。如果你们还没有明确的要求和约定，你可以参照下面的形式，大体上也是三个方面。

1. 从团建目标视角出发，绘制一张组织架构图，如图 4-1 所示。这张图需要体现我们前面提到的团队状态三要素。

    - 规模，包括当前人数、预算人数和总人数。
    - 分工，体现团队人力都分布在哪些业务上，以及各个业务都由谁来负责。
    - 梯队，团队的级别和梯队分布情况。

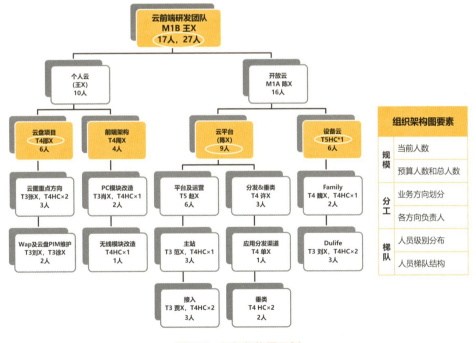

图 4-1　组织架构图示例

2. 从资源视角出发，列出整个团队的资源盘点情况。因为不同级别的成本不同，所以主要以级别为主序来开列。

- A 级别：x 人，其中当前 m 人，预算新增 n 人。
- B 级别：y 人，其中当前 m 人，预算新增 n 人。
- C 级别：z 人，其中当前 m 人，预算新增 n 人。
- ……

3. 从人才视角出发，列出重点培养对象，以及其负责业务。大体是这样的。

- 张三，XX 业务核心工程师，到年底能完全负责 XX 业务，并能带新人。
- 李四，YY 业务负责人，到年底能带 n 人独立负责 YY 业务。
- ……

通过三个视角，从三个方面来呈现我们对于"团队"这个要素的规划，并和上级达成一致，这样我们对于团队的发展方向就了然于胸了。

4.4 规划要素 4：路径

明确了目标，盘点了团队，接下来要筹划的事情就是：带着团队前往目标有哪些可选的路径。这主要需要回答两个问题。

1. 有哪几条路可走，即通过哪几项关键的工作来实现目标。
2. 各需要做什么准备，即这几项工作各需要投入多少资源。

一般来说，上级都是"资源敏感型"的，而且级别越高，对资源就越"敏感"，凡事都讲投入产出比。因此，向上汇报管理规划的时候，这个要素是必不可少的。一方面，上级可以根据第 1 个问题，来判断我们达成目标的手段是否合理；另一方面，上级还可以根据第 2 个问题，来判断我们申请资源的合理性。

下面我们就来探讨手段选择和资源投入的关系。

可能很多一线技术管理者会说："我需要考虑的资源类型非常单一，基本上每次申请资源都是增加人力，这没什么可探讨的。"我想说，增加人手没有问题，只是在采用"增加人手"这个方案之前，是否考虑了以下 3 个情况呢？

1. 资源类型的丰富性。
2. 手段选择的多样性。
3. 人才招聘的必要性。

4.4.1 资源类型的丰富性

你是否了解资源类型的丰富性呢？

一提到资源申请，人们大多会想到的是人、财、物。对管理技术团队来说，人是最常见的资源。而且，"财"和"物"的预算一般也围绕着团队的人数来做，比如团建费用、培训费用、差旅费用、办公设备等，整体上并不复杂。而我希望提醒新经理的是，还有其他几类资源也需要关注。

首先是时间。很多管理者会忽略时间这个最重要的资源，对于任何一项工作，你预算多少人和你预算多长时间是分不开的。因此，做规划的时候，也需要了解上级对于各项工作的时间预期是什么样的。这意味着，上级允许你花多长时间来做这些工作。千万别认为，上级批准了你的人力预算就等于给了你充足的资源，还要看上级给了你多长时间。除了他口头上的期待，还要加上你对各项工作紧急重要程度的理解和判断。因此，请把时间当作资源来看待。

其次是信息。信息资源是另外一个常被忽视的资源。有时，你需要更多的公司内外的信息，可能是业务的，也可能是人员的，你的工作如果需要特殊的信息和数据，需要提前和上级沟通。

最后是权限。和信息资源类似，也是出于做好某项工作的目的，看看需要开通哪些之前没有的权限，以及这些权限是否可以获得。比如有的公司一线管理者是有沟通绩效的权限的，而有的公司则不允许。如果你要把绩效作为重要的人才培养和激励手段的话，要考虑你能否获取这样的权限。类似的还有，你是否拥有使用奖金激励的权限、你是否拥有参加某个会议的权限等，这些也是你要关注的资源。

总之，除了人、财、物，我们还需要很多资源的支持，所以当你评估一个平台是否有发挥空间时，不能只看职位高低，人员多寡。你能否得到全方位的支持，也是很重要的因素。当然，前提是你知道自己需要什么。

4.4.2 手段选择的多样性

工程师出身的管理者，"炫技"的情况比较常见，其中一个显著特征就是，只有自己开发的作品才是最好的，崇尚亲力亲为，凡事自己做。比如，一个很常见的表现就是：一有机会就重构，因为"前人写的东西实在是太烂了，不能忍受"。还有，一旦有大的新需求，那得"招聘一些工程师才能做"。

以工程师的视角，追求工作的极致品质，恰恰是一种良好的工匠精神。但是站在管理者视角，就需要评估一段时间内的产出效率了。衡量一项工作"到底需要花 5 天做到 70 分，还是花 10 天做到 90 分"，是管理者的日常工作。以全局的视角，90 分方案未必就比 70 分方案好。此时，就需要优秀工程师出身的你放弃一些执念。一旦能够放下执念，转换视角，你就会发现，完成一项工作，有很多的手段可以选择，下面我们就来举例说明。

例如你想实现一个新功能，诸如"人脸识别""自动推荐""反作弊"等。以下是不同的管理者都采用过的做法：

1. 自学自研；
2. 招聘专业级人才；
3. 借调工程师；
4. 跨部门合作；
5. 请外包或者外部专业人士兼职做；
6. 采购云服务；
7. 购买现成的解决方案。

在不同的公司、不同的管理者，以及不同的期待下，人们会做出不同的选择。不同的选择会带来不同的效果，同时也意味着不同的成本。

1. 对自学自研来说，由于靠自己团队的力量，资金开销比较低，维护成本也可控；而由于需要边学边做，时间成本会比较高。
2. 对招聘来说，不确定性比较高，招聘顺利当然好，招聘不顺则时间完全不可预期，整体上时间成本比较高。
3. 对人才借调来说，如果能借调到合适的人，各方面的成本是最低的，但是需要这件事足够重要才能获得支持，在大中型公司里的管理者可以把这个方法作为可选路径之一，而初创公司一般并不具备这个条件。
4. 对跨部门合作来说，项目推进的可控性取决于合作情况，这里最大的风险就是合作成本能否控制住。
5. 对外包来说，时间和资金成本一般都可控，用来做尝试性项目或者 demo

是比较合理的，但是如果是长期的任务，你会发现外包的解决方案可维护性比较差，迁移和替换的成本会比较高。
6. 采购云服务，对中小公司来说，其实是很好的解决方案，人才成本、维护成本、时间成本都可以降到很低，特别适合初创公司，所以业内的云服务层出不穷，因为确实有价值。
7. 购买方案，是时间成本很低、资金成本略高的一种方案，在应急的情况下，或者是公司非核心业务的场景下，不失为一种好的解决方案。

以上说法和判断，是我基于自己之前的团队情况给出的。对你来说，不同的方案意味着多高的成本呢？你可以尝试把你认为的"大""中""小"填入表4-2中。这个表最大的意义不在于让大家去评估每一种方案的成本大小，而在于帮助新经理扩展思路，看到解决问题手段的多样性，避免思路过于单一。

表 4-2 手段 - 成本盘点

	自研	招聘	借调	合作	外包	云服务	买方案	……
时间成本								
资金成本								
维护成本								
合作成本								
机会成本								
……								

4.4.3 人才招聘的必要性

在我给互联网公司做技术管理咨询的过程中，遇到不少中小型公司的技术负责人或创始人，动辄让我帮忙介绍某技术领域的资深专家。他们常常会像下面这样说。

- "对我们这个业务来说，数据很重要，我需要搭建一个数据团队，能帮我介绍一位数据专家吗？……"实际情况是，连自己都描述不清楚数据需求，只是凭直觉认为数据能为公司带来价值，其实每天的数据量，用Excel 表格就能看清楚。
- "我们接下来要做智能推荐系统，得招两个专门做推荐算法的……"实际情况是，大部分数据都是格式化数据，连最基本的推荐策略都还没做，还远未达到专业瓶颈。

- "我们需要招两个做专业图像处理和模式识别的……"实际情况是，公司业务的核心竞争力在于 O2O 业务，而不在于图像处理技术。

以上这些说法显然太高估用人才招聘解决问题的效果了，而且太低估人才选用育留的成本了。究其根源，就是成熟的技术管理者缺位。因为，对拥有工程师思维的管理者来说，他们尤其倚重技术；对不懂技术的管理者来说，他们又特别迷信技术。成熟而职业的技术管理者，会在这之间找到一个平衡，提供一个既能够解决问题、成本合理，又兼顾长短期的可行方案，而不是一个只顾眼前的"应急"对策。这也是技术管理者的一项重要价值。

所以，招聘作为一种成本高、见效慢的解决问题的手段，核心是看长远需要。对于不必要的招聘，水平高的人一般会嫌业务量小、平台小不愿意来，即便来了，也未必留得住。总之，不是所有人力短缺，都要通过招聘来解决。问题的解决，需要综合前面提到的多种手段来考虑合适的方案。

4.4.4 结果评估三要素

前面我们探讨了资源的丰富性和手段的多样性，显然，选择了不同的手段，也就选择了对应的资源投入。另外，还有一个重要因素决定着资源的投入，那就是对结果的期待。对结果的期待？那就不是我们设定的目标吗？是的。但是，达成的目标就是我们想要的结果的说法还是不够精确的。

日常工作中，我们常常会遇到以下情景。

- 在上级安排一个项目时，研发经理的第一反应就是"这个项目可以做，但是得招人"。
- 当产品经理提出一个需求时，研发经理的第一反应就是"这个需求做不了，没人力，没技术"。
- 当研发人员希望搁置 bug 先发布的时候，测试经理的第一反应就是"不行，带着 bug 发布不符合原则"。

上面的这些反应并不能说是错的，但是如果没有经过系统思考就这么回应，就显得思维有些僵化了，类似于我们在 3.4.1 节中提到的第四类误区：单一视角，固化思维。可是，大家都是聪明人，为什么第一反应是不妥当的呢？

4.4 规划要素 4：路径

我们在评估一个项目的结果时，有三个重要的衡量维度。

1. 进度。即从完成时间来看，结果是否满足预期。
2. 质量。即是否保证了项目质量，这是从实现侧来看的。
3. 效果。即是否交付了完善的功能，达到需求方期待的效果。

不难发现，这三个维度都采用"程度式"的衡量方式，都可以有优、良、中、差不同的等级，并不是固定的。同样一个项目，由不同的人做出来，也许都能达到验收标准，但其结果肯定会有进度、质量或效果方面的不同。换句话说，一个项目的结果，其实是在这三个维度上有弹性的，可以在一定的范围内灵活把握的。我们把这三个维度称为"结果评估三要素"（如图 4-2 所示）。

图 4-2　结果评估三要素

这里有两点需要提醒大家。

1. 没有项目是一定能完成或一定完不成的，需要先弄清楚需求方的核心目的。
   也就是说，我们常常脱口而出的"完不成""要加人"等，往往是由于我们按照自己的思维惯性，先摁住了其中两个维度不变，来评估第三个维度，这样的结果必然是：要么完不成，要么加资源。而实际上，这三个维度都是可以变化的。
   - 进度是否一定要如期？是否必要？
   - 如果质量达不到 90 分，那么达到 70 分是否可以接受？
   - 如果效果不能都实现，那么能否实现主干功能？

   在三个维度都提高要求，而资源投入不变的情况下，项目就会越来越不可完成，在三个维度都降低要求时，项目就会越来越容易完成。因此，遇事不必当即否定或肯定，而是先弄清楚需求方最关心的是什么。

2. 项目目标应体现首要保证的维度，否则这个目标还不够清晰。
   也就是说，即便是做同一件事，把"进度"作为首要保证的维度和把"质量"作为首要保证的维度，是两个不同的目标。因此，说清楚这件事的进度、质量、效果哪个是最优先要保证的，才能让这个目标清晰起来。比如，你给下属交代一项工作，有以下两种说法。

- "这件事需要周五前完成。"
- "这件事需要周五前完成,进度有问题随时跟我说,保证质量是第一位的。"

显然,说法 1 只会让员工按照自己的理解去执行,关注质量的员工和关注进度的员工做出来的结果是不一样的,究竟哪个是你想要的呢?不一定。而说法 2 就很明确地表达了要确保质量,所以这是一个更加明确的目标。这样才能让我们把资源倾注在最重要的维度上。

现在,我们清楚了这样一件事:对于任何一项工作,评估其结果的关键指标到底是进度、质量还是效果,决定着我们以什么方式投入什么类型的资源。也就是说,只有我们清楚了最关注的指标,才能让资源的投入得到最大化的发挥。

4.5 管理规划报告

在前面的四节中,我们就管理规划所涉及的内容及其要点做了阐述,在得出一份正式的"管理规划报告"这个问题上,还有以下几点需要注意。

▶ 意愿

最初,管理规划往往是上级要求我们做的,常常还会提供模板,于是很多新经理会把这项工作当作"家庭作业"来完成,难免有应付差事之嫌,甚至还会带有抵触情绪。

作为一个团队的负责人和掌舵者,看方向定目标是重要且必要的,即便没有人要求,也是管理者要时时在意的。因此,要树立在每一个重要的时间点都主动思考团队方向性问题的意识。同时,做好和上级沟通,一方面,规划方案需要上级把关;另一方面,这些规划方案也需要获得上级的支持。需要提醒新经理的是,这些工作是团队管理者的分内之事,并非为了完成上级交代的任务。时刻保持团队的方向感,是管理者无法回避的职责。

▶ 时机

一般在什么情况下做管理规划呢?既然管理规划是管理者自己的工作,那么当管理者自己需要时,就可以做,没有特别的限制。在以下情景下最为常见。

- 重要时间节点：月度交替、季度交替、半年结束、年度交替等。
- 新接手一个团队或者空降到一个新团队。
- 团队职能发生显著变化的时候。

▶ 形式

关于规划报告的格式和形式，以公司要求和上级习惯为标准，并没有标准的 Word 模板或 PPT 模板。根据要求的不同，内容可能略有不同的侧重，但要点可以参照图 4-3 所示内容。

管理规划表

团队名称：_____　　　　　日期 _____

职能	职责 使命 关键价值维度 1. 2.
目标	业务目标（KPI/KRA/OKR） 1. 2. 团队目标（KPI/KRA/OKR） 专业目标（KPI/KRA/OKR）
团队	人力预算清单 组织架构图
路径	关键任务 1 所需资源 关键任务 2 所需资源 关键任务 3 所需资源

图 4-3　管理规划表模板

第 4 章　管理规划

▶ 沟通

管理规划虽然是管理者必做的功课，但是千万别以为做好了就万事大吉了，正如前面提到的，如果与团队成员分享团队的职能和目标，还能达到提升自驱力、主动性、执行力、凝聚力的效果。因此，用一种比较正式的方式，把团队的职能和下一阶段的目标，向整个团队进行传达。

小结

本章就"管理规划"这个主题进行了完整的探讨，旨在回答好"要带团队去哪里"。主要从规划的四个要素来展开：职能、目标、团队和路径。

不难发现，设定目标的时候，要基于当前团队的现实情况和可用资源；盘点团队的时候，又脱不开目标的设定和路径的选择；而探讨路径以及做预算资源的时候，又离不开目标和团队。因此，虽然我们把目标、团队、路径分开来探讨，但是这几个要素之间并不是独立和割裂的，而是以职能为核心，目标、团队和路径彼此依赖，把这四个要素统筹在一起来梳理明白，才是一份完整的管理规划。

本章要点

1. 职能：回答团队是干什么的问题，从团队职责、使命及衡量关键价值几个维度展开探讨。
2. 目标：即通过什么来体现团队价值。
- 目标维度：业务目标、团建目标和专业目标。
- 目标设定的两个原则：SMART、少。
3. 团队：从三个不同的视角来看团队规划。
- 目标视角：团队规模、团队分工、团队梯队。
- 资源视角：通过对业务的理解，并参考行业内资源配置情况进行梳理。
- 人才视角：如何从人才培养的角度来做梯队规划。
4. 路径：带着团队前往目标有哪些可选的路径。
- 资源是丰富的，手段是多样的。
- 结果评估的三个维度：进度、质量、效果。

扩展思考

基于本章内容,你如何看待以下问题。

1. 你从哪几个维度去衡量你团队工作做得"好"还是"不好"?
2. 团队目标总是调整,以至于团队项目安排越来越混乱,该如何应对?
3. 结果评估的三个维度(进度、质量、效果)对于我们给下属安排工作有何启示?

要了解作者观点或更多管理者的观点,请查阅作者公众号(见作者介绍)中的相关内容。

第5章
团队建设

对刚刚走上管理岗位的新经理来说,最大的挑战集中在"带团队"上(如图5-1所示),毕竟,相对于之前的技术工作,带团队是一个新话题,也有人把这个话题叫作"带人""带队伍""做团队建设"等,这些都是一回事。

图 5-1 "管理三明治"框架图

"带人"是一个大话题,关于如何带人的文章和图书数不胜数,动辄罗列出几十条带人技巧。我们读读大体都能读懂,也学习了几百条技巧,可是为什么还是不清楚该如何带人呢?主要有以下两个原因。

1. 不深入:很少有经验技巧告诉我们背后的逻辑,致使我们知其然而不知其所以然。
2. 不系统:没有连点成线,经验技巧有如繁星般散落天际,没有"星空图"的指引,我们很难掌握。

因此,我们要做的工作,就是尽可能为团队管理提供系统的框架,并阐释其背后的逻辑，然后管理者就可以把自己的经验和技巧都放进这个框架，形成一套清晰而系统的方法论。

那么，把团队建设成什么样才是"好团队"呢？毕竟我们做团建也需要有一个方向来指引。关于什么是"好团队"也是众说纷纭，莫衷一是。归纳起来，至少要符合下面三个条件。

1. 业绩好。就好比衡量一支军队是否厉害要看其能否打胜仗、一支球队是否厉害要看其能否赢得比赛一样，一个团队是否优秀，首要条件就是要有优秀的业绩。

   当然，有好的业绩并不只取决于团队，而取决于看方向、带人、做事这"管理三大件"组合作用的结果。

   - 看方向：即管理规划阶段，定义何为好的业绩，并规划与之匹配的团队。
   - 带人：即团队建设阶段，不断提升团队取得业绩的能力，包括员工个人能力和团队能力。
   - 做事：即任务管理阶段，如何通过良好的掌控把计划落地执行，产出结果。

   本章内容，我们聚焦于从团队建设角度来保证业绩的产出，即提升团队取得业绩的能力。至于管理规划，在第 4 章我们已经探讨过，而任务管理是第 6 章的内容。

2. 效率高。如果说业绩好是指产出，那么效率高就关乎投入，所谓效率就是指单位时间内的投入产出比。

   显然，同样的业绩，不同效率的团队代表着不同的优秀程度。越是高效的团队，单位时间内投入资源的产出就越高，团队也就越优秀。当然，提高效率也需要从"管理三大件"着手。

   - 看方向：目标越清晰明确，效率越高。这一点，在 4.2.1 节中我们曾经提到"目标就是执行力、凝聚力和激励"，显然这些和效率正相关。
   - 带人：团队成员的个体能力越强，团队成员间的协作水平越高，团队的效率就越高。
   - 做事：流程和规则越有效率，操作越熟练，做事效率就越高。

   同样，关于看方向和做事的探讨，分别安排在第 4 章和第 6 章，本章聚焦于团队能力的提升，包括个体能力和协作水平。

3. 可持续。作为团队的负责人，高效漂亮地打一次胜仗并不足以体现管理者的价值，体现管理者价值的是团队的持续作战能力。也就是说，因为你的存在，团队可以不断地取得良好的业绩。

只关心眼前业绩的管理者往往是指"项目经理"，他们只关注做事，而作为既对事负责又对人负责的管理者，打造出可持续输出的团队是管理者价值的集中体现。这是因为，团队的韧劲和耐力不是一朝一夕培养起来的，这最能体现管理者是否做了长远而务实的管理工作。当然，团队的可持续性也离不开"看方向"和"做事"这两个方面的工作。

- 看方向：团队规划的合理性，影响团队的可持续性。
- 带人：完善的梯队和成熟的团队文化，从"体格"和"精神"两个方面让团队更加强健。
- 做事：团队的韧劲是磨炼出来的，而磨炼离不开持续地做事。

同样，本章聚焦于通过团队建设（team building，TB）的工作来提升团队的可持续性，即通过梯队建设和文化建设来提升团队的韧劲。

综上所述，要说一个团队是"优秀团队"，业绩好、效率高、可持续是不可或缺的三个要素。当然，你可以在此基础上包装出自己的理解和说法，比如"持续打胜仗的团队""高效执行的团队""学习成长型团队""战斗力强劲的团队"等，只要方便你和周围同事的理解和沟通即可。

现在，团队建设的目标清楚了，就是要打造一支业绩好、效率高、可持续的优秀团队。那么接下来，我们要做哪些相关的工作来实现这个目标呢？

第 2 章中我们在拆解团队建设的时候，把团队建设从个体、个体间、团队整体三个层面拆解为能力、激励、分工、协作、梯队和文化这六个要素（如表 5-1 所示），这也是团队建设的六个着手点。管理者可以：

- 通过提升员工的个体能力和个体意愿来发挥出个体的战斗力；
- 通过优化分工和提升员工间的协作水平来提升团队的合力；
- 通过梯队建设和团队文化建设来提升团队的耐力和韧劲。

表 5-1 团队建设六要素

一个目标	三个视角	六个要素
团队建设：战斗力	个体：动力 （马）跑得动	员工实力：能力培养 使用实力的意愿：员工激励

续表

一个目标	三个视角	六个要素
团队建设：战斗力	个体间：合力（车）跑得快	排兵布阵：团队分工 步调节奏：团队协作
	团队：耐力（马车）跑得远	新老强弱：梯队建设 归属认同：文化建设

在本章中，我们将围绕团队建设的这六个要素展开探讨，去寻找团建工作的具体着力点，从而能够有的放矢地做好团建工作。值得再次说明的是，团队建设离不开管理规划（看方向）和任务管理（做事），但在本章中，除非特别说明，我们仅就团队建设本身来讨论。

5.1 团建要素1：能力

要提升一个团队的整体能力，其基础和前提是提升员工的个体能力。如果一个团队的个体能力都不高，整体能力的提升又从何谈起呢？在管理工作中，我们把这类聚焦于员工工作能力提升的管理专题统称为员工能力培养，如安排培训、交流分享会、导师机制等。

5.1.1 能力的构成

要想提升员工的工作能力，首先需要回答的一个问题就是：我们要提升员工的什么能力？"工作能力"这个概念看似具体，其实在沟通中会产生很多误会和分歧。那么工作能力到底有哪些呢？下面介绍关于"能力"的两个最常见的划分方法。

▶ 能力三核

第一个分法就是我们在第1章中提到的"能力三核"（如图5-2所示）。也就是说，人的能力分为知识、技能和才干三个层次（具体参见1.7节）。

1. 知识，即知道和理解的内容与信息。一般用深度和广度来衡量。大部分知识都是针对特定工作场景的，比如计算机知识、数学知识。但是在公司里一般很少对知识进行考核，考核知识多在学校中进行。

图 5-2 能力三核

2. 技能，即能操作和完成某项工作的技术与能力。一般用熟练度来衡量，如编码能力、项目管理能力、沟通能力等。熟练度越高意味着技能越纯熟。在工作场景中，技能是最常见的要求。
3. 才干，即自发高频运用的那些思维、行动和感受模式，也包括品格特质。才干没有优劣之分，人人皆不同，并且很难通过学习来提升。

显然，管理者培养员工能力的重心，是在"技能"这个层次，无论是培养手段还是评估标准，都应以"操作"能力和产生的结果为依据。

▶ **工作能力的三个维度**

第二个分法是把做好一份工作的能力分为专业能力、通用能力和人格力量三个维度，如图 5-3 所示。

图 5-3　工作能力三维视图

第一个维度是专业能力。

对技术人来说，一般是指技术能力。技术能力也是一个复合的概念，不同技术团队对技术能力的定义是不同的，比如最常见的架构团队和策略团队对技术的理解差异是很大的。专业能力一般可以用广度和深度来衡量。

- 广度：代表着能搞定多大规模的事情，常见的说法是技术整合或技术集成能力。
- 深度：代表着能搞定多复杂的事情，常见的说法是技术攻坚能力。

由于大部分技术都可以从这两个维度来制定标准，因此很多公司的技术职称体系都以此来设计衡量标准和体系，用于评估工程师的技术水平。即使创业公司没有明文规定和实施这样的技术职称体系，一般也会参照这些要求和标准来评价员工的技术能力。因此，工程师专业能力的评价维度和标准相对于通用能力更加有据可依。

第二个维度是通用能力。

通用能力，正如它的名字，我们常常会提起，但是很少有人能说清楚通用能力到底涵盖了哪些内容。依我之见，你不需要去弄清楚这个模糊的概念里都包含了什么，而只需要去定义一些你团队所关心的通用能力，并把这些通用能力放入你的"通用能力清单"，有意识地帮员工培养这些能力就可以了。下面是我比较重视的一组通用能力。

- 结构化思考力。思考逻辑清晰，呈现层次分明。
- 团队协作能力。多人合作、主动沟通的意识和能力。
- 项目管理能力。项目推进和交付的能力。
- 快速学习能力。积极面对新工作、新挑战的能力。

你的清单是什么呢？你团队的成员知道吗？

第三个维度是人格力量。

人格力量通常是指一个人在面对某一情形时的稳定态度和表现，比如迎难而上、坚持不懈、积极正向、主动担当等。这些人格力量对于能否搞定一件事有时至关重要，但是培养起来却不是一朝一夕的，往往来自每个人长期的生活工作经历，而且一旦形成就很难改变，所以不是员工培养的重点。

当然，很难改变并不意味着不能改变。为了让团队成员趋向于某一特定的共同气质，管理者需要旗帜鲜明地倡导团队推崇的品格，比如"重诺守信""主动积极""一跟到底"等。这些品格可以作为员工培养的一项内容，更多地，我们会把它作为价值观纳入团队文化建设的范畴，在5.6节中我们会具体探讨。

通过上面分层次的探讨不难发现，提升员工个人能力的重点，会放在工作技能层面，包括专业能力和通用能力的提升。需要注意的是，由于新经理往往在管理一线带技术工程师，员工培养的重点会落在专业能力上，而通用能力只是为了"达标"；而成熟经理会更关注梯队的培养，在员工培养中对通用能力的要求会显著提高。

5.1.2 能力培养的目标

前面我们把能力拆解为多个层次进行探讨，主要是为了让管理者对"能力"这个词建立一种"看得见摸得着"的认知。技术团队的管理者在进行员工能力培养时，一般要达成哪些具体的目标呢？

我们从工作能力的三维视图来列举一些常见的目标（如表5-2所示），当然，这个列表比较典型但并不完备。

表 5-2 工作能力要求说明表

工作能力角度	工作能力要求
专业能力角度	• 现有技术串讲 • 核心技术专题化学习 　　◆ 架构专题 　　◆ 存储专题 　　◆ 前端专题 　　◆ 安全专题 　　◆ 运维专题 　　◆ 自动化测试专题 　　◆ …… • 拓展新技术 　　◆ 业务发展需要的新技术 　　◆ 领域前沿技术
通用能力角度	• 项目管理能力 • 带人能力 • 沟通表达能力 • ……
人格力量角度	一般不作为能力培养，但是可以做一些交流来提升自我认知和增进相互了解

所谓能力培养的目标，就是管理者需要目标明确、重点突出地针对某一项或少数几项能力进行培养，期待在一段时间之后，团队成员和整体的某项能力有显著提升。上面的列表仅供参照，具体的选择来源于：

- 业务特点和业务需要；
- 团队职能定位决定的重点技术方向；
- 近期的团队分工状况。

这里有一个小技巧：学习目标最好专题化，而不是散落的一些技能点。专题化的学习会更容易让员工有成长感和获得感，也更容易记忆和掌握。

5.1.3 能力培养的标准

那么，我们要把能力提升到什么水准呢？这个问题之所以重要，是因为我们在员工能力培养的过程中，会常常忘记了自己的初衷，对员工的期待模糊，容易形成"为了培养而培养"的局面。

那么，你能否回答这个问题："提升员工个人能力的初衷是什么？"

你也许会毫不迟疑地说，当然是为了做好工作了，这还有什么疑问吗？

其实，我们对于一个人的评价，有两个标准，一个标准是"达标"，也就是"及格"；另一个标准是"优秀"。所谓"达标"，就是只要胜任工作就可以了；而"优秀"，除了胜任工作，还需要脱颖而出，超出团队其他人的表现，成为整个团队的核心人物。

对于有些员工，你对他们的期待是把交代给他们的工作做好即可，所以侧重于提升他们的专业技能，以达到专业能力的硬指标，目标是通过补短来达到"及格"的标准，显然，这是你期待的下限。而对于另外一些员工，你对他们的要求和期待不只是做好本职工作，还希望他们经过培养之后，能够成为团队里的顶梁柱，这是你期待的上限。在这样的初衷下，你不但对他们的专业能力要求高，还会对很多通用能力做出要求，比如目标管理、沟通协作等，你甚至会为他们打造一个定制化的培养计划。

不同的初衷决定了你制定什么样的标准，然后把这个标准写入员工的个人发展计划（personal development plan，IDP），并和他们达成一致，这就形成了个人能力提升的具体目标，是你们之间的一个"成长协议"。

显然，管理者通过厘清员工培养的标准，主要是为了达到以下目的。

1. 避免期待不清导致期待过高或者效果不佳。
2. 合理安排管理者的精力，并合理分配对不同培养对象所投入的精力。

很多管理者都会陷入这两个认知误区之中。

5.1.4 能力培养的方法

明确了能力培养的目标之后，我们接下来看看如何达成这个目标。

关于做哪些事情来帮员工提升个人能力，相信你会有自己的经验和偏好，但基本上都会遵循"7—2—1"法则。也就是，70%靠工作实践，20%靠相互交流和讨论，10%靠听课和看书自学。我们可以按照这个思路去盘点一下常见的学习方法，如表5-3所示。

表5-3 常见学习方法及具体实施策略

学习方法类别	具体实施策略
帮助员工自学	<ul><li>组织员工参加培训</li><li>为员工推荐和购买图书</li><li>提供学习文档、视频等</li></ul>

续表

学习方法类别	具体实施策略
相互交流讨论	• 组织专题兴趣小组、读书会等 • 技术专题分享交流会、代码评审会等 • 重点工作复盘，即 case study 等
工作实践	• 授权和辅导。给员工独立负责重要工作的机会，并给予辅导和反馈 • 调研工作项目化。也就是把调研学习的工作进行项目化管理 • 总结并内化。对于员工完成的重要工作，有必要请他做一个工作总结，看看从中学到了什么。他在这个总结和反思过程中的收获，甚至比总结报告本身更重要

5.1.5 员工学习的意愿

值得注意的是，对提升员工个人能力来说，最关键的往往不是学习的方法，而是学习的意愿。很多团队为员工提供了很多好的学习资源，但由于没有建立学习机制，始终未能有效激发员工的学习动力。主动学习的员工总是少数派。那么，管理者应该如何激发员工学习的动力和意愿呢？

大体上是三板斧，即"推""拉""放手"。

1. 所谓"推"，就是给压力，推着他学。

    ◆ 提出明确的工作要求。比如，"在一周内熟悉某个业务并可以做开发"。
    ◆ 建立学习机制。也就是强制要求遵守学习规则，并完成学习任务。
    ◆ 同伴压力。营造团队整体学习成长的氛围，会给不学习的员工带来压力。
    ◆ 建立惩罚机制。包括绩效等级、晋升机会、调薪幅度等，对学习意愿低的员工有适当的"关照"。

2. 所谓"拉"，就是给方向，引导他学。

    ◆ 树立榜样。把特别有学习意愿和快速成长的员工设为标杆人物，在团队内给予认可和奖励。
    ◆ 配备导师。有明确导师的新员工，更愿意请教问题并快速融入团队。也许有的管理者会说，我们团队氛围很好，新人来了随便问谁都可以。事实上，有名义上的导师，比没有指明导师要好很多，所谓"找谁都行"，意味着没有人对此负责。因此，请为你的团队成员找一位导师。新人的导师最好是团队内的，而资深员工的导师，可以找团队外更资深的人。
    ◆ 给地图。成熟的公司往往有技术方面的"技能图"，作为管理者，你可以为自己的团队制定一个成长的"技能图",并标记出重要等级。这样,团队成员就有了学习和成长的方向,知道该往哪里使劲了。
3. 所谓"放手",就是给发挥空间,让他自主学习。
    - 给员工勇挑重担的机会。在风险可控的情况下,给员工承担责任的机会,让他们去负责一些有挑战性的工作。
    - 给员工自主空间,让他独立思考,独立决策。你的辅导仅限于他决策之后给出看法和建议。
    - 给员工信心和耐心,允许员工犯错、走弯路。因为,很多经验都是踩坑踩出来的。不能一出问题就劈头盖脸一顿批,甚至是剥夺他做事的机会。

通常来讲,通过"推""拉""放手",就可以激发很多员工的学习动力了。你甚至可以把学习和成长纳入团队的文化建设当中,不过,前提是你自己得有学习的"基因"。

5.1.6 能力培养的两个信念

最后,在员工能力培养方面有两个信念,对于知识经济时代的人才培养很重要。

1. **相信员工能力的差异性**。也就是看到差异,重视丰富性。
   在工业时代,整齐划一、严格服从是团队管理的哲学;而在知识经济时代,员工的创造力能为团队带来更大的价值,创造力往往来源于差异的碰撞。因此,作为管理者,我们要特别关注能力的丰富性,标准不能太单一。
2. **相信团队能力的系统性**。也就是欣赏差异,重视互补性。
   员工能力的差异,反映了他们对于团队的独特价值,管理者要像乐队指挥一样,把优势各异的人统筹在一起,演奏出美妙的乐章。盖洛普公司提出的优势理论指出,所谓"完美的团队",就是价值观相同、优势互补的团队。因此,作为管理者,我们要看到团队能力的系统性,而不是把各个员工的能力割裂开来看。

5.2 团建要素 2:激励

5.1 节提到,要提升一个团队的整体能力,前提是提升员工的个体能力。那么,

第 5 章 团队建设

即使每个团队成员的能力都很强，他们就有很强的战斗力，就能做出很好的业绩吗？不尽然。

我们知道，个体战斗力取决于两个要素——个体能力和使用能力的意愿，可以用以下公式表示：

$$个体战斗力 = 个体能力 \times 个体意愿$$

显然，有能力并不等于有意愿，个体能力只是个体战斗力的必要条件，员工的个体意愿强，个体战斗力才足够强。5.1 节探讨的是提升员工个体能力的问题，现在我们来看看如何提升员工的个体意愿，这也是一个很经典也很重要的管理主题，叫作"员工激励"。

5.2.1 员工激励的挑战

向上沟通、员工激励和团队凝聚力的建设是管理者心目中最有挑战性的三个管理主题。员工激励能够名列前三，可见这个问题多么令人头疼。下面是管理者们的一些具体说法。

- "员工激励，无非就是胡萝卜加大棒，具体操作起来却不得要领。"
- "对员工激励效果最好的就是升职加薪，但是这些都不受我控制。"
- "员工没有工作热情，怎么激励也提不起积极性，他们依旧我行我素。"
- "没有头绪，不知从哪里下手，员工激励这事，忙起来就顾不上了。"
- "平时不能总是夸奖，否则到了绩效沟通的时候很麻烦。"
- "没法左右升职加薪，只能是给员工'画饼'，但是工程师对此并不买账。"
- ……

还有很多说法，但是归结起来，不外乎以下三个问题。

1. 激励认知不系统。了解一些激励的技巧和方法，但是不了解激励的全貌，也不清楚背后的原因，因此无法给出系统的激励方案。
2. 激励手段匮乏。实实在在的物质激励不受管理者掌控，"画大饼"的精神激励员工又不买账。可用的激励手段太少，感到力不从心。
3. 激励不得要领。虽然激励的手段都用了，但是并没有收到激发员工动力的效果，或者效果不明显，不清楚问题在哪里。

因此，在本章中，关于员工激励的话题主要围绕激励手段的系统性、丰富性和可操作性展开。

5.2.2 马斯洛需求层次理论

马斯洛需求层次理论在人类需求和动机研究中被广泛引用，现代激励理论大多基于马斯洛的需求层次模型（如图 5-4 所示）进行解析，或受此启发而形成，了解这个需求层次模型对我们理解其他激励理论很有帮助。管理者根据需求层次模型大体判断员工处在哪个阶段，以及当前占主导地位的需求是什么，有助于寻找激励员工的着手点。

图 5-4 马斯洛需求层次模型

马斯洛的需求层次理论把人类的需求从低级到高级分为五个层次：生理需求、安全需求、社交需求、尊重需求和自我实现需求。其主要特点是：

- 需求满足的层次从低到高，换句话说，只有低级的需求满足后才会追求高级需求；
- 在人的每一个阶段，都有一种需求占主导地位，而其他需求处于从属地位。

不过，如果将需求层次理论直接套用在激发员工的驱动力方面，很多管理者会明显感觉力不从心、难以操作，这是因为：

- 这个模型是对人类需求的全方位梳理，概念宽泛，管理者很难有效满足员工的各层次需求；
- 同一团队的员工其需求大体都在同一层次，区分度不高，对于激励工作的指导有限。

5.2.3 员工激励发展的三个阶段

关于如何激发和驱动员工的工作意愿，《全新思维》的作者丹尼尔·平克专门撰写了《驱动力》一书，探讨现代经济社会中企业和管理者所需要关注的员工激励方式的变迁。他在书中把员工激励的发展划分为三个阶段：驱动力 1.0、驱动力 2.0 和驱动力 3.0。

接下来我们就以此为主线，来探讨不同阶段驱动力的特点和激励手段的选择。

▶ 驱动力 1.0：本能

驱动力 1.0，指驱动力主要来源于对生存和安全的渴望，需求层次处于"马斯洛需求层次模型"的最低层。人类进入工业时代前，在人类发展的大部分时间，这类驱动力都处于主导地位，人们以求生和繁衍等本能需求作为核心动机，为获取保障生存的基本要素而努力。

驱动力 1.0 和社会经济发展状况有关。在中国，几十年前人们还在经历贫穷和饥饿，很多人对温饱问题非常敏感。例如，当时有一个响亮的口号叫"学会数理化，走遍天下都不怕"，怕什么？还不是怕找不到工作，吃不饱肚子。改革开放后，我国经济经历了 40 余年的快速发展，"90 后""00 后"这些职场新生力量对于生存和安全已经较少关注。尤其在知识型企业中，生存和安全都是默认能够保障的，因此在员工激励中，驱动力 1.0 很少作为重点关注的手段。

▶ 驱动力 2.0：外驱

驱动力 2.0，其基本哲学就是认为人们都是"寻求奖励、避免惩罚"的，所以采取的手段是奖励"好"的行为、惩罚"坏"的行为，也就是人们经常说的"胡萝卜加大棒"。这是工业时代被广泛认同的激励方式，其核心目的是让员工"服从"。服从什么呢？服从操作规范、规章制度、组织安排等一切需要服从的事物。这一理念和同时代的管理理论是相互统一的——泰勒的"科学管理理论"认为，工人就像机器的零件，他们只需要在正确的时间用正确的方法做正确的事情，以保证这台机器运转良好。显然，在满是流水线的工业时代，员工要做的就是"服从"而不是别出心裁地创新。如何保证员工的"服从"，让员工听话呢？用"胡萝卜加大棒"，听话给"胡萝卜"，不听话给"大棒"。

"知识经济时代"这个概念是20世纪90年代，也就是近二三十年才出现的，因此工业时代的理念还在广泛地影响着我们的管理工作，"奖惩"依然是当前大部分管理者最常用的激励手段。

在管理课堂上，我会邀请班上的管理者梳理出他们认为最有效的激励方式，无一例外地，大家列举的激励方案中80%以上都是升职加薪、奖金奖品、口头表扬、通报表彰、出国旅游、加班费等，还有就是与此对应的惩罚如罚款、批评、绩效差评等。这些激励措施归结起来，有以下两个特点。

1. 都是外部激励手段。即靠外部奖惩来寻求激励效果。
2. 对大部分管理者来说不可控。除了表扬和批评这样的非物质激励手段，其他激励手段并不受管理者掌控。也正是由于这些原因，管理者们才普遍认为员工激励是一个难题。

其中，第1个特点，既然选择了外部激励，就意味着我们不得不接受外部激励带来的负面影响；第2个特点，既然"激励资源匮乏"，就意味着大部分管理者需要寻求更丰富和有效的管理手段。对于更多的激励手段，我们将在后面的章节中介绍，现在，我们先集中探讨外部激励的利弊。

那么，外驱激励手段到底效果如何呢？《驱动力》一书中通过实验列举了这种激励方式的7个致命弱点。

1. 导致内在动机消失：会降低员工的自驱力。
2. 造成业绩下降：未必会产出最好的业绩。
3. 扼杀创造力：创造力会受到抑制。
4. 会抑制善行：原本出于善意的行为会被排斥。
5. 会鼓励欺诈、走捷径及不道德手段：可能会导致人们为达目的不择手段。

6. 让人上瘾：让员工对外部奖励产生依赖。

7. 滋生短视思维：关注短期收益，忽视长期回报。

不难发现，其中很多效果甚至和我们的目的不符，违背我们做激励的初衷，但是，上面的这些结论是有实验数据来支撑的，不容我们不相信。

除了上面的 7 个负面效果，很多管理者对"外部激励越用效果越差"这一现象是有明显感知的，而这一结果是外部激励不可改变的"宿命"。

无论是奖励还是惩罚，这类驱动力最大的特点是来自外部刺激。人对外部刺激的应对机制是增强免疫力，因为人对于外部环境总是倾向于"适应"。无论是用惩罚来"威逼"，还是用奖励来"利诱"，用多了就没效果了。古人也曾告诫我们"善用威者不轻怒，善用恩者不妄施"。要想保持激励效果，就不得不持续增加激励的"剂量"，而总有一天这样的激励成本会变得不可承受。

你可能会问，奖惩作为外部激励看似有百害而无一利，那么为什么还能被广泛应用，必有其道理吧？

实验结果显示，针对不同的事务特点，奖惩的激励效果会有明显差异：如果员工完成任务主要依靠机械技巧，那么奖惩就有显著的正向效果；而如果完成任务主要靠创新思维，那么奖惩就有显著的负向效果。换言之，奖惩在工业流水线时代有着很好的正向效果，只不过随着知识经济时代的到来，创造性在企业发展中的重要性日益凸显，人们才开始关注奖惩对于创造性工作的负面影响，并试图调适以符合新时代的要求。因此，奖惩作为激励手段并不是历史的"弃儿"，它在特定的任务中依然效果显著。而且，在下面两种情况下，奖惩作为外部激励手段，负面影响会有效降低，而正面效果会大大提升。

1. 外部奖励是员工预想不到的，对他们来说是"出其不意"的。
2. 外部奖励只有在工作完成后才给出。

其核心原则是，避免让员工建立这样的逻辑：做好这件事是为了获取奖励。如果你负责的是一个崇尚创造力的团队，就需要特别关注这个原则。

另外，非物质激励手段如表扬和正向反馈，其外部激励的负面危害较低，是一个可以常用的外驱手段。每位管理者都应该熟练掌握表扬技巧，在满足下面三个原则的基础上，可以多加运用。

1. 具体原则。是指表扬的内容和原因要非常具体，让员工和团队都知道他是因为哪一点得到了认可。比如"员工 A 非常主动及时地处理了一个线上故障""员工 B 在带新员工方面成绩突出"等。这样做，大家能够清晰地领会到你在倡导什么，而且还能有效防止对没有受到表扬的人造成负激励。倘若你泛泛地说"A 很积极主动""B 干得很不错"。其他人就会觉得不公平："我也很积极主动啊，而且我项目干得也不错。"因此，表扬一定要具体。
2. 公开原则。这个原则很简单，公开表扬有两大好处，一是被表扬的员工受到了更大的激励；二是你其实告诉了团队每个人，什么样的行为和价值观在团队是被认同和倡导的。因此，表扬要公开。
3. 及时原则。所有的期待都有时效性，表扬及时，其实就是对员工的反馈要及时，一个不及时的表扬不但会让激励效果大打折扣，还会让团队成员很不理解——"这么点事，至于拿出来说吗？"因此，表扬要及时。

关于驱动力 2.0 我们就探讨到这里，相信对于奖惩这种外部激励的适用场景及注意事项，我们已经有了充分的了解。

▶ **驱动力 3.0：内驱**

如果说驱动力 2.0 的核心是外驱力，那么驱动力 3.0 的核心就在于内驱力，也叫自驱力，强调的是员工的内在动机。具体是指哪些内在动机呢？丹尼尔·平克提出以下三个方面。

1. 主导自己的人生，即"自主"。
2. 延展自己的能力，即"专精"。
3. 让生活更有意义，即"目的"。

目前，驱动力 3.0 在企业，尤其是知识创新型企业里，被越来越多地应用和倡导，这既和公司的业务特点相关，又和社会已基本解决生存和温饱、人们开始追求幸福和意义的时代特点是紧密相连的。

你可能会说，"胡萝卜加大棒"都搞不定的激励问题，靠员工自驱岂不是更不靠谱？我们不得不面对的一个现实是：用驱动力 3.0 的思路来激励员工，不是我们愿不愿的问题，而是不可回避的选择。主要有以下两个原因。

1. 时代的选择。知识经济时代，员工的创造力能为公司创造更大的价值，而创造力需要的是自主和差异，这一点和工业时代的理念几乎是相反的。在工业时代，员工恪守规则、不出差错更能体现其价值，所以驱动力 2.0 的核心价值观是"服从"，而驱动力 3.0 的核心价值观是"自主"。显然，我们无法选择让时间倒流到工业时代，所以，我们只有努力去掌握如何使用驱动力 3.0 的方法激励员工。
2. 人的选择。随着中国经济和文化发展，物质奖惩和别人的评价变得不如从前那么令人关注。很多"90 后""00 后"职场人有着自己独特的工作价值观，尤其关注自己是否"愿意干"。随着时间的推移，驱动力 2.0 作为外驱手段，其效果还会持续变差。

既然不可回避，那究竟怎么激发员工的自驱力呢？丹尼尔·平克从自主、专精和目的三个方面给出了建议，我们详细介绍如下。

1. 提升员工工作的自主性。给员工一定程度的自主掌控感。
    - 首先是工作时间和地点上的自由度。弹性工作时间在互联网领域非常常见，这和互联网业务特别依赖员工创造力是分不开的。时至今日，依旧有不少管理者抱怨员工总是迟到。如果他们管理的是知识型工作者，我一般会建议他们把焦点放在对结果的评价上，而不是把焦点放在员工的作息习惯上，以结果为主线来自主管理，而不是用控制来管理，除非你们的行业性质更强调"服从"。
    - 其次是工作内容上的自由度。员工可以在一定程度上选择自己的工作内容。谷歌公司原来有一个"20% 自由时间"的策略，即员工有 20% 的工作时间可自由支配，其受到工程师们的热捧。因此，你在做季度规划的时候，也可以调查一下员工的意愿，看看能否兼顾个人兴趣和工作要求。
    - 最后是工作方法上的自由度。员工可以自主选择工作的实现方案，这在技术人的日常工作中是非常常见的。

    总之，一定的自由度会让员工更有自主掌控感，从而起到激发动力的作用。
2. 提升员工专精度，让员工持续成长。

    这里的"专精"强调的不是要设定目标去成为某个"专家"，而是强调"自主投入"的过程，为员工创造愿意自主投入的条件，因为只有自主投入才能带来专精。那么，需要创造哪些条件呢？

- 明确的工作目标。对员工的要求越清晰，他越愿意投入努力。
- 目标要略有挑战性。对员工的要求要有一定挑战性，但不能太高。要求太高带给员工的是焦虑；要求太低带给员工的是无聊。如果你觉得难以理解，回想自己玩过的游戏就明白了，游戏太难了容易让人放弃，太容易了又觉得没意思，难度适中的游戏最令人欲罢不能。
- 要能发挥其优势。每个人都愿意做自己擅长的事情，如果某项工作能发挥员工的独特优势，员工必定会投入热情。你可能会说，哪有那么多可以发挥员工优势的工作？我想说，优势是有很多层面的。你可能满足不了某员工所期望的工作内容，但是还可以在行为模式和思维模式方面考虑，例如某些人特别爱和人沟通协作，那就让他用沟通讨论的方式去工作；如果有人特别善于独立思考和筹划，那就发挥他的思维优势；有的人行动特别迅速，那就让他去快速启动一项工作。总之，千万别简单认为发挥员工优势，就是鼓励员工"挑活"，帮员工提供发挥优势的场景并不困难。

3. 提升工作的意义感和使命感。

现在越来越多的人开始关注工作背后的意义和价值。如果说驱动力2.0的核心在于"利益"最大化，那么驱动力3.0更强调的是"价值"的最大化，希望自己做出来的工作是有意义和价值的。

管理者可以亲身感受到，总会有一批人因为工作没有价值而离职，他们不是矫情，是真的需要看到自己给公司和社会带来价值。因此，管理者的一项重要修炼，就是去梳理团队的使命和项目的意义。我们在第4章探讨团队职能时，也提到一定要为团队设定基本职责和使命。还记得案例中那个测试经理吗？当他明白了自己的团队不仅仅是做测试的，而是整个公司产品和服务质量的保障者之后，激发了他的工作热情，这就是意义所发挥出来的作用。而在实际工作中，很多管理者分配工作的方式是直接交代做什么，并不会和员工去分享和探讨这项工作的价值，或是对团队和公司意味着什么，所以常常起不到激励效果。

关于驱动力3.0对于绩效的意义，丹尼尔·平克说："高绩效的秘密不是我们的生物性驱动力或者追求奖励、逃避惩罚的第二驱动力，而是我们的第三种驱动力，是我们想要主导我们的生活、延展我们的能力、让生活更有意义的深层欲望。"显然，他的说法适用于这个创新驱动的时代。

▶ **驱动力三阶段的关系**

通过对驱动力三个发展阶段的探讨，我们不难发现它们的核心逻辑。

1. 驱动力 1.0：生存需求。即"我要活下去。"
2. 驱动力 2.0：外部驱动。即"我不愿意这样做，要我服从得付我'痛苦钱'。"
3. 驱动力 3.0：内部驱动。即"我自己愿意这样做。"

我们把这三个阶段的内容要点汇总如表 5-4 所示。

表 5-4 驱动力发展三阶段

	驱动力 1.0	驱动力 2.0	驱动力 3.0
时期	200 年之前的大部分时期	近 200 年最为明显	正在发生
需求	生理需要（本能）	外部驱动——奖惩（服从）	内部驱动——自驱力（投入）
策略	满足生存和安全需要	• 寻求奖励 　◆ 晋升 　◆ 调薪 　◆ 表扬 　◆ 奖金奖品 　◆ 其他 • 避免惩罚 　◆ 罚款 　◆ 批评	• 自主——工作自由度 　◆ 工作内容可选择 　◆ 时间地点灵活 　◆ 方法可自主 • 专精——主动投入，持续成长 　◆ 目标明确 　◆ 略有挑战 　◆ 发挥优势 • 意义——超越自身的渴望 　◆ 认可工作的意义和价值

你也许会有疑问，既然驱动力是在不断发展的，那么驱动力 3.0 时代，是不是就不需要驱动力 2.0 和驱动力 1.0 的激励要素了呢？显然还是需要的，尽管驱动力 2.0 的激励效果在不断打折扣，驱动力 1.0 的关注度也在降低，但只是因为这些要素变成了基线。尽管它们作为激励手段的效果不佳，但一旦这个基线不能被保障，对驱动力的破坏将是致命的。

5.2.4 员工幸福感

中国职场人正在经历从温饱到幸福的需求过渡，工作中的幸福感成为很多职场人的诉求。如果管理者致力于员工幸福感的提升，不仅可以激发员工的工作积极性，还能提升员工的归属感和认同感。那么，如何提升员工的工作幸福感呢？

幸福是一个永恒的话题，"积极心理学之父"、美国心理学会主席马丁·E.P.塞利格曼在《持续的幸福》一书中，提供了一个"全面可持续幸福"模型，即PERMA（如图5-5所示），为我们提升幸福感提供了一个可操作的框架。

全面可持续幸福（well-being），并不仅仅是情绪上的快乐，而是指一种蓬勃的生命状态，马丁·塞利格曼把这种状态叫作盛放（flourish）。从图5-5可以看出，正面情绪（positive emotion）、人际关系（relationships）、投入（engagement）、成就（accomplishment）、人生意义（meaning & purpose）是支撑"全面可持续幸福"的五根支柱。管理者想要提升员工工作幸福感，也可以从这五个方面去开展工作。

来源：马丁·E.P.塞利格曼《持续的幸福》，2012

图5-5 积极心理学"全面可持续幸福"模型（PERMA）

1. 正面情绪。你在营造什么样的团队氛围呢？团队成员是彼此信赖、合作愉快、互帮互助的，还是抱怨指责、死气沉沉的？现在我们知道了，积极正向的情绪本身就是提升员工工作动力、增强员工留任意愿的重要手段，我们能为此做些什么呢？

2. 人际关系。在团队工作中，你做了哪些工作来提升员工的归属感、融入感呢？你是否设计了一些活动和机制，让彼此之间更愿意互相支持？比如为每位新人指定导师，你做了吗？

3. 投入。你为员工自主投入提供条件了吗？如前面我们所提及的，为员工设定清晰的目标，给他们适当的挑战，并支持他们发挥自己的优势，可以帮助员工提升自主投入的意愿,体验到"心流"带来的愉悦。

4. **成就**。迎接挑战并取得成就,是大部分工程师非常享受的事情,但是这需要一个前提,就是我们对于"成就"的刻画和设计——把日常工作项目化,把大型项目里程碑化,这样做的目的是给出目标然后看到结果。安排工作时,尽量避免用"任务性语言",而多使用"成果性语言"。比如你交代一项工作给员工,你可以有两种说法。

   - 任务性语言:"把项目 A 抓紧做一下吧,下周要发布。"
   - 成果性语言:"项目 A 的结论,会帮我们有效评估是否在这个方向上持续投入,下周就要做出决定,所以,你看下周能否搞定?"

   显然,成果性语言会让员工觉得自己的工作很有价值,完成之后也会很有成就感。

5. **人生意义**。这个维度在前面探讨驱动力 3.0 的时候,我们已经探讨过了,定义你团队的使命和愿景,并向团队有效传达,为大家的工作赋予更高的意义和使命,不仅仅是驱动力,还是员工工作幸福感的五大支柱之一。

以上五根支柱,每根支柱都对应着一类管理工作,这类工作既然能提升员工幸福感,那么也就可以作为激励手段,这对于关注工作幸福感的员工会很有成效。

5.2.5 激励方案设计

前面,我们系统地梳理了一遍激励体系所涵盖的各个要素,也就是实施员工激励的着手点。接下来,如果要设计一个激励方案,要考虑哪些问题呢?我知道有些管理者不考虑这个问题。但是,如果要想取得激励效果,又不会产生负面效应,以下几个问题要想清楚。

1. **激励对象**。明确该激励方案是针对某个人、某个群体还是团队全员。例如某个特定项目成员、新人导师,这都是特定的群体。
2. **激励目的**。明确该激励方案所达到的效果。例如提升新人导师的带人意愿、激发某员工对技术深入探索的热情等。
3. **激励类型**。主要是区分清楚该激励方案重点在于短期效果,还是长期效果。例如激发项目组成员打好攻坚战,重点在于短效;而激励员工成长,则聚焦于长效。

4. 激励手段。所谓激励手段，就是选择在什么激励要素上开展工作。驱动力三个阶段的各个要素，以及 PERMA 的五个要素都可以考虑。比如在物质奖励上做文章，在通报表彰上做文章，在目的和意义上做文章，在人际关系上做文章等，根据不同的激励对象和激励目的，选取合适的激励手段即可。

5. 激励对象的情况。实际上，在选择激励手段的时候，已经对激励对象有足够的了解了。这一步只是为了重新评估激励手段的有效性。例如该对象的激励基线是什么？只有明显超过这个基线才有激励效果，如果低于这个基线，就会造成负激励；同时，弄清楚该对象的核心诉求，有助于达成高性价比的激励效果。例如有的员工希望被尊重，远胜过成就，那么要做的就是让他感受到被尊重，而不是渲染成就感。

6. 合理性评估。主要是评估两方面：一方面是成本，即你为此激励方案投入人、财、物、时，从性价比角度来看是否合理；另一方面是风险，即此激励方案可能对谁会带来明显的负面影响。

7. 激励时机。为了达成目标，激励时机的选择也非常重要，例如是事前还是事后，是平时还是特定时机节点，需要把握好。

当然，上述问题是针对系统的激励方案，平时即兴的一次表扬，只要遵循几个基本原则即可，前面我们已经介绍过。对于系统的激励方案的思考，也可以参照图 5-6 进行。

激励草案	
激励对象	个人 / 特征群体 / 全员
激励目的	
激励类型	短效激励 / 长效激励
激励手段	1. 2. 3. 附激励要素 驱动力 1.0：生存、安全 驱动力 2.0：奖励、惩罚 驱动力 3.0：自主、专精、目的 PERMA：情绪氛围、人际关系、投入、成就、意义

图 5-6 激励草案参考

激励草案		
对象情况	优势：	
	基线诉求：	
	核心诉求：	
合理性评估	成本（人、财、物、时）：	
	负面影响（对团队内外会有哪些负面影响）：	
实施时机		

图 5-6　激励草案参考（续）

5.2.6　激励挑战的应对

前面的几节内容，我们相继介绍了马斯洛需求层次模型、驱动力三阶段理论和全面可持续幸福模型（PERMA），这几个模型从不同的角度和层次阐释了人的动机和需求，从而帮我们为激发员工的动力提供了丰富的视角和切入点。还记得我们前面提出的三个挑战性问题吗？我们再来回顾一下，并总结相应的对策。

1. 激励认知不系统。上述三个激励理论，尤其是驱动力三阶段理论，为激励要素提供了系统的框架，因此我们明确了所有的激励手段在哪个层次上发挥作用。
2. 激励手段匮乏。通过三个激励理论的探讨不难发现，实实在在的物质激励和奖惩只是激励的一部分手段，还有驱动力 3.0 及 PERMA 模型的诸多要素可以激发员工积极性。
3. 激励不得要领。显然，做员工激励并不是把别人说过的激励手段拿过来做一遍那么简单，每一个激励方案都需要去思考和设计，"一刀切"的激励手段粗暴，没有成效。

通过本节的探讨，希望管理者有以下几个收获。

1. 激励的认知，从单一的激励维度，升级为立体的激励体系。
2. 激励的功夫应用在平时，而不应靠一些临时性刺激方案来做好激励。
3. 了解设计一个激励方案所需要考虑到的各个要素，并能够操作。

5.3 团建要素3：分工

前面我们探讨了如何提升团队中每个个体的战斗力，并从能力和意愿两个方面探讨如何提升。接下来的问题是，每个个体的战斗力都很强，整个团队的战斗力就会很强吗？

凡是学过中学力学的读者都能脱口而出："不一定。"因为只有在大家努力方向一致的时候，团队的"合力"才会最大。这个道理用"马车模型"来打比方会更易懂，当拉车的各匹马用力方向不一致的时候，马车甚至会一动不动，所以需要用一个"联动结构"来保证每匹马用力的方向是一致的。关于一群马的联动结构的设计，对应到团队管理中，就是如何做好人员安排和工作职责划分，以实现最高效的合作，这个管理要素叫作"分工"，它是团队在职责上的分布，如图5-7所示。

图5-7 "马队"分工示意

5.3.1 分工的目的

说起分工似乎大家都懂，不过，你是否真的清楚分工的目的呢？

越是司空见惯、习以为常的事物，就越容易被忽略，所以很少有管理者深入思考这个问题，很多人的第一反应是为了追求更高的效率。我想说的是，如果要追求高效率的话，应该减少分工，因为合作的人越多效率越低。我们时不时就会听说，某个团队裁掉一批人后业绩不降反增，为什么呢？抛开激励因素，还有一个原因是，如果协作不好的话，分工只会让效率变低。

那么，究竟为什么要分工，分工能给我们带来什么收益呢？主要有以下三点。

1. 为了实现规模化。通俗点说，就是为了干大事。因为干大事需要很多人，当很多人一起做事的时候，就得有一种方式来容纳这么多的人，这个容纳方式就是分工。因此，分工不是为了高效，而是为了能容纳更多的人来一起干更大更复杂的事情。做简单的小事情，是不需要分工的。因此，要想把整个社会的人都容纳进来，就需要三百六十行、三千六百行甚至三万六千行，如此，整个社会才能做更宏伟的事业。

2. 为了实现协作。到底是因为分工才需要协作，还是因为协作才需要分工呢？先有协作的需求，才有分工。换句话说，分工是手段，协作是目的，分工和协作是不能割裂开的。因此，如果你有一个分工方案对协作不利，就本末倒置了。你可能会很惊讶："还有分工会妨害协作的吗？"有很多！因为很多管理者分工并不是为了协作，而是想当然觉得该分工，也许分工只是为了让大家都有活干，或者是为了平衡团队成员利益关系，等等。我倒是不反对这些做法，但前提是你要清楚分工是为了更好地协作，如果妨害了协作关系，你就需要权衡了，应该先弄清楚自己想要的是什么。

3. 为了实现专精。时代发展需要全才，也需要专精人才，分工为这类人才的成长提供了很好的条件。他们可以把时间、精力和长期的练习都聚焦到某个点上，更容易实现专才对于某项技能或某个领域的精细掌控。而且，由于精细化分工只需要每个员工关心单一的工作内容，因此管理者更容易用人之长、避人之短，让专业的人做专业的事。

既然我们是出于规模化、协作和专精的目的来进行分工的，那么，在分工时不能忘记这个初衷。

当然，分工还能带来很多附加效果，例如人力资源配置优化、人才获取成本降低、员工工作积极性提升、执行效率变高等，这些都是好的方面；协作不好的分工也会带来很多负面影响，例如视野狭窄、能力单一、恶性竞争、推诿扯皮等。因此，并不能简单认为分工一定是件好事，分工是不是好事取决于分工后的协作效果，协作效果又受限于管理者的管理水平。因此，管理者的工作是多么有意义啊。

5.3.2 常见的组织结构

由于分工的不同，团队会呈现出不同的组织结构，那么常见的组织结构有哪些呢？在互联网领域最常见的组织结构有两类：一类是矩阵（matrix）式结构；另一类是业务单元（business unit，BU）式结构。

1. 矩阵式结构。可以这样简单地理解：员工按照角色组队，划分成不同的角色团队，每个团队都有自己的负责人。要做项目的时候，会有专门的项目经理来向各个角色的负责人协调人力，然后把申请到的各个角色的人组织在一起去完成这个特定项目。一旦项目完成之后，人员将回归自己团队去接受新的项目。这样一来，人力资源是按照角色"横向"来组织的，而项目执行是按照任务"纵向"来推动的，这就形成了一个纵横交错的矩阵式结构，所以叫矩阵式组织结构。

   这类组织架构的好处是各个角色团队的专业度都很高，而且角色归属感比较强，资源调配灵活；不足之处是项目执行起来较为低效，因为每次都要重新申请人力，而且每次项目的团队成员都需要重新磨合。IBM、微软的很多部门都采用类似的组织方式，它们把专门做项目管理的职位叫"项目经理"，和互联网公司既带人又做事的"项目经理"不同的是，他们主要聚焦于项目交付，不对人的发展负责。

2. BU 式结构。直译过来就是"业务单元"式，也叫事业部制。是指做某项业务所有的人员和资源都统一调配，无论这个事业部是大是小，都角色齐全。这样做的好处是团队协作效率高，团队长期合作磨合充分，执行快速；不足之处是各种角色都要有，资源冗余和浪费比较多。另外因为某些角色不在业务主干上，团队规模比较小，能力要求也不高，所以其角色专业度很难提升。

上面两种组织结构各有利弊，在很多互联网公司都在并行使用，甚至嵌套使用，并不冲突。可以根据自己业务特点、公司规模、发展阶段去选择合适的组织结构。

5.3.3 常见的分工问题

如果你还是一位基层经理，团队规模小，角色单一，那么不涉及前面说的组织结构的问题。对你来说，团队分工更多是指内部人员的工作安排，这会有哪些常见的问题吗？接下来，我们就把视角从团队外拉近到团队内来看。

对一个具体的团队来说，工作安排没有一定之规。因为这和具体的业务情况、员工状态、团队目标都紧密相关，很多事情为了应急还会临时调整，所以怎么分派工作，应该以实际情况为准。但是，需要特别关注以下两个常见的误区和原则。

1. **分工模糊的问题**。分工模糊是最常见的一个分工误区，有些管理者为了能够让大家互相补位、主动承担、增强互助，还会刻意模糊边界。朋友圈也时不时就会有一篇文章倡导"去边界化"，或者"边界模糊化"，我非常理解这种做法的初衷，但是，任何不以分工清晰为前提的边界模糊化，结果都会事与愿违。为什么呢？因为只有明确的分工，才能让员工清楚自己的职责，只有清楚职责，才能带来归属感，才愿意主动多付出一些。所谓"多付出一些"是什么含义？就是在清楚自己该做什么的基础之上，又多做了一些，这是所谓积极主动的体现。如果没有职责边界，总是催促我要积极主动，那么我做了什么才叫积极主动呢？显然无法回答。作为管理者，此时你如果随便列举几个做法，是不能令人信服的。因此，我不是反对"去边界化"，而是强调在"边界模糊"前面要加上"分工明确"这四个字，此时的"边界模糊"其实是期待员工在协作中跨出边界。
2. **分工稳定性的问题**。分工需要尽可能稳定，只有稳定的分工才能体现出分工的价值，例如对某项工作的专精、员工的归属感等，所以，分工能稳定的话，就最好稳定。但是，有两个因素让分工很难稳定下来。
    - 一个因素是来自业务调整，团队组织结构也不得已随之而变，管理者就需要对团队成员进行工作再分配。这种调整比较被动，要遵循"尽可能稳定"的原则，因为变量越多，不确定性就越大。
    - 另一个因素是管理者想主动调整分工。调整的原因可能很多，其中应该有一个原因是意识到长期稳定的分工带来的局限和怠惰。分工能带来专精，但也带来了割裂的视野，所以很多管理者会通过"轮岗"的方式来提升员工的能力和全局观，我认为这种主动求变的意识非常好。同时，因为是主动求变，意味着这种变化在你的掌控之内。

总之，分工的稳定性需要把握一个度，并不是越稳定越好，当然，频繁调整肯定是不合理的，因为分工希望达到的效果，会因为分工的频繁调整而无法达成。

5.3.4 虚拟组织

最后，我们来探讨虚拟组织。

虚拟组织又叫虚拟团队，是为了某个特定的目的和工作内容把大家组织到一起的。有时是为了一项临时性工作，工作做完之后就解散了，这叫作临时性虚拟组织；有时是为了一项长期的工作，会一直持续很久，就变成了一个长期存在的虚拟团队。

为什么要组建虚拟团队，虚拟团队有哪些好处呢？大体有以下三点。

1. 高效执行。虚拟团队组建的初衷一般都是实现专人专事、聚焦目标、高效执行。因此虚拟团队比一般的联合项目组，在执行上要更高效。
2. 资源配置合理。对很多工作来说，专门组建一个团队不值得，但是又时不时需要设立新项目，虚拟团队就为这类需求提供了解决方案。大家可以因为做事走到一起，但又不是一个独立预算的团队。
3. 保持归属感。为了做一些紧急项目，管理者往往会随意抽调员工，这样的事情常发生，员工的归属感会减弱，边界感会消失，慢慢员工就认为自己在"打杂"了，因为他找不到自己的位置了。而虚拟团队本身就带有"借调"的味道，并不影响员工认定自己"本应"的位置，所以，不会影响员工的归属感。

既然虚拟组织有这么多好处，那是不是就应该多采用这种方式？答案是否定的。这涉及使用虚拟团队这种方式需要注意的几个原则。

1. 专人专事，不宜太多。虚拟组织往往是专人专事的，代表着足够高的重视和足够高的要求，所以对应也要有足够多的资源投入。你不可能把所有的事情都列为重要的事情，也不可能让所有的事情都专人专事。因此，"好钢用在刀刃上"，虚拟团队不宜太多。
2. 认同员工价值。虚拟团队除了专人专事，还往往出现在跨团队的合作中。既然你同意你的员工加入这个虚拟组织，无论做出来的业绩是不是你最看重的，都要认可他的价值。常见的一个问题是，管理者常常以员工的产出对自己团队价值不大为理由压低员工绩效，这是典型的让员工背负管理者的决策后果，很不可取。
3. 目标明确，职责冠名。每个虚拟组织建立起来都是为了特定的目的，所以组建每个虚拟团队的目标要非常清晰，并且向团队每个人都要传达到位。为了进一步提升责任感和归属感，很多管理者会把职责冠在团队名字上，这非常好。比如"100天战队""用户体验优化小分队""架构迁移大队"等，非常生动形象。

第 5 章　团队建设

当然，还有一些学习型虚拟组织，比如技术交流小组、项目负责人小组等，这些虚拟组织出于学习目的，不涉及工作分工，因此，不在我们此时的讨论范围内。

5.4　团建要素 4：协作

在 5.3 节我们探讨了团队分工的一些方法和要点，主要是为了让团队成员可以在同一个分工框架下，劲儿往一处使。放在"马车模型"中，就好似用车辕等"连接结构"使每匹马都往一个方向拉车一样。如果各匹马拉车的方向一致了，并且每匹马都用力，马车不就快了吗？显然，还有一个因素要考虑，那就是要看马匹间的步调和节奏是否一致，以及相互之间的配合是否默契。这对应到团队管理中，就是团队成员之间的协作水平和默契程度。这就是我们团建六要素中的第四个要素——协作。

协作到底有多重要？它和分工之间的关系是什么？

分工明确只是具备了合作做事的前提和基础，真正能够让大家良好互动并产出业绩的，是协作。换句话说，分工是一个"静态概念"，而协作是"动态概念"。工作成果是通过协作做出来的，而不是通过分工分出来的。如果说分工是一台计算机的硬件，决定着各个计算机组件的拼接关系和基本性能，那么协作就是这台计算机的软件，是软件的运行让这台计算机真正运转起来，成为真正的生产力工具。

5.4.1　何为良好协作

关于协作，什么是我们追求的目标呢？何为良好协作呢？

我们听到过很多关于协作的形容词，例如，"紧密的""顺畅的""高效的""默契的"……总之，所有能够用于个体之间良好互动的词汇，都可以用在这里。对于高度的默契，一位资深管理者做过很生动的描述："只要一句话，甚至是一抬手、一个眼神，对方就知道是什么意思，我想要什么。"这听起来是多么美妙啊。

高度默契，是我们要追求的一种良好的协作状态，这种状态很容易被感知，但很难被量化。而且对默契程度的追求是永无止境的，默契程度越高越好。然而，无论多么默契，都永远达不到像一个人驾驭自己的身体那么协调一致。不过，虽然这种高度的协调一致无法达到，但是为我们提供了一个努力的方向——我们团队的协作水平，就要"像一个人那么默契"。

5.4.2 如何提升协作水平

那么，作为管理者，我们应该如何不断提升团队协作水平，朝着"像一个人那么默契"飞奔而去呢？

可以从以下四个环节提升协作水平。

▶ **整体统筹**

整体统筹，也就是，作为管理者，要有意识地统筹协作，而不是放任自流，任其发展。

这就好像一群马拉着一辆马车，虽然马车结构可以让这群马往一个方向拉车，但还是需要车夫来统一指挥、总体协调。作为团队的管理者，至少要统筹好以下几件事。

1. **评估协作水平，找到工作重点**。对于协作水平，虽然我们很难给出一个明确的衡量标准，但是协作水平属于"优良中差"中的哪一档，还是能感觉出来的。管理者需要对团队各成员间的协作状态进行评估，给出提升协作水平的工作方向和重点，也就是回答好问题：当前协作中的主要问题是什么？做什么事情可以明显提升协作水平？
2. **主张并推进各项工作**。要把"协作很重要"的理念贯彻给团队成员，并推进一些让员工能切身感受到的措施来促进协作。例如完善协作流程、组织团建活动等，具体实施可以委托给别人去做，但是管理者要操这份心，做好整体统筹。
3. **整体协调、提供仲裁**。由于协作是一个"动态过程"，员工在协作过程中肯定会出现各种各样的分歧和摩擦，管理者此时要把解决分歧作为改善协作关系的契机，做好整体的协调和仲裁，避免矛盾激化，通过消除不利因素取得积极的效果。在这里，管理者要充分认识一点：解决协作中的分歧和矛盾，恰恰是提升协作水平最有效的手段。因此，遇到冲突，非但无须害怕，还要格外珍惜。

▶ **建立机制**

员工间不会因为员工都积极主动就能协作好，管理者要提供模板和指导，避免混乱和不知所措。

这就好像小朋友在沙滩上玩沙子，并不会因为沙子可塑性好，就能自动形成各种规则的形状，而是要靠一些模具来把沙子拢到一起，形成一个特定的沙雕作品。同理，员工之间该如何协作，不是自然而然就清楚的，需要管理者建立一些机制来指引大家。和沙子不同的是，人有学习能力，一旦形成了协作习惯，以后大家就知道该如何协作了。但是管理者要清楚，协作之初的指导是必不可少的，因此要建立必要的协作机制。

▶ 提升互信

除了规则和机制，协作水平还和员工间的互信度关系很大。员工互信度高的团队，在协作上也更顺畅和默契。那么如何提升员工互信呢？

1. 深入而立体的相互了解。真正的信任都是建立在相互了解的基础之上的，管理者多创造一些增进员工彼此认识和了解的机会，能明显提升互信效果。
2. 有针对性的团建活动。大多数管理者都有搞团建活动的意识，但只有经过设计的、有针对性的团建活动，才能提升员工互信。关于如何才能组织出收效显著的团建活动，我们将在 5.7 节中专门探讨。
3. 增加合作机会，共同面对挑战。通过长期的共同工作来提升互信。信任并不会因为我们清楚怎么增进信任而自动提升，信任是靠不断共同合作"养"起来的。因此，我们希望增进哪些人之间的信任，就在安排工作时，多给他们共事的机会，尤其是在共同面对挑战的时候，人们会更加依赖彼此。

▶ 不断练习

如前面所说，信任不是靠喊口号、提要求就能提升的，而是通过不断共事，在过程中不断练习和积累的。很多管理者只是一味地强调：

- "大家要团结协作"；
- "大家要有合作意识"；
- "大家要互相信任"。

说这些话没错，但是只是说说，并不能提升成员间的协作水平，而是要行动起来。对管理者来说行动就是：把自己放在整体统筹的角色上，建立有效的机制来"扶着"大家练习协作，采取一系列的措施来增进大家的互信，并且在实际的工作中不断地练习。

提高团队的协作水平，不是一朝一夕的事情，功夫都在平时的合作中。可以通过上述四个角度的工作，把默契度逐渐积累起来，如图 5-8 所示。

图 5-8　提升协作水平的四个环节

如果只用一句话来回答如何实现个体间的良好协作的话，那就是——有默契的时候靠默契，没默契的时候靠机制。

5.5　团建要素 5：梯队

前面已经探讨了能力、激励、分工和协作这四个团建要素，这四个要素组合起来就实现了个体战斗力和团队战斗力的有力输出，但是它们并不能保证团队会有持续的战斗力。因此，在评价一个团队是否优秀的时候，也会关注可持续性，或者叫韧劲。对管理者来说，能够带着团队把一件事做好，只能算是一个好的项目经理（特指以项目交付为目标的 Project Manager），只有能够带着团队持续不断地把一件又一件的事情做好，才算是一个好的团队管理者。因此，团队是否有可持续性，也是考量管理者价值的一个很重要的维度，它体现这个团队是否健康，是否有耐力和韧劲——耐力让团队走得远，韧劲让团队走得稳。

在第 2 章中提到，提升一个团队的耐力和韧劲，增强其可持续性，可以通过两个要素来做工作：梯队培养和团队文化。一个团队的梯队，就好像一个团队的骨架，骨架是否健康良好决定了团队是否健壮；而团队文化就好像团队的气质和调性，它会吸引志同道合的人持续加入，而把不符合团队气质的人筛选出去，越来越鲜明的团队价值观让大家紧密地聚拢在一起，让团队越来越"结实"，越来越经得起折腾，从而不断增强团队的耐力和韧劲。

关于团队文化的打造，我们将在 5.6 节专门介绍，现在我们讨论梯队建设这个话题。

通常所说的"梯队建设"，其实包含了"梯队规划"和"梯队培养"两个部分内容，其中规划和培养的关系，类似于"计划"和"实施"的关系，即"想"和"做"的关系。梯队规划的部分，我们在前面介绍"规划四要素"的时候做过介绍，现在，我们把焦点放在如何培养梯队上。

所谓"梯队培养"，实际上就是选拔一些人，把他们培养成团队的核心骨干。其中包含了两个部分的工作，一个是选拔和物色培养对象，另一个是培养这些物色出来的候选人。

5.5.1 如何选才

关于人才的选拔和物色，是一个仁者见仁智者见智的话题。有"务实"派，认为"能者上"；有"务虚"派，认为"有德者居之"；有"现实"派，认为"能自己冒出来的才是人才"；有"理想"派，认为要"德才兼备，宁缺毋滥"。在我看来，管理者可以有自己的人才观，但是物色培养对象起码要符合"保持人才选拔和团队建设的一致性"和"重视和你互补的人"两个原则。

▶ **保持人才选拔和团队建设的一致性**

也就是，你对核心人才的选择，需要和你做团队建设的理念保持一致，主要体现在能力、协作和文化三个要素上。

1. 能力。其个体能力和业务特点是否相匹配，其能力潜质是否可培养。一般来说，技术团队的梯队，个体的专业能力肯定要比较强，至少在业务特点方面要匹配。例如对于功能交付的团队,其功能开发质量和效率是否突出;对于算法团队,其算法能力是否良好等。这是一个团队的能力"基因"。
2. 协作。其协作的意识和能力,与团队的要求和期待是否匹配。一般来说,只有团队的核心骨干都有比较好的协作意识,才可以干更大的事情,才可以发挥一个骨干需要发挥的作用。尤其当团队特别强调协作的时候,如果他在协作上明显不足,你就要考虑他作为培养对象是否合适。
3. 文化。其行为风格和价值观,与团队文化价值观是否匹配。例如,如果你的团队倡导"积极主动"或"自驱"的团队文化,那么一个专业能力很强但是被动的人是否值得你培养?如果你的团队提倡"强执行"的做事理念,那么在执行上有明显短板的人,就需要你慎重考虑了。

所以,选拔好的高潜人才和培养对象,应该和你做团队建设是一脉相承的。应避免一方面倡导和推崇某个理念,而在选人上又是另外一个理念。注意我这里强调的是一致性要求,而并没有说什么样的人一定是好的,因为"好"这个字充满了个人偏好,没有定数。

▶ **重视和你互补的人**

和你相似的人才是人才,和你互补的人才是更宝贵的人才。如果说上一条原则我们强调了价值观层面的一致性,那么这条原则就是在强调行为风格和思维方式的多样性。

管理者作为成长发展方面的"成功人士",多少都会有些"成功路径依赖",即认为"类似自己这样的人才是好的",所以很多管理者自然而然地会喜欢用和自己风格相近的人。事实上,风格相近的人协作效率的确会高,但是缺乏更丰富的洞见和视角。而在信息时代,多元才能带来更大的创造力,所以在价值观相近的情况下,行事风格和思维方式与自己不一样的人,更值得我们关注。例如,如果你是一个做事非常细致谨慎的管理者,不妨选拔一些行动特别迅速的人;如果你是一个特别关注事的管理者,不妨选拔一些特别关注人的人,等等。

5.5.2 如何育才

人才物色出来,该怎么培养呢?有三件事很重要。

第 5 章 团队建设

▶ **对齐期待**

对齐期待，即管理者和员工对该员工个人发展的期待达成共识。常用的方式是 IDP，即"个人发展计划"。

关于 IDP 的制定，每个公司都有自己的模板，按要求定制就可以了。我的习惯是把绩效计划和 IDP 合二为一，这个整合方案的前半部分是关于绩效的约定，比重在 80% 左右。换句话说，培养人才也是要以做出绩效为依托，而不是为了培养而培养。后半部分是关于成长的约定，比重在 20% 左右，主要约定了未来的一个绩效周期内，个人需要特别聚焦的成长有哪些，并通过"把哪几件事做到什么标准"来体现，也为之后的评估和反馈提供了一个参照。

在对齐期待的环节，有一个原则需要重视，就是不承诺。在和培养对象共同制定培养计划的时候，最好秉承不承诺原则，即"我培养你，但是不承诺为你做职位晋升"。很多管理者为了激发培养对象的成长动力而采用的常用句式是，"如果你干得好，将会……"。我的建议是，只明确培养的意向和计划就足够了，不要做出成长之外的承诺。这有两个方面的原因。

一方面，他能否成为团队核心骨干，晋升到某个岗位，是靠他自己的影响力，而不是靠你们的约定和承诺。

另一方面，为培养失败留下退路。如果你承诺了，一旦未来兑现不了，这个人很大可能就流失了，而如果你们聚焦于个人的成长而不是承诺，那么就不存在失败之说，即使没有培养成为你期待的骨干，也有各种方法继续激励和留用他。

当然，IDP 只是一个手段，只是为了对齐你和培养对象各自的期待，让他清楚你关注和在乎的是什么，在这件事上达成共识，从而形成良好的互动和有效的反馈。

▶ **做好授权**

做培养计划只是第一步，能力和影响力都是在实战中积累起来的，这就需要给培养对象提供发挥空间和做事的机会，让他在"事上练"，这就不可避免地要做工作授权。

关于授权，管理者大多都有自己的心得，我列出一个表（如表 5-5 所示），供读者参照和查漏补缺。

5.5 团建要素5：梯队

表 5-5 工作授权三段法

阶段	要点	示例 1（被动授权）	示例 2（主动授权）
事前	1. 审视初衷	"做项目人手不够"	"某人需要锻炼和学习"
	2. 明确期待	"这个项目最核心的是进度"	"对这个业务以及相关的人熟悉起来"
	3. 听其思路	"你就按我的方法做"（不听）	"你打算怎么做"
	4. 重要约定	"每周三、五通报进展"	"你觉得可能延期时跟我说"
事中	1. 了解进展	每周三、五检查和询问进展	不主动询问进展
	2. 给予支持	指导："这事这么来做……"	教练："你需要什么样的帮助？"
事后	1. 评估结果	项目结果不错，这种规模的项目是可以的	进步明显，但离期待还有差距
	2. 洞察优势	行动迅速，做事情快	周密严谨，靠得住
	3. 积极反馈	"整个过程中，有三点做得特别好"	"我看到你在××事情上特别擅长"
	4. 一条改进	"如果和××沟通主动些就更好了"	"希望主动通报进展"

工作授权，并不只是用于人才培养，还可能是自己应接不暇时，迫不得已把一些工作授权给员工来做，这种授权以交付结果为核心目的，姑且叫作"被动授权"，我们会在第6章中介绍。今天我们探讨的是用于培养人才的"主动授权"，也就是表 5-5 中的"示例 2"。需要注意的是，我用的是"示例"这个字眼，而且其中有很多带引号的描述，表示这不是一个标准的做法，而是按照左侧的"要点"举的例子，为了方便理解这些"要点"而做的示范。

下面我对要点清单逐一做一个说明。

1. 审视初衷。管理者要审视自己想在此次授权中收获什么，是想把某件事做出来，还是想把人带出来，还是其他？你可能想说，我都想要——不是不可以，但是总要有一个先后主次。明确初衷，是为了避免"什么都想要"这种心理导致决策标准模糊。

2. 明确期待。如果说"审视初衷"是为了明确想要什么，那么"明确期待"就是为了让培养对象清楚你对他的期待是什么，也就是你们就授权目标达成的共识。既然是目标，就需要符合 SMART 原则。这一点是管理者普遍能够想到的，可能会有不同的表述，例如明确要求、明确口径、明确边界等。

3. 听其思路。对于这一点很少管理者能想到，大家往往想到的是在授权过程中如何把控风险。事实上，当交代好授权任务之后，先听听他对这项工作的看法和思路，就可以大体判断出，他独立负责这项工作到底靠不靠谱，这不失为风险把控的良方。

4. 重要约定。管理者需要对自己特别关心的事情和他做一个约定，例如在什么情况下他需要告知你。这里我想强调的是，既然是授权，最好不要动不动、时不时就去询问和干涉他的工作。在"向上沟通"的访谈中，很多人都非常反感和抵触上级"时不时就过来问进展"，因为在他们看来，这是上级的不信任。因此，关于怎么检查进展，最好提前有一个约定。

5. 了解进展。管理者大多能够想到这一点，就是在工作进展过程中要了解进度、评估风险，而不是交代任务后就撒手不管了。

6. 给予支持。在工作执行过程中，管理者需要给予必要的支持和帮助，这一点也是大部分管理者能够想到的。在人才培养的主动授权中，采用教练式的引导和启发，而不是直接告诉答案，能更好地帮助他掌握工作技能。

7. 评估结果。对于任何一次授权，针对授权对象的工作结果和表现给予有理有据的评价和及时的反馈，都是必要环节。有些管理者在工作完成之后认为事情就了结了，这会导致授权的效果大打折扣，因为对人的培养和激励，都蕴含在反馈之中。

8. 洞察优势。盘点在整个授权过程中，授权对象所表现出来的突出优势有哪些，例如特别谨慎周密、特别有责任心、思路特别灵活、特别善于合作、善于沟通表达等。在他的工作表现中，你会对他有更多的认识和了解，也会在以后的授权中有更好的匹配。

9. 积极反馈。对于授权对象的工作，一定要给出一些"正向"的反馈，即肯定做得好的方面。主要目的是告诉他，哪些做法是我们推崇和提倡的，需要持续保持和增强，同时起到激励的作用。

10. 一条改进。就是要给出一两条改进建议，也许他需要改进的地方非常多，但是需要明白，要想取得良好的改进效果，就要逐条改进，所以，不妨先提出一两条建议，剩下的以后再说。

以上就是授权的 10 个要点，我把它们划分为事前、事中、事后三个阶段。从要点的分布不难看出，授权的重点在于事前的安排和事后的反馈——既然是授权，事中最好不要干涉太多，只做约定好的跟进和支持即可。

▶ 建立反馈

在前面我们探讨授权要点清单的时候，已经提及了在授权工作中反馈的重要性。现在，我们进一步探讨如何建立反馈机制。

1. **建立周期性沟通机制**。与重点培养对象建立周期性的沟通机制，让沟通常规化，而不是想起来才沟通，想不起来就不沟通，这样随意的沟通不系统，也不深入。至于周期是多长，和你的具体情况和具体需要有关，通常来说，两周是一个合适的周期。
2. **评审 IDP**。IDP 做出来之后只是体现了一部分价值，即双方明确了目标和期待；对于 IDP 执行情况的评估和反馈，才能体现 IDP 的更大价值。因为只有在反馈中，你们才能对齐对各项工作的看法和观点，这里蕴含着关于是非对错的判断标准，还蕴含着指导和激励。这个工作和绩效沟通类似，在第 7 章介绍绩效沟通的时候，我们会详细讨论。
3. **安排第二导师**。为了使培养对象更好地成长，也可以为他安排一个除你之外的"指导老师"，这个导师未必是团队内的，团队外的人也常常效果不错，只要是你信任和认可的人就可以。

这样，核心人才的多角度的反馈机制就建立起来了。

以上就是核心人才培养的三个管理动作：

1. 通过制定培养计划对齐培养目标；
2. 通过授权来培养特定能力；
3. 通过持续反馈来辅导和激励。

不断重复这些管理动作，把核心人才培养到我们期望的水平，使团队的能力分布更加合理，从而收获我们期望的梯队结构，提升团队的耐力和韧劲。

5.5.3 梯队建设的挑战

本节已经介绍了梯队建设的方法，在实际的管理工作中，这些方法和步骤掌握起来并不困难，更大的挑战来自这样的状况：

"团队一个萝卜一个坑儿，骨干员工都很忙，根本没法做梯队建设。"

这是很多管理者给我的反馈，意思是想做梯队建设，但是实际情况不允许。那该怎么办呢？

诚然，活多人少是很多团队的常态，骨干员工由于独当一面，工作安排得更加紧凑，想让他们抽出时间、精力来做"额外"的工作以形成梯队互备，确实相当困难。这是现实情况。可即便如此，这个问题还是有解的，接下来我们一起来看看。

前提是要破除一个基本认知。"一个萝卜一个坑儿"和"做梯队建设"这两件事，在时间、精力上的确会产生冲突，却不是不可化解的正面冲突："一个萝卜一个坑儿"中哪个萝卜负责哪个坑，是关于"职责"的分布问题，也就是前面我们讲过的分工的概念；而梯队建设是关于"能力"的分布问题。职责的分布和能力的分布当然有关系，甚至会有冲突，但是既然是两个不同的管理要素，就不会是完全的对立冲突。显然，我们把"能力"范畴的困难归因于"职责"范畴，这就混淆了分工和梯队的概念。因此，我们不能把"一个萝卜一个坑儿"作为做不了梯队建设的理由，更不能因此就放弃做梯队建设。

那么，我们到底该如何操作呢？关键就在于把培养的时间周期拉长。

在眼下或者一个月内把核心人才培养起来是不现实的，时间、精力上的冲突也是很难调和的，所以我们要把梯队建设和核心人才培养这件事放眼长远，以一个季度或半年甚至一年为周期来安排，短期内的冲突就自然化解了。下面是常见的三个阶段。

第一阶段，互备的骨干相互熟悉和了解对方的业务、技术等工作内容，可以通过读文档、读代码、串讲、开交流会等方式进行。这个过程可以安排一个月左右的时间，只要双方没有意愿问题，总能见缝插针地完成。如果有意愿问题，那是梯队规划和候选人选拔的问题，不是培养问题。

第二阶段，找机会做一些对方负责的小项目，相互练手。只有实操的时候才会对对方的工作有更深入的掌握。只是由于精力和能力都还不够，要先从小项目练起。这个阶段持续2～3个月都是合理的。这里需要注意的是，虽然可以做对方的事情，但是责任人并没有发生变化，也就是说，职责分工不用调整，事情做不好的责任人还是原负责人。

第三阶段，找机会通过一个大项目的训练来整体掌握一块大业务或一个大方向。不建议双方同时来开展，风险太高。由于项目比较大，这个阶段持续3～6个月都是合理的。一旦能够完成对方的大型项目，即便达不到对方那么高的水平，在特殊情况下快速接手是没有问题的，这样就实现了两位骨干员工在能力上的互备，达到梯队建设的目的。关于这个阶段的权责问题，建议练手的这个项目由练手的人负责，但是不改变整体分工，也就是双方还负责自己原来的业务和方向，只是这个单独的项目由练手的人负责,当然,他可以向实际负责人寻求指导和帮助。

一般来说,经过这三个阶段,实现骨干员工之间的能力互备是没有问题的。但是大家可能会问,完成三个阶段大约需要半年甚至是一年的时间,最快也需要一个季度,这个节奏太慢了,满足不了实际需求。

首先,如果你想立竿见影地解决问题,那就不应该选择梯队建设这个要素来开展工作,因为梯队建设和 5.6 节要讲的文化建设,这两个要素解决的都是团队耐力和可持续性的问题,它们的特点就是起效慢,需要长线布局,但是一旦起效,其效果也是长远的。因此,管理者要意识到,如果我们要的是长线价值,那么我们的规划和实施也需要着眼长线。

其次,一个季度也好,半年甚至一年也罢,这恰好是管理者常见的规划周期。能够在一两个规划周期内解决梯队建设问题,这已经是很合理的节奏了。这也告诉我们,前面提到的三个阶段,到底给每个阶段分配多少时间,是基于规划周期的长短来盘算的。一般来说,半年是最常规的梯队建设的周期。

最后,如果正常的培养周期不能满足你的实际工作需要,你可以降低梯队建设的目标。比如先实现单向的能力备份,而不需要两个人相互备份;再如,可以让两个人一起来熟悉某一个人的工作,每人掌握一部分。这样的策略可以大大缩短培养周期,操作起来也更加灵活,在实际工作中很常见。

综上所述,我们要如何应对"团队一个萝卜一个坑儿,骨干员工都很忙,根本没法做梯队建设"这个问题呢?以下三个认知是关键:

1. 分工是"职责"范畴的概念,而梯队是"能力"范畴的概念,两者紧密相关但不是一回事,不会发生绝对冲突;
2. 梯队建设对于团队最大的意义就是提升耐力,因此起效慢是正常的,需要我们着眼长线,一旦把时间线拉长,很多困难和矛盾就迎刃而解了;
3. 如果想缩短培养周期,可以考虑单向备份或者由多位非骨干员工备份一位骨干员工的方式。理想的梯队很难一蹴而就。

我相信,清楚这三个问题之后,梯队建设就不会那么让人头疼了。

当然,前面探讨的都是骨干员工很忙,以至于不好做梯队建设的情况,而在实际的管理工作中,很多管理者托词自己"工作太忙而没有时间带人",这就属于管理者的个人选择问题了。事实上,如果你不把梯队建设作为工作的"大石头",你会越来越忙。而且，由于梯队跟不上，你能做的事情也很难扩展，这样既制约了团队的发展，又影响了个人发展。因此，梯队建设对管理者来说，是一项不容忽视的工作。

5.6 团建要素 6：文化

提到文化，很多人都会"如堕五里雾中"，模模糊糊地知道，又看不真切。用钱钟书的话说就是："你不问我文化是什么的时候，我还知道文化是什么；你问我什么是文化，我反而不知道文化是什么了。"很生动地描述出我们对文化的感受，它似乎无处不在，却又很难一下子说清楚。

既然文化定义起来很难，那么为什么要把团队文化作为"团建六要素"之一呢？显然，因为它对团队建设来说足够重要和关键。

5.6.1 何为团队文化

对于团队文化本身，没有唯一确定的定义。但是，每个团队，都有一些约定俗成的工作理念和是非判断。以至于在团队中，即便没有人告诉你什么是对的、什么是错的，你大体上也清楚什么该做、什么不该做。它不像规章制度那么带有明确而强制性的约束力，却也能引导和规范团队成员的工作方式，我们把这种潜移默化的行为准则和工作作风称之为团队文化。如果还是觉得有点儿"虚"的话，你可以问自己一个问题——你希望用什么词汇来形容你团队的气质和调性呢？或者，你最愿意让什么样的员工留在你的团队里呢？这大抵就是你的团队文化。

由于团队文化里往往蕴含着团队最推崇的价值观，因此我们也会把团队最核心的文化，称作团队的文化价值观。我们可以通过一些名企的企业文化和价值观，来进一步地理解这个概念。

- 谷歌有一条众所周知的价值观叫作"不作恶"。
- 百度早期的核心价值观是"简单可依赖"。
- 阿里的核心价值观是"客户第一""平凡人做平凡事"等。
- 腾讯的核心价值观是"正直、进取、合作、创新"。

你也许会说，这是一些大公司的企业级的文化价值观啊，我带的这个十几个人、几十个人的团队也需要有吗？

答案是，不但需要，而且很重要。你去看看那些有凝聚力、有战斗力的团队，他们都是有鲜明的气质和调性的，有的是"强执行"文化，有的是"靠谱"文化，有的是"极客"文化，还有的是"温暖"文化……各不相同。

那么鲜明的团队文化及价值观，究竟能给一个团队带来什么呢？

5.6.2 团队文化的价值

鲜明的团队文化，至少会给团队带来效率、空间、归属和耐力四种价值。

1. *效率是由文化的秩序性带来的效果。*

   由于文化里包含着约定俗成的工作标准和决策依据，并且团队成员都对此有共识，因此不必事事请示上级和彼此确认。例如一个"强执行"的研发团队，每个人都知道依计划行事并坚决兑现承诺的重要性；一个强调"安全"的数据团队，每个人都会考虑在工作中的安全措施。统一的工作理念和协作上的默契，带来工作效率的大幅度提升。

2. *空间是由文化的导向性带来的效果。*

   由于文化里约定了团队的价值导向，这就意味着，在符合价值导向的前提下，员工可以自主选择自己的工作手段，甚至是工作内容。这为很多有主动性的员工提供了自主发挥的空间。在"激励"一节中我们提到，自主性能够提升员工的投入度，激发员工的自驱力。因此，明确的文化也是激励手段。

3. *归属是由文化的筛选性带来的效果。*

   由于团队文化里蕴含着价值观，因此团队文化有"筛选器"的作用。认同该文化的人会不断加入进来，而不认同该文化的人也会逐渐淡出，久而久之，团队里都是对文化认同度很高的员工。价值认同是一种高层次认同，一旦认同，便具有很好的稳定性和黏性，这种认同为大家带来了深深的团队归属感，共事的员工也更有凝聚力。在盖洛普的优势理论中有关于"完美团队"的描述，即，"价值观相同、能力互补的团队"，可见价值观对于团队的重要意义。

4. *耐力是由文化的延续性带来的效果。*

   文化对于一个组织，是相对稳定的元素，它能够在新老员工间传承，不会因为个别人员的变动而明显变化，除非是团队负责人有调整，才会给团队带来明显影响。2013—2014 年百度有很多工作多年的老员工离职，和当时公司从"简单可依赖"的文化，转而倡导"狼性文化"不无关系。从这里也可以看出，一个企业或一个团队的文化，对于其稳定性、韧劲及耐力的重要作用。用通俗的话说，一个拥有鲜明而稳定的价值观的团队，更扛得住"折腾"。

5.6.3 团队文化建设的步骤

既然团队文化能够给我们带来这么多收益，那么应如何打造自己团队的文化呢？

打造团队文化的方法大体分为三步，我们给每一步起了一个好记的名字，分别叫"提炼它""主张它""践行它"，如图 5-9 所示。

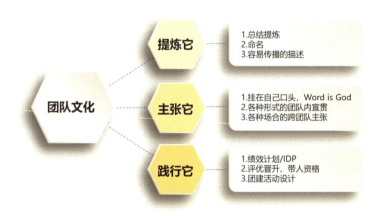

图 5-9　团队文化建设三步法

接下来我们详细介绍一下。

▶ 提炼它

提炼它，即提炼出你团队的文化，用合适的词句把它表述出来，给它一个命名。看上去非常简单的事情，却有着最为普遍的两大误区。

第一个误区是"拿来主义"。

有些高管看到"别人家的文化"非常好，而且公司做得也很成功，于是就希望

5.6 团建要素6：文化

直接拿过来作为自己的文化来沿用。这忽略了一个基本事实：一个团队的文化价值观，主要来源于团队负责人或核心管理者。管理者是什么样的作风和价值观，团队就会是什么样的。也就是说，你的团队文化和你喜欢什么样的文化关系不大，而和你是什么样的人关系很大。

- 面对问题，如果你总是抱怨，那么团队强调积极文化是不会成功的。
- 面对合作，如果你总是对抗，那么团队强调紧密协作是不会成功的。
- 面对工作，如果你总是被动等待，那么团队强调积极主动是不会成功的。
- 面对下属，如果你总是漠不关心，那么团队强调温暖有爱是不会成功的。

所以，你想打造什么样的团队文化，核心是从你身上的优秀品质中提炼，从而把你优秀的特质放大到整个团队。你身上没有的特质，就不适合作为团队的文化价值观去培育。

第二个误区是"越简练越好"。

很多公司提出的文化价值观就是几个词，例如前面我们提到腾讯的文化价值观是"正直、进取、合作、创新"，在我眼里这是一个反面教材，因为你记不住，就算是记住了，也很快会忘掉，因为很难感知，也没区分度。因此，文化价值观的描述方式应该是越生动越好，而不是越简练越好，因为目的是让大家记住且传播。当然，如果又生动又简练就更好了。我举几个好的案例，供你参考。

1. 谷歌的"不作恶"，非常简洁而生动。
2. 百度的"简单可依赖"，也非常容易记忆和传播，即使是离职多年的"老百度"也记忆深刻。
3. 滴滴有一个部门，他们的文化是"首问责任制"，就是"第一个被问到的人，就是推进该问题解决的责任人"，他们解释过一次我就记住了。

那么现在，避开上面我提到的两个误区，从你自己认同的价值观和优秀特质中去提炼出生动易传播的文化，你可以做到吗？

▶ 主张它

主张它，就是要把你提炼出来的团队文化，宣贯给整个团队成员，甚至还包括上级和合作的兄弟团队。

这是一件很简单的事情，对吗？

在我的管理课堂上我特意做了一个统计，结果是，全班 30 多位管理者，大约只有 6 位管理者有明确的文化描述，且其中没有一位管理者和自己的团队全员做过明确的主张。换句话说，这个事情主要是管理者自己清楚。而在这种状态下，前面我们提到的团队文化的各种收益，都得不到。

当然，主张团队文化，也并不是要做"祥林嫂"——见着谁就跟谁讲。而是要有意识地在一些公开或私下场合，把团队文化告诉大家。例如在开季度会的时候，可以和全员宣贯，并做出详细解释；在你和团队成员一对一沟通的时候，也可以适时强调；在跨团队沟通中，也可以看情形主张。总之，这里的关键在于，你是否有这个意识，以及愿意花这份心思。

▶ **践行它**

践行它，这也是最重要的一步。

有些员工并不买管理者的账，也不买团队文化的账，认为那就是管理者"洗脑"用的，喊喊口号，没什么实际意义。一般出现这种情形的原因有两个：要么是文化提炼的时候，不是从管理者自身提炼的，管理者不能以身作则，做不到言行一致；要么是没有把团队文化和管理工作结合起来，在员工眼里就是"光说不练"，没法让他们感受到践行这种文化的益处。

对于第一个原因，我们在"提炼它"中已经探讨过。对于第二个原因，管理者更容易出现的误区是"想当然"。我遇到过以下这样的情况。

- "我们要打造团队文化，我申请了两天的徒步拉练，上级一直不批。"
- "做一场拓展吧，去锻炼一下队伍，营造一下文化氛围。"
- "创业团队嘛，去趟沙漠，来磨炼一下大家的意志。"

以上这些说法，如果没有在活动中把团队文化要素设计进去，活动效果肯定不会好。因为对于每项活动，每个人的视角和态度都是不同的，如果不设计、不强调、不引导，那么对于文化的共识是很难被捕捉到的。

而且，更为重要的是，文化的践行更多地体现在管理工作中，而不是活动中。例如：

- 你在和员工约定绩效方案的时候，有没有体现团队文化和价值的内容；

- 你在评优和表彰员工的时候,有没有明确体现团队文化价值观;
- 你在选拔新人导师的时候,有没有和团队文化挂钩;
- 你在项目成功发布的时候,有没有总结团队文化;
- 你在辅导和教练员工的时候,是否提及过团队文化。

正是这些日常的管理工作,蕴含着你的团队文化,它其实一直都在。团队文化的打造,并不是无中生有,而是要把它提炼出来,使其发挥更大的引导、规范和传承的作用。

5.7 经典团建话题

前面六个小节我们分别探讨了团队建设的六个要素(如图 5-10 所示),这六个要素分布在三个层次的视角,其中每一个层次的两个要素,又分别是"一硬一软,一实一虚",它们彼此相关,共同为团队建设贡献着自己的力量。

1. 个体:能力(硬)、激励(软)。
2. 个体间:分工(硬)、协作(软)。
3. 团队整体:梯队(硬)、文化(软)。

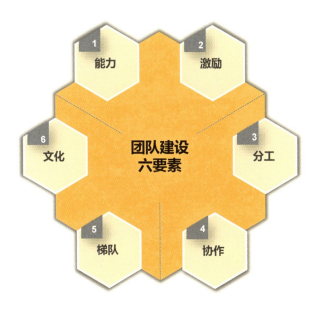

图 5-10 团建活动影响要素示意图

通过这三个层次的六个要素，我们可以清晰地看到团建工作的内在逻辑，以及各项团建工作的着力点，这为我们定位问题和解决问题提供了一个分析框架，便于我们化解团队建设中的各种模糊认知和"想当然"，从而采取有针对性的有效应对措施。

当然，我们得清楚，把团建工作解构是为了探讨问题。而在现实的管理工作中，我们不能把这六个要素割裂来看，很多时候做好一项管理工作，需要多个要素的联动。下面，我们就管理者普遍关心的两个话题进行具体的探讨。

1. 如何让团建活动不再"收效甚微"。
2. 如何提升团队凝聚力。

5.7.1 如何让团建活动不再"收效甚微"

为什么要把团建活动这个话题单独拿出来探讨，而不是放在前面六个要素中的某一个要素下面进行探讨？主要原因是团建活动并不只针对其中某个要素做工作，管理者们对这个话题又非常关心。

事实上，很多管理者希望通过团建活动收到很多效果，就如同下面的案例。

某天晚上，在技术管理群里，一位有多年管理经验的技术总监问："大家有什么好的团建活动推荐吗？之前的团建活动都收效甚微！"热心的群友开始七嘴八舌地出主意：

"有多少预算啊？多少人，玩多长时间？

"我们上周刚去了趟沙漠徒步穿越，效果挺好的，你可以考虑。

"密室逃脱，特别有意思，大家玩得很开心。

"建议野外生存，能快速拉近团队成员间的距离。

"喝酒吃肉啊，喝酒特别能增进感情。

"可以一起去钓鱼……

"可以租个别墅玩桌游……"

我漫不经心地看着各种点子在屏幕上蹦现出来，大家越说越津津有味、兴趣盎然。直到有一个人很不和谐地问了一句："你希望通过团建达到什么目的呢？"看到这句话，我一下子来了精神，预感到这个话题终于要切入正题了，因为他触及到了"收效甚微"的病根。

5.7 经典团建话题

▶ 为什么"收效甚微"

组织团建活动是很常见的一项管理工作，大大小小的团建活动不知道经手过多少次，却很少有管理者敢说自己是团建活动的行家里手。我曾经做过多次调研，认为自己很擅长做团建活动的管理者还不到10%，剩下的90%都认为自己的活动效果一般，甚至是"没什么效果"。问题出在哪里了呢？经过深入了解，我发现很多管理者陷入了三个误区。

第一个误区是"万能误区"——认为团建活动是万能的。

很多管理者有意无意地认为团建活动是"包治百病"的良药，对其寄予了太多的期待，却又说不清楚自己具体期待的是什么。你不妨回想下自己，或者采访一下身边的管理者，看看大家一般会在什么情况下安排团建活动。

大概率会收集到以下反馈：

- 在高强度、高压力的工作告一段落的时候；
- 在重大挑战之前给员工打气的时候；
- 在取得了重大工作成果的时候；
- 在公司庆典或者春节、圣诞节等节庆日的时候；
- 在刚刚组建团队或者团队调整的时候；
- 在整个团队工作积极性不高的时候；
- 认为团队凝聚力不高或者彼此间合作不顺畅的时候；
- 希望打造团队文化的时候；
- 觉得很长时间没有做团建活动了，需要做一次的时候；
- 新人入职的时候；
- 老人离职的时候；
- ……

团建的名目举不胜举，活动内容也是五花八门，相当丰富多彩。可是你是否审视过，这些活动给你带来了什么效果呢？是否符合你做这件事的初衷呢？很多管理者被问到这个问题时会陷入沉思，因为平时很少思考这个问题。

盘点管理者安排团建活动的初衷，大体分为以下三类。

1. 满足团队需要。比如提高员工积极性、提升团队凝聚力、打造团队文化、提升斗志和士气、提升员工间互信等。
2. 满足员工需要。常见的是调节放松，一段高强度工作之后，缓解员工精神压力和紧张情绪。
3. 满足管理者个人需要。例如有些管理者认为团建是一项管理任务，需要时不时做一次。

归结起来就是，为了团队、为了员工或为了自己。

事实上，虽然习惯上把各种各样的活动都统称为TB，但是，只有把以团队建设作为初衷的活动才叫作团建活动，出于其他目的的活动不能叫团建活动（或TB活动）。现实工作中，很多管理者对团建活动寄予了太多的期待，但最后的结果是要么期待模糊，要么期待过高。

期待模糊是指没有厘清这次团建活动要收到的效果，甚至把团队诉求、员工诉求和个人诉求糅在一起。例如，常常有管理者说："大家最近很辛苦，这个项目完成后我们去郊区租个别墅玩。"我就想问了，你"租个别墅玩"是为了什么呢？

如果是为了做团建，让大家彼此之间有更好的认同和默契，那么这个时机和这种方式是不是合适呢？毕竟辛苦之后，大家未必想参加一个团建。而如果是为了让大家调节和放松，这种方式就更加说不过去——毕竟休息方式是因人而异的。所谓休息方式，就是一个人精力恢复的手段，有的是和别人聊聊天，有的是逛街、逛商场，有的是玩玩电子游戏，而有的则是窝在沙发里发呆……你如果真的想让大家放松，就需要给大家自由，让大家自主选择放松方式，而不是自作主张统一安排，那样员工只是"被休息"而已。因此，作为管理者如果初衷不清晰，无意间会给团队带来多么大的困扰。

期待过高，是初衷不清晰的另一个表现，即，希望通过一次或几次团建就能打造出有凝聚力、有战斗力的团队，这种想法是很不切实际的。如果你还记得，我前面介绍过的"团队建设六要素"，就不难发现，团建活动能影响的要素，也就是其中的1.5个：1个是指"协作"，0.5个是指"文化"。

为什么对团队文化的影响是0.5个呢？因为如果活动没有经过特别设计，就根本收不到"理解和认同团队文化"的效果，最多就是增强一些团队归属感。

对其他要素就没有作用了吗？显然，团建活动基本上不会影响能力、分工和梯队。事实上，一次活动如果影响了这三个要素，倒是件很可怕的事情——例如你去参加了一次活动，回来发现自己的分工变了，你会是什么心情？

最后一个疑问是，为什么对激励也是没有效果的呢？一般来说，活动即便有提升积极性的作用，也是非常短效的，收益并不明显。即便有时看似有收益，也是通过默契度和归属感两个要素间接起作用的。那么，为什么很多管理者会使用类似"任务完成后我们出国游"的说法来激励员工努力工作呢？对此我们要有一个清醒的认识：这种说法只不过是把"出国游"当成了奖励在用，对员工来说，这是一个很可观的奖励包，把金钱、假期、旅游都打包在一起了。换句话说，是这个奖励的量级在激励大家，并不是活动本身在激励大家。事实上，如果活动组织者不把协作、文化的要素设计进去，让这次活动带有团建性质的话，那么和给大家一笔奖金是没有差异的。因此，团建活动并不会直接带来激励。

既然团建活动直接影响的要素只有员工间的协作默契和团队上的团队文化，而我们却希望通过团建解决各种各样的团建问题，满足各种各样的团建期待，是不是有点"魔幻"呢？

当然，我并没有贬低团建活动的价值的意思，团建活动即使只能收获协作水平和团队文化两个要素上的收益，也已经非常有价值了。而且，弄清楚团建活动到底是如何起作用的，正是为了取得团建活动价值的最大化。

第二个误区是"想当然误区"——认为团建活动理所应当就有效果。

实际上，没有什么好的成果是理所应当的。如果不经过设计，一次团建活动下来，甚至连员工间的协作默契度和团队文化建设这两个要素的效果都收不到。

例如，本想让员工间尽快熟悉，增进彼此认同，而按照员工的兴趣，如果选用的方案是去 KTV 唱歌，去看电影，或者去钓鱼馆钓鱼，效果就很难达成，因为这些活动的关键环节都不在于彼此交流和互动。你也许会说，吃饭喝酒最容易拉近距离，事实上，饭桌上的交流都是浅层的，并不能深入了解。而且饭桌上的话题很发散，容易发生分歧和争执，借着酒劲儿不欢而散也是常有的事，如此效果反而是负向的。

再例如，如果你团队的文化是"强执行"，但是如果对于整个活动中的迟到、随性的行为没有任何反馈，也没有设计什么活动环节体现"强执行"这个理念的话，这个活动对于团队文化的建设就是没有任何效果的。这就是我前面提到的，团建活动对于团队文化只有 0.5 个要素的影响。

所以,很多时候团建活动"收效甚微",是由于缺乏设计导致的。正如一位 HR 朋友所说的,"管理者们只是体验了活动内容,却看不到背后各个环节都是精心设计过的。"一旦效果不好,管理者们常见的说法,要么是活动内容不好玩,要么是经费预算太少。其实这两个要素都不关键,主要还是看活动有没有经过设计。比如,像"烛光夜话""裸心聊""巅峰故事会"这类活动,基本上不需要经费,也并不算多"好玩",但是经过设计之后,对于增进员工间了解和信任却非常有效。

因此,缺乏设计,才是活动效果不好的主因。

当然,在活动设计上,团队管理者可能并不专业,思路也不见得很新颖,这可以和别人合作来实现,但是确保活动方案和自己的目标匹配这一点,是不可回避的。

第三个误区是"配角误区"——认为团建活动是部门助理、HR 或行政的事情。

相比前面两个误区,这个误区更加常见。

长期以来,在团建活动这件事上,管理者都是在配合部门助理、HR 或行政的同事工作,管理者干的最多的是协助组织,然后对活动品头论足。而事实上,管理者才是团建活动的"主人",原因如下。

- 从收益看。团建活动的主体和对象——团队,是你的,所以活动能够在团建方面给你带来哪些帮助,是你要考虑的,这也就是所谓的团建的初衷和目的。部门助理、HR 和行政只是在帮你达成这个目的而已。如果你不操心这事,又怎么期待效果恰好如你预期呢?
- 从成本看。管理者付出了最高的成本,如果管理者不考虑收益,就亏大了。千万别觉得团建活动只是花了你团队一些预算,其实更高的成本是整个团队要把这么多时间投入进来,这个时间和人力成本才是最昂贵的。而且员工还为此投入了自己的意愿和耐性,你不能默认每个员工都是愿意参加活动的,很多人是因为"团队活动不好推托"才参加的。而这些都是团队的负责人所投入的成本,这个成本是不是很高呢?

总之,无论对于期待的收益,还是对于投入的成本,管理者才是最应该在乎的那个人。因此,从现在开始,管理者要做团队活动的主人,联合部门助理、HR 和行政同事,一起去统筹策划,而不是完全假手于人。

5.7 经典团建话题

▶ **团建活动的要点**

前面,我们介绍了组织团建活动的三个误区,找到了"收效甚微"的病源,那么,应如何对症下药,让团建活动"收效显著"呢?

答案是,避开三个误区,反其道而行之。

首先,避开"万能误区"。

"万能误区"其实就是期待不清楚。一方面,不清楚自己为什么要做团建活动,另一方面,也不清楚团建活动到底能给团队带来哪些具体的帮助。所谓反其道而行之,就是弄清楚这两个问题。

1. 初衷:我作为管理者为什么要安排这个活动。
   - 为了放松——调节员工状态,做到张弛有度。此时要考虑的是如何能够让员工快速恢复状态,未必要搞活动。
   - 为了激励——实际就是给员工一个奖励包。此时要考虑的不是活动该怎么搞,而是这个奖励包能否起到激励效果,也未必要搞活动。
   - 为了团建——提升团队协作默契程度,打造团队文化。这才属于团建活动,此时的焦点才是团建活动本身。
2. 目标:活动完成之后,我希望给团队带来什么收益。
   - 提升团队协作水平,让员工间有更好的互信和默契。
   - 打造团队文化,让员工清楚且认同团队的文化价值观。

其次,避开"想当然误区"。

"想当然误区"其实就是活动缺乏设计。

针对这个误区,核心是让活动内容为活动目的服务,或者说,为活动目的选择合适的活动方式,并设计好活动内容。当然,管理者在活动的操作上往往并不拿手,所以更多的是把关活动内容和活动目标的一致性,具体的内容设计可以委托给部门助理、HR 或行政,他们做活动更加专业。

最后,避开"配角误区"。

"配角误区"其实就是没摆正自己在活动中的角色,显然这更多的是角色认知问题。

对认知问题来说,主要是做好觉察,在活动组织过程中,觉察自己扮演的角色是否合理——对团建活动来说,管理者是主要的投资者和受益者,所以,应该把自己摆在"主人"的角色上。

所以,要想做一场收效显著的团建活动,就需要把握住上面的几个要点,为了方便实际操作,我们把上面的要点整理成四个步骤,同时也是四个问题,因此称为"团建活动四问法"(如图 5-11 所示)。

- 第一问,关乎初衷:你是想做团建活动,还是放松、激励或是其他?
- 第二问,关乎角色:你想做团建活动,还是只想配合一下助理、HR 或行政的工作?
- 第三问,关乎目标:你想达成团建的什么效果,协作还是文化?
- 第四问,关乎手段:活动方案是否有设计感,和你的目标匹配吗?

管理者通过问自己这四个问题,就可以有效避免团建活动"收效甚微"的问题。

图 5-11　团建活动四问

▶ **团建活动的分类**

在设计具体的团建活动这件事上,管理者尤其是技术管理者往往并不拿手,因为技术人总体上并不是很"会玩",这方面可以多多咨询我们的部门助理、行政或 HR 同事。不过,管理者还是要关心活动效果的,那么,效果不错的团建活动都有哪些呢?

在长期的管理和培训过程中,我从很多管理者大量的建议中,归纳出这样几类活动,对于增强团队协作水平和默契度、信任度效果明显,供管理者参考。

- 艰苦挑战类。例如高强度徒步、野外生存、沙漠穿越等。其要点是:
  - 艰苦——让团队抱成团面对恶劣环境,共患难;
  - 仪式感——让生存和成功更有成就感。

- 居家温情类。例如去某人家里做饭、别墅睡衣趴、带家属聚会等。其要点是：
  - 设计——活动内容要经过认真设计，聚在一起要按照设计的环境玩；
  - 覆盖度——注意覆盖到所有人，不要冷落一部分人。
- 深入谈心类。例如烛光夜话、巅峰故事会、裸心聊等。其要点是：
  - 安全——封闭而安全的环境和氛围，让大家容易放松；
  - 规则——玩法要有明确的规则，说什么、不能说什么、说多久、如何轮流等有明确规则。
- 组队对抗类。例如趣味运动会、体育比赛、真人CS、组队对抗电游 Dota/王者荣耀等。其要点是：
  - 组队——让团建对象在同一组队内；
  - 对抗——让不同组队间有强烈的竞争和对抗性。

当然，要确保上述活动取得良好的效果，记得我们的"团建活动四问法"。

5.7.2 如何提升团队凝聚力

管理者最关心且认为最有挑战性的管理话题有哪些呢？对此我做过专门的调研，在一个几百名管理者的样本集中，有三个管理主题是他们最为关心且认为最具挑战性的：

1. 向上沟通；
2. 员工激励；
3. 团队凝聚力的提升。

向上沟通将在第7章管理沟通中探讨，员工激励在本章已经探讨过。现在，我们来探讨一下团队凝聚力的提升。你可能会说，团队凝聚力，也就是团队成员之间的凝聚力，看上去是"个体间"这个视角下的一项工作，为什么放在整章的最后才来探讨呢？主要有以下两个原因。

1. 对于这个话题管理者非常关心，需要单独提出来探讨。
2. 提升团队凝聚力，不能只着眼某一个团建要素做工作，甚至不能只靠团队建设工作，要着眼于更系统的视角。

那么，团队凝聚力和团队协作水平是什么关系呢？
团队凝聚力和团队协作水平是两个非常有意思的概念，它们含义不同，又紧密相关。

- 团队凝聚力更侧重团队成员间的关系，体现他们的信任度、归属感和向心力。
- 团队协作水平则更关注做事过程中的互动是否高效和默契。

不难发现，一个非常有凝聚力的团队，对良好的协作有着直接和关键的影响，而良好的协作反过来也会提升团队成员间的认同度和默契度，从而提升团队的凝聚力。它们互为因果、彼此促进。凝聚力既是团队协助的基础，又是团队协作的目标。强大的凝聚力，是优秀团队的重要特征之一。

▶ 提升凝聚力的四个角度

既然凝聚力如此重要，管理者们又如此关心，具体应如何来提升团队凝聚力呢？我们可以从以下四个角度来做工作。

第一个角度是：设立共同愿景。

当我们想提升团队凝聚力的时候，总是希望大家"心往一处想，劲往一处使"，而我们常常忽略一点，就是大家首先得清楚把劲儿用到哪"一处"。这就要求团队首先要有一个使命和愿景，有一个共同的长远目标，供大家"往一处想"。

关于团队使命愿景的意义和价值，我们在第 4 章探讨团队"职能定位"的时候就已经提及，并介绍了设定团队使命的要点。而且，同样在第 4 章我们探讨团队"目标设定"的时候也提出，清晰的目标可以提升团队的凝聚力。如果团队有着自己的使命，又能得到团队成员的普遍认同，大家会更容易朝着一个方向共同努力，更容易肩并肩地一起迎接挑战，即所谓的"志同道合"。这里，我简要描述一下设立步骤。

1. 提炼团队的职责、使命和工作目标。参照第 4 章相关内容，这里的工作目标是长远的共同目标。
2. 管理者自己要笃信第 1 条的内容。如果不笃信，就返回步骤 1 继续提炼。
3. 在各种合适的场合宣贯这一内容，例如季度会、总结会、沟通会、启动会，以及一对一沟通等，都不失时机、不突兀地把使命和愿景同步给大家。
4. 坚持不懈地做步骤 3。不要指望一蹴而就，开个会大家就都认同了的好事，现实中不会发生，只有时间长了、频次够了，才会内化，才会深深植入员工的内心。

第二个角度是：提升员工归属感。

如果说设立共同的愿景，是为了让员工凝聚到共同的事业上的话，提升员工归属感，则是为了让员工凝聚到团队上，让员工从心里就认为自己是团队的一分子。那么，如何才能让员工有这种感觉呢？主要从三个层次来做。

1. 给每个员工一个"立足之地"，也就是要分给他一份职责。职责并不总是意味着压力，也意味着归属，人的内心深处是渴望承担适当的责任的。只有当员工清楚自己能为团队做出什么贡献的时候，才会心安，才会感受到自己是团队的一分子。因此在团队分工上，要让员工清楚他肩负的职责对于团队的意义，让他觉得自己做的事有价值，这就是所谓的"事对"。
2. 建立良好的团队人际关系，让彼此间形成紧密的连接。团队成员间的良好关系和团队凝聚力的提升是互为因果的，所以不要小看能促进员工间关系的一些小事，恰恰是这些小事，能够促使员工间的合作关系走上良性循环的轨道，员工会因为喜欢和团队的人相处而觉得有归属感。这就是所谓的"人对"，团建活动就是从这个角度来做工作的。
3. 明确亮出团队的文化价值观。团队的文化价值观是不是员工认同和欣赏的，决定了员工能否长期留在团队。价值观方面的冲突是很难调和的，如果员工从价值观层面就不认同团队，是很难让他找到归属感的。好在团队文化本身就是一个筛选器，最终留在团队发挥核心作用的都会是认同团队价值观的人，前提是团队先有明确的价值取向，关于如何打造团队的文化价值观，我们已在 5.6 节专门探讨过。因喜欢一个团队的文化和氛围而产生归属感，这就是所谓的"味对"。

如果一个团队能让员工觉得"事对""人对""味对"，那么，员工的归属感应该是很强的。

第三个角度是：增进相互了解。

作为管理者，我们总是习惯对员工提要求，例如，希望员工能不能更包容些，相互之间能不能多一些体谅和理解，彼此之间能不能多一些信任等。我们总是期待不劳而获，认为员工之间天生就要互相包容、体谅、理解和信任。殊不知，所有这些都不会自然而然地发生，而是要基于团队成员间不断深入的相互了解和认同。你为此做了什么呢？有持续地做吗？

管理者往往会做一些团建活动，但是却很少对增进大家的了解和信任做必要的设计，回头活动效果不好，就归咎于活动不够吸引人、预算不充足等。而实际上，经过设计的活动，不但效果很好，而且还不需要很多经费。我曾经尝试给大家做过一小时的"巅峰故事会"：在一小时内，每个人都讲出他们曾经的成功事件，然后请队友给出积极反馈。一小时下来，产生了很多的化学反应，大家都反馈说比之前更了解对方了，也更接纳对方了。因此，主要看你是否愿意为此花一点心思来稍微设计一下。关于怎么做团建活动，我们前面已经探讨过。无论如何，加深员工互相的了解，是提升信任和默契的良方。

第四个角度是：共同面对挑战。

关于有哪些手段可以有效提升团队凝聚力，在我的调研中，有不少管理者反馈，"一起面对挑战的时候特别能够让大家拧成一股绳"，对此我也深以为然。有一句经典台词就是这么说的："今日谁与我共同浴血，他就是我的兄弟"。显然一起扛过枪的兄弟，感情是很"铁"的，毕竟经历过不离不弃的并肩作战。虽然我们现在没有仗要打，但至少有以下两个方面的事情近似打仗。

1. 一些有挑战性的大型项目或紧急事件的应对。
2. 跨团队的对抗性活动，如趣味运动会、Dota 比赛等分组对抗类竞赛。

不去说教，而是让大家在硝烟和炮火中去建立深厚的感情，这就是所谓的"事上练"。

我们把前面提到的这四个角度的工作，归纳到一张图中，如图 5-12 所示。

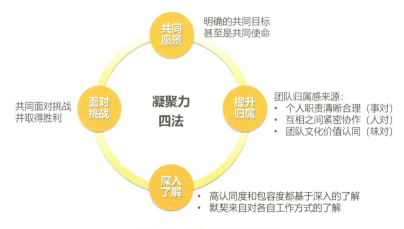

图 5-12 凝聚力四法示意图

小结

团队建设，是一个复合的概念，本章把这项模糊而复合的工作，拆解为六个要素并依次进行了探讨，从而为团建工作找到明确而具体的着力点，使各项团建工作有的放矢并易于操作。下面我们做个要点汇总。

本章要点

1. 能力
- 定义你团队的员工能力模型。
- 提升员工能力的可行方法。
- 激发员工的学习动力。
2. 激励
- 激励的最大挑战是激励手段的匮乏。
- 激励经历了三个阶段的发展，知识经济时代的激励主要考虑驱动力 3.0：自主投入，即内驱。通过自主、专精和意义可以有效提升内驱力。
- 员工幸福感——PERMA 模型：正面情绪，人际关系，投入，成就，人生意义。
- 激励方案要点表。
3. 分工
- 分工目的是做更大更复杂的事情。
- 常见的组织结构及分工。
- 常见的分工问题。
- 虚拟组织介绍。
4. 协作
- 整体统筹。
- 建立机制。
- 提升互信。
- 不断练习。
5. 梯队
- 选才：人才和团建的一致性；人才和管理者的互补性。

- 育才：对齐彼此期待；做好工作授权；建立反馈机制。

6. 团队文化
- 命名它——提炼团队文化。
- 主张它——宣贯团队文化。
- 追求它——践行团队文化。

7. 团建活动：设计一次团建活动考虑的四个问题，即问初衷、问角色、问目标和问手段。

8. 团队凝聚力：凝聚力的提升要从共同愿景、提升归属感、增进了解和面对挑战四个角度着手。

扩展思考

基于本章内容，你如何看待下列问题。

1. 通过 PERMA 模型的五根支柱，可以设计哪些激励手段？
2. 你认为什么样的人适合做新人导师？

要了解作者观点或更多管理者的观点，请查阅作者公众号（见作者介绍）中的相关内容。

第 6 章
任务管理

管理工作的"三大件"——管理规划、团队建设和任务管理（如图 6-1 所示），也就是我们俗话说的"看方向""带人"和"做事"，主要是为了解决好管理的三个重要问题。

1. 管理规划——把事情做对。
2. 团队建设——把队伍带好。
3. 任务管理——把事情做出来。

图 6-1 "三明治"管理框架

把事情做出来，得到结果，是管理工作的落脚点，同时，也是验证管理规划是否合理、团队建设是否有效的最重要的标准和依据。作为管理者，我们常常需要"拿结果说话"。那么，怎么做才有助于我们顺利得到期待的结果呢？我们把这类话题统称为"任务管理"。由于大部分工作都是以"项目"形式存在的，因此，任务管理大体上又是项目管理，只是为了涵盖非项目化的工作，我们才使用"任务管理"这个说法。

话说回来，"做事"这个话题显然很大，我们该如何探讨呢？

第 6 章 任务管理

在第 2 章中我们提到，既然做事是一个过程，那么我们就分成事前、事中、事后三段来探讨，如果事前、事中、事后都能做好，那么整个做事过程也就可控了。

1. 事前，管理者最需要回答的问题就是要做哪些事儿，先做哪件，后做哪件。也就是梳理任务的优先级，分清楚轻重缓急。这对应到管理中属于"排优先级"这个话题。
2. 事中，管理者要确保事情的进展按照计划推进，尽在掌握之中，也就是有效地推进执行。对应到管理中属于"有效执行"，或者狭义的"项目管理"这个话题。
3. 事后，管理者要有意识地总结经验教训，并形成一些"规矩"和"做法"，让以后类似的工作可以做得更好、更顺畅。对应到管理中属于"流程机制"这个话题。

因此，我们把事前的轻重缓急的梳理、事中的有效执行的保障和事后的流程机制的提炼，作为任务管理的三个主要话题来探讨，统称为"任务管理三要素"（如图 6-2 所示）。

图 6-2 任务管理三要素

6.1 任务要素 1：轻重缓急

如果说在任务管理方面有什么问题最困扰管理者，那么"多任务并行该如何应对"一定是首当其冲的，对刚刚走上管理岗位不久的新经理来说尤其如此。管理者面临的一个常态是：人手不够，时间紧急，但是工作却还在一件一件"挤"进来，怎不令人头疼？

实际上，对每个具体的团队来说，当下能做的工作是有限的，一味增加并发并不会让团队的产出更高效。因此，多任务并行问题虽然和投入的人、财、物、时等资源有关，但归根结底还是优先级问题，即，你要优先保证哪项工作的顺利进行。

6.1.1 轻重缓急的决策步骤

项目优先级排序是管理者的必备技能，可以说，这也是管理者走上管理岗位后的第一项必修课。基本上每个管理者都对斯蒂芬·科维提出的"重要紧急四象限"（如图 6-3 所示）的时间管理法则耳熟能详，并据此来判断事情轻重缓急的先后顺序。

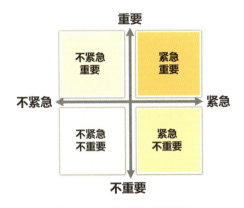

图 6-3　重要紧急四象限

不过，令人好奇的是，如何使用这个工具盘点各项工作的优先级呢？我询问过一些管理者，大家的答复大体如下：

- "重要紧急的工作要排在最前面"；
- "重要的工作要像大石头一样做长远安排"；
- "紧急的工作要立即着手"；
- "不重要不紧急的工作直接丢弃"。

显然，这些说法，还是一些基本策略。真正令人困惑的是：到底怎么判断一项工作重要不重要、紧急不紧急呢？这是使用上述策略的前置条件，而这个前置条件才是最难以判断的，例如，下面这两个场景。

1. 老板刚刚口头交代的临时任务，这到底是紧急重要、紧急不重要、还是重要不紧急呢？这个场景常常被认为是紧急重要的，果真如此吗？
2. 锻炼身体、学习培训常常被认为是重要不紧急的事情，情况真的如此吗？

对于这两个场景，不同的人、不同的上级、不同的任务和不同的情况下，可能会归入不同的象限，并没有一个可以遵循的一定之规。那么，当我们面对团队的工作清单时，该如何判断其是否重要紧急呢？

可以尝试问自己下面这两个问题。

1. 如果做，收益是否很大？收益越大，这个事情就越重要。
2. 如果不做，损失是否很大？损失越大，这个事情就越紧急。

你可能会有疑问，不做的损失越大，不也意味着很重要吗，为什么只强调紧急呢？

如果我们想简化问题，就需要结合我们的实际工作场景。在实际的工作中，我们经常做的并不是梳理轻重缓急四象限，而更常见的情形是，我们把日常的工作分为两种情况：一种是计划内的，按照我们的规划进行的；另一种是计划外的，即突发的情况和任务。因此，我们维护工作清单和优先级的问题，就变成了如何应对"计划内"的工作，以及如何应对"计划外"的工作。

- 对于计划内的工作，需要关注在一个规划周期内它的价值和收益有多大。要把价值足够大的任务安排进来，持续地往前推进。
- 对于计划外的工作，由于是突发情况，首先要判断是否要中断既有安排来立即跟进新情况。中断既有安排一定会影响手头正在进行的工作，也就是说，会影响原本可以得到的收益，所以需要管理者判断并决定：是否要中断现有工作，立刻跟进新情况，如果不这么做，会带来多大的损失，是否愿意并能够承担该损失。如果经过判断后，发现损失过大，那就需要立即跟进。如果无须立即跟进，可以将其放入"计划内"工作清单，转化为一项从收益视角来评估的工作。

总结起来，对工作任务的安排和决策，主要是两步。

1. 对于"计划外"工作，看损失是否足够大，损失越大越紧急。
   - 损失够大就按照紧急任务安排，以"止损"为核心目的。
   - 如果损失可控就放入"计划内"工作列表，以"收益"为衡量标准。
2. 对于"计划内"工作，看收益是否足够大，收益越大越重要。
   - 收益越大，就越需要给予相匹配的优先级、资源和关注度。
   - 收益相对较小，就放入"to do list"，作为待办任务处理。

这样是不是就容易操作了呢？

根据这个逻辑，我们可以完善一下"重要紧急四象限"图，让它更加方便实操。既然我们可以通过看收益来判断重要性，通过看损失来判断紧急性，那么我们就可以调整这四个象限，如图6-4所示。当然，图中的"不做"是指"不立即着手做"。

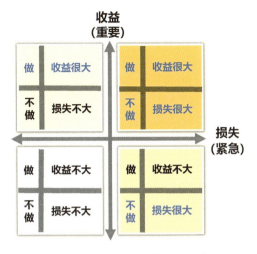

图 6-4 重要紧急四象限改进版

6.1.2 轻重缓急的决策要点

关于任务优先级的安排，除了决策的步骤和方法，还有几个需要特别注意的要点。

▶ **目标是需要一以贯之的**

前面提到，通过看收益来判断一个任务是否重要，那么该参照什么来衡量收益呢？

答案是目标。规划的目标里蕴含着我们一段时期内最重要的诉求和期待，也是衡量一项工作收益大小的坐标轴。因此，目标的设定和评估贯穿整个管理工作的全过程，目标越明确，在关键时刻我们的方向感就越强，反之，就会瞻前顾后，反复掂量却不得要领，最后是别人怎么推，我们就怎么走，缺乏自己的判断。因此，好的决断力，往往基于明确的诉求和目标。

▶ **任务的评估维度是有弹性的**

很常见的一个情况是，我们在做任务安排的时候，往往不自觉地会在心里做一个设定，即这个项目做成某个样子才叫完成，所以需要预计花多少时间。而实际上，正如我们在第 4 章中说的，对一个任务来说，其进度、质量和效果这三个要素是可以此消彼长的，所以在拆解任务的时候，对进度的预期不同，对质量的要求不同，以及对效果的期待不同，都会导致预计时间和优先级的变化。因此，不能用固化的视角看待一个任务，每一个任务其实都是可以弹性安排的，不一定是你需要的 4 周，也不见得是上级希望的 2 周，根据进度、质量、效果的不同期待，你可以给出多种排期方案。这体现了一个管理者的视野是否宽阔，经验是否丰富。

▶ **沟通是不可或缺的**

虽然主要是管理者排优先级，但是并不意味着排好优先级之后就大功告成了。只有和所有相关的人员充分沟通了之后，才算是调整完毕，尤其是和自己的上级，一定要和他沟通新的工作安排方案，告诉他你优先保证了什么，从而可能会影响什么。

一个有意思的情况是，上级更倾向于告诉你他们想要什么，而不会主动告诉你，他们愿意用什么来交换。这是因为，评估影响并给出应对方案不是他们的工作，而是你的工作，这是你最清楚且拿手的，上级判断不出对你既有安排的影响到底多大，需要你来给出评估，如果你什么都不说，默认是没有影响。因此，很多上级管理者跟我讲，他们默认是需要下级主动反馈信息和问题的，而不是默认不沟通，最怕下级给他们一些意想不到的"惊喜"。

此外，很多上级常常会说，"每件工作都是重要的""我都要""都要正常推进"，但这其实只是美好的愿望。管理者心里要有数，如果所有的工作都重要，那就意味着没有重要的工作，所以，要清楚上级最核心的期待是什么，而不是上级说的"都重要"。当然，要准确领会上级的真实意图，需要看你们长期合作所磨合出的默契程度。

明确了轻重缓急的决策步骤和要点，我们也就可以快速判断任务清单的优先级了，于是，也就明确了团队"要做哪些事儿"。

6.2　任务要素 2：过程管理

前面我们探讨了如何梳理任务优先级，解决了"做什么"的问题，现在我们来看看如何把任务列表中的这些事儿都落到实处，即"怎么做"的问题。也就是，如何确保执行过程可控、执行结果符合预期。

关于"如何确保项目的有效执行"，我们有两个探讨的角度。

1. 充分条件视角。也就是，列出有效执行的所有要点，大家照着做就可以把项目执行好。估计这是很多新经理都希望的一个方案，但是，这基本是实现不了的。先不说适用于各个公司各个场景的方案，即便是总结出一套适用于一个公司各类项目的方案，也是不现实的。因此，我们还是从另外一个角度来看项目执行过程中有没有要点可循，也就是必要条件视角。
2. 必要条件视角。也就是，列出一些要点，在项目执行过程中确保做到。虽然我们给不出项目有效执行的全部条件，但是我们肯定可以在长期的项目管理中提取出一些要点，只要这些要点没有做到，项目就很难得到有效的实施。把这些必要的要点整理出来，就能够为项目执行提供有价值的参考。

6.2.1 有效执行的四个障碍

既然我们要提炼任务执行的要点，就需要先弄清楚这些要点的缘起。也就是说，有哪几件事做不好，必然会引发项目执行过程的不可控呢？我们来探讨一下最典型的四个障碍。

▶ **目标不清**

作为管理者，你是否遇到过以下情况？

1. 虽然你很清楚做某项目的初衷，但是并没有去设定可以衡量的目标。例如某次技术重构、某个模块性能优化等。虽然你知道自己想要什么，但是不知道出于什么原因，你没有设定一个清晰可衡量的目标。而目标不够清晰的话，必然会引发在时间、人力预算，以及优先级决策上的模糊。
2. 虽然在你眼中目标很清晰，例如"到年底某模块单机性能达到 500 QPS"，但是负责项目实施的员工并不知道该从哪里下手去执行。
3. 在你看起来，两周能搞定的事情，员工却花了三周时间。诚然，完成的质量的确很高，可是和质量比起来，你更希望在两周内发布。
4. 项目交付时间提前到这个周末了，员工没有完成，你去问责，为什么还一副很无辜的样子……
5. 项目是如期发布了，可是这不是你想要的效果啊！

诸如此类的状况层出不穷。它们的共同特点是什么呢？

显然，这些工作并不是没有目标，而是目标出现了以下三个问题。

1. 目标不够明确具体，至少没有具体到执行人员可以执行的程度。
2. 上下级对目标的理解看似一致，实则有偏差，尤其是对进度、质量和效果的拿捏上。
3. 目标发生变化了，没有及时同步给相关的人。

归结起来，这三种情况导致的都是目标不清晰。当目标不清晰的时候，必然引起大家在紧急程度、质量水平、效果取舍上的偏差，也就引发了执行时偏离预期。与此相对应的，我请管理者们回忆那些执行良好的项目，无一例外，都拥有清晰的目标。

▶ 总负责人缺失

请你回想一下在执行上不够令人满意的那些项目。然后问自己以下三个问题。

1. 这个项目涉及的各个相关团队，是否都有一个明确的负责人呢？
2. 这个负责人和所有项目组成员，是否都清楚各方面的负责人呢？
3. 这个项目是否有唯一的总负责人，以及总负责人是否有效呢？

看上去非常普通的问题，却是很多项目执行障碍的一大源头。有两个模糊的地方，让"责任人"这个简单的问题变得失控。

1. 各负责人对于"负责"的理解常常是不一致的。很多负责开发的工程师，他们认为的"负责"就是承担自己分内的开发工作，而项目某一角色的负责人，是指对该项目中所有涉及项目执行和协调的问题都要负责的人。
2. 总负责人无效。虽然有名义上的总负责人，但是总负责人顾不过来也好、自己不认同也好，都会在项目执行过程中造成总负责人缺位。例如，各个角色的负责人，都会把他们的共同上级作为默认的总负责人。还有些创业公司干脆是创始人号称要自己带项目，但是他们实际上又没这个时间和精力，所以，在其位不能谋其政，后果就是项目总出问题，然后就怪这个怪那个。

   对于这个问题，我们可以把上级作为"客户"来看待，需要另寻总负责人和这个"客户"来对接需求。这个总负责人，从项目的各个角色的团队负责人中产生，来总体负责和协调该项目。如果各个角色之间有长期稳定的合作关系，例如某 App 的迭代团队，就可以把各个角色的负责人组织起来，组成一个项目管理的虚拟组织，大家轮流来做总负责人。如此，既解决了项目总负责人缺失的问题，又培养出了多个更高级的项目管理人才。假以时日，整个团队甚至整个公司的项目交付水平，都会有明显的提升。

归结起来，第二类问题，集中在我们认为最简单却又最容易被忽视的项目总负责人的缺位上。

▶ **缺乏有效运转的机制**

常见的说法有以下几个。

1. "如果 A 也像 B 那么积极主动，这个项目就不会出问题了，所以 A，你能不能更主动一些呢？"
2. "我们明明约好了有问题及时通报，为啥总有些人不通报呢？"
3. "我们各种各样的流程都有，很完整也很系统，但是大家就是不按照流程办事……"

这些说法反映了一个什么问题呢？

由于我们见识过某些优秀的人的优秀表现，于是就过于迷信人的主动性和职业水平，一旦出现了问题，我们总觉得是"人不行"。事实上，团队成员的能力水平都是正态分布的，即便真的是"人不行"，人从"不行"到"行"也会是一个缓慢的过程，而此时此刻你就得做事，你打算怎么办呢？显然，人靠不住的时候，就得靠流程和机制。于是很多管理者就制定了全套的流程让团队遵循，由于学习和执行成本很高，员工遵循起来非常痛苦，因此干脆让流程机制"睡大觉"——这也是很多团队的真实情况，他们有很多流程机制、规章制度的文档，但是还是做不好项目。

归结起来，这类问题主要体现在以下几个方面。

1. 过于依赖人的主动性，缺乏基本的流程和机制。
2. 虽然有机制，但是没有人监督执行。
3. 虽然机制有人监督执行，但是员工依然不愿意执行。

关于这个问题，我们会在 6.3 节中专门探讨，此时我们先不展开。在这里只要了解这是项目执行问题的一个关注维度即可。

▶ **沟通不到位**

常见的说法有以下几个。

1. "我通知了啊，为啥他们就是不听呢？"
2. "对方有问题不主动找我沟通，关我什么事！"
3. "我不知道啊！什么时候变更的？"
4. "不是说好了周五交付的吗？他们没有如期交付啊。"

类似的说法还有很多很多，相信你一眼就可以看出，这类情况就是"信息不对称"，大家在一些重要结论上没有达成共识，由此产生了协作上的偏差和误会。原因可能是对信息本身的理解就不一致，也可能是没有有效传递和同步，总之在沟通这个问题上有诸多的不顺畅，归结起来有以下几点：

1. 主动意识不足，沟通不够主动；
2. 通报意识不足，没有知会到所有相关人员；
3. 闭环意识不足，广播出去了，就默认对方收到了。

无论是哪种情况，导致的后果就是沟通没有到位。关于管理沟通的问题，我们将会在第 7 章详细探讨。这里，我们先了解，沟通不畅是项目执行不到位的主要原因之一。

上述四个障碍总结起来就是目标不清、责任不明、机制无效、沟通不畅。这是影响项目有效执行最常见的问题。因此，如果要开列有效执行的要素，首先要针对这四个问题来思考。

6.2.2 有效执行的四要素

项目得不到有效执行，除了前面我们提到的四个障碍，也许还有许许多多的问题，就好像"不幸的生活各有各的不幸"一样，项目执行不好也各有各的原因。但是，上面我们阐述的四类问题是最为常见的，如果你的项目没有这四类问题，不见得一定执行良好，但是如果出现了这四类问题中的某一类，执行上很有可能会有问题，所以，我把避免这四类问题的钥匙归结为"有效执行四要素"——目标清晰、

6.2 任务要素2：过程管理

责任明确、机制健全、沟通到位（如图6-5所示），以便我们梳理和诊断执行问题。

图6-5 有效执行四要素

为了提升可操作性，我们把这四个要素扩展为12个问题，如表6-1所示。如果你对某个项目的执行不够满意，又想了解到底是哪里出了问题，就可以参照这个"问题清单"检查一下，相信很快你就可以找到问题出在哪里，从而对症下药。

表6-1 任务执行检查表

维度	检查项	检查标准	检查结果
目标不清	目标是否明确（是否符合SMART原则）	完全明确10分	
	是否被有效传达	传递非常有效10分	
	变更是否同步	同步非常及时10分	
责任不明	是否有明确且唯一的总负责人	非常明确10分	
	各合作方的负责人是否明确	非常明确10分	
	总负责人和各方负责人是否知晓并认同该角色	非常清楚10分	
推进不力	没有成形的机制	机制非常成熟10分	
	机制虽有，没有人确保执行	执行非常到位10分	
	机制虽多，没有抓住关键环节	非常高效简洁10分	
沟通不畅	沟通是否主动，还是总在等待	非常主动10分	
	沟通是否达成一致，并就结论double check，并通报	完全理解并通报10分	
	沟通是否闭环，还是经常石沉大海、杳无音信	一跟到底10分	

项目的过程管理和有效执行，是实践性最强的管理主题之一，也是很多技术管理者的拿手好戏，每位管理者都会有自己的一套行之有效的方法论，这套方法论会

符合自己的业务特点、梯队情况、协作水平、流程机制、个人风格……它是专属于你自己的。因此，最后我想强调以下两点。

1. 有效就是准则，别人的经验仅供参考。
2. 想持续有效就得提炼方法论，建立流程机制。用流程机制和方法论去培养和你一样靠谱的项目管理者，他们是做事的核心梯队。

6.3 任务要素 3：流程机制

提起流程和机制，很多管理者都是又爱又恨。一方面希望很多管理工作能够通过流程和机制来保障，从而提升自己的管理效率；另一方面，又为大量的流程机制趴在文档里"睡大觉"而一筹莫展。接下来，我们就来一起探讨流程机制建立相关的问题。

6.3.1 流程机制建立的步骤

我们从一个真实案例说起。

一天，在技术管理的一个交流群中，某管理者抛出来一个问题请求支援，他说："目前碰到一个问题，困扰我一段时间了：之前自己负责开发的时候，数据基本没问题。做管理之后，数据开发就分给别人做了。由于做管理沟通协调的工作占了我大量时间，团队成员的项目质量也没很好地把控，导致这次上线后出现问题较多。本来想着用人不疑，于是就大胆放权，结果出现了这么多问题。如果我亲自做是可以保证质量的，但时间又不够用，大家都忙想想办法！"

如果当时你也在这个群里，你会怎么回复他呢？

要想有效地支持他，我们首先得弄清楚问题的核心：这到底是一个什么问题呢？人家已经交代得比较清楚了：数据开发这个工作，他没时间做，别人又靠不住，怎么办？显然，这是一个关于工作授权的挑战。

对于工作授权，在前面的第 5 章中我们提到过，分为主动授权和被动授权。显然，对这位管理者来说，他想做的是一次被动授权，即，自己忙不过来了，必须得有人来替他完成数据开发这项工作，他不得已需要考虑通过授权别人来完成。显然，他的第一期待是项目结果，但是他自己没有意识到这一点，把培养人的诉求也糅合进来了，例如他说"本来想着用人不疑，于是就大胆放权……"就显示出这种诉求。如果确定是要得到项目结果，就需要做出确保结果的安排，被授权者的感受就不是第一位的。能够兼顾做事和培养人，当然是很美好的，但是如果两者不能兼顾的时候，就需要非常清楚我们优先保证的是什么。

当然，我并非抓住这位管理者在授权方面的一点瑕疵不放，而且事实上，这并不是解决他问题的关键——即便他非常清晰地意识到这就是一次被动授权，这个问题也是无法回避的：为了让员工把数据开发这项工作搞定，该怎么做呢？而作为群友，我们是要给出建设性意见的。

作为管理者，要想让员工分担我们手头上的工作，要么靠梯队，要么靠机制。

- 所谓靠梯队，就是团队里有胜任度非常高的人，可以帮我们搞定这件事，这个人已经是这方面可靠的梯队人才。显然，案例中的管理者在数据开发上的梯队是靠不住的，那么就只能靠机制了。
- 所谓靠机制，就是设计一套方案，来专门应对某个场景出现的问题，用这套方案指导和"搀扶着"员工做好这类工作。你可能会说，带着员工一起做，不是会产生更好的效果吗？你说得有道理，如果初衷是人才培养，这么做是合理的；但是如果初衷是减轻管理者的负担和精力开销，那么显然这么做达不到目的。而且，培养梯队是"远水"，靠机制解决当下问题是"近渴"，无论多么良好的梯队都替代不了机制的作用，因为常常会出现"远水解不了近渴"的情况。

那么，案例中这位管理者的"近渴"该如何解决呢？显然要靠建立机制。关于建立机制的过程，我是这样回复他的：

"你这个问题并不难解决，因为你具备一个关键条件——成功经验。因为你亲自做这件事，是没有问题的，所以你要做的，要么就是把你的经验和能力迁移给员工，要么就是把你的经验和能力提炼出一套机制，让他遵循这套机制来做就可以。作为管理者，当你想抽出时间干别的，梯队又靠不住的时候，机制的建立会把你解放出来。"

"那么，我接下来梳理一下我的经验，形成文档。"他回答道。

"千万别，形不形成文档不是关键，很多文档整理出来也发挥不出作用。关键问题是，你觉得你做到了哪几点，让你可以保证项目质量？或者说，如果让你检查员工的工作，你会检查哪几点？"

他回应说："你提到的关键检查点的确很重要，我现在检查的时候，都是看到什么就问什么，觉得需要的话就去员工计算机上看一眼，这样可能会造成遗漏。"他想了想，继续说："至于我为什么能保证质量，我觉得可能有三点我做得比较好：第一，我特别关注数据指标的定义；第二，我会把数据计算逻辑和需求方进行确认；第三，我在交付项目前，会先做数据校验。"

"非常好，那么在你看起来，如果你的员工在这三个环节也都不出问题，你觉得他交付的项目质量能否得到保障？"我继续问道。

"八九不离十，不会出大的偏差。"

"那么如果你只检查这三个关键点，你的时间和精力开销是否可以接受？"

"可以接受。"

"那么，这就是一套关于数据开发这件事的授权机制，你可以和员工商量一下怎么配合执行。"我总结道。

说到这里，我们就演示完成了一个授权机制的建立过程。在这个过程中，都涉及哪些步骤呢？主要是五步。

1. 明确目标。也就是，明确该机制要解决什么场景下的什么问题。机制的一大特点，就是场景化特性非常鲜明，因为它们都是为了应对特定场景下的问题而产生的，例如服务报警响应机制、公关事件应对机制、新人入职培养机制、项目沟通机制等。前面案例中管理者所需要面对的就是"梯队不成熟，自己又没时间时，数据开发项目如何推进"这个场景。因此，建立一个机制时，首先要描述清楚场景是什么，要达到什么目的。

2. 提炼应对该场景的关键点。从你和经验丰富的人身上提炼出应对该场景的关键环节，因此，如果有成功经验，这些关键点的提炼会容易得多。这里，我并不赞成要去整理一个详细的操作文档。和一个步骤完整的文档相比，关键点的提炼更为重要，这会让执行成本降低，也更有可操作性。这就是为什么在前面的案例中，我要问"你觉得你做了哪几点，让你可以保证项目质量？"，而没有说："你可以把你的经验整理成操作文档让员工照做。"

3. 明确监督者。也就是，由谁来确保机制的执行，以及在什么时候检查关键点。每个流程和机制的执行情况如何，谁来检查和确认呢？如果少了这个监督者，流程和机制的有效性就得不到保证。因此，每个机制，都要设立监督者或检查者。显然在前面的案例中，这位管理者本人就是那个检查者，也只有他自己才可以胜任。

4. 评估操作成本。也就是，确认该机制对执行者来说是可操作的。建立机制的目的是简化工作，理想状态是实现管理事务的"自动驾驶"。如果建立的机制给执行者带来更高的操作成本，就需要反思这个机制建立的合理性和必要性。因此在前面的案例中我才会问："你的时间和精力开销是否可以接受？"
5. 形成共识。也就是，和相关执行人沟通并取得共识。由于机制的制定者和执行者常常不是同一个人，因此，该机制是否有效，以及能否实施，需要和相关执行人沟通清楚，并达成一致。这就是我在前面的案例中最后所交代的："和员工商量一下怎么配合执行。"

通过这五个步骤，我们就可以制定出应对各种场景的机制。当然，制定出机制只是第一步，一个有效的机制还需要在日常工作中不断打磨和优化。

6.3.2 流程机制建立的原则

随着日积月累，机制和流程会越来越多，它们慢慢不再那么好用，长篇累牍地躺在一些文档中"睡大觉"。应如何避免，至少延缓这种情况的发生呢？或者说，应如何让这些流程机制得到有效的执行呢？

要想让机制具有可执行性，建立机制时要遵循以下四个原则。

1. 可操作，即简单原则。也就是说，机制要以最低的学习成本和操作成本为原则，这是最重要的原则，如果建立的机制不具备可操作性，那么即使管理者自我感觉再完美，能应对和解决的问题再多，也要果断抛弃，因为不具备可操作性的机制是没有意义的。
2. 只打关键节点，即关键原则。建立一套机制，没必要对所有的细节进行完整的描述，没有人喜欢看长篇大论的文字，技术人尤其如此。你只要告诉大家，在哪几个最关键的节点做什么样的动作即可，而且这样的关键节点不能太多，以 3～5 个为宜。这样做可以大大降低执行成本，提升机制的可操作性。

3. 明确到人，即问责原则。在各个关键点由谁来跟进呢？这个问题要有明确的约定，不能完全靠人的自觉性。例如，如果建立一个迟到要发红包的机制，只是说一句"迟到的发红包"，你会发现，经常有人迟到了也不发红包，而一旦指定了监督人，由他去监督执行，这个机制的运作就会有效很多。这就是所谓的问责原则。

4. 从工作场景中来，到工作场景中去，即实用原则。千万不要为了建机制而建机制，每一个机制都要有实用价值。由于机制都是有场景化特性的，当场景发生了变化，机制也要随着升级，对于机制的重新审视和学习都意味着额外的开销，因此，每个机制的维护都是有成本的。如果没有随着场景更新升级，这些机制就会成为没有意义的机制，时间长了就变成大家常遇到的情况——什么机制都有，但是大家不执行，或执行效果不好，反而成为管理的累赘和负担。

在建立机制的时候，如果能够遵循上面四个原则，就可以大大提升机制的可操作性了。

6.3.3 流程机制的常见问题

关于流程机制，以下三个问题是管理者们经常遇到的。

1. 既然有效的机制可以帮助有效地解决问题，那么机制是不是越多越好？机制不是越多越好，而是越少越好。这个观点和前面提到的关于机制的简单原则、实用原则一脉相承。要明白一个道理：机制的建立并不会解决问题，对机制的执行才能解决问题。而机制的建立、执行和后期维护都是需要成本的，所以，千万不要贪多，在风险可控的前提下，机制能不建就不建，能少则少。

2. 到底是人靠谱还是机制靠谱？很多管理者都认为，事情都是人做的，人如果足够靠谱，机制就没什么用了。对此，我的看法是，人的靠谱程度的"方差"比机制大，即人靠谱的时候比机制靠谱，人不靠谱的时候比机制更加不靠谱。即便是最靠谱的员工，也会由于身体状态、精神状态、情绪状态及外部干扰变得偶尔不靠谱，而机制的意义在于，当人不靠谱时，可以使事情不至于做得很不理想。因此，机制是为了保障做事的"下限"的。同时，由于机制有很好的迁移性和传承性，不会随着某个人的缺位而产生大的影响，因此，必要的机制是不可或缺的。
3. 机制足够健全的话，是不是就不用做激励了？有些管理者认为激励是多余的，因为在他们眼中：梯队足够好，制度足够成熟，这些工作谁都能干，对公司来说宝贵的是机制，人无所谓，缺了谁都能正常运转，所以不用做员工激励。这种思维方式显然混淆了团队工作状态的"上限"和"下限"。上述管理要素只能保障做事的"下限"，即最差也能保证一定水平的运转。而员工激励是用来推高做事的"上限"的，即尽可能提升运转的水平。机制只是为了保障做事的"下限"，所以并不能取代激励的价值，员工激励依然很重要。

关于如何让流程机制得到有效的执行，我们就先探讨到这里。管理者要想从繁重的日常管理中抽身，要么靠健全的梯队，要么靠良性运作的机制，如果两个条件都具备，管理者就能体验到"自动驾驶"的感觉了。

6.4 经典问题：如何实现高效执行

由于所有的业绩都是通过"做事"做出来的，而管理者们又特别希望能够"尽快"地做出业绩，于是，"高效执行"也就成为管理者普遍关心的热门话题。时不时会有管理者问我类似以下的问题。

1. "如何提高团队的执行力？"
2. "如何打造高效执行的团队？"
3. "如何提高团队的效率？"

总之，一旦"执行"遇到了"高效"，每个上级的脸上都笑开颜。于是为了实现高效执行，很多管理者也是挖空了心思、费尽了力气，尝试了各种各样的手段。

曾经有位公司的高管跟我说，竞争对手的团队天天加班到很晚，于是想让自己团队实施"996"工作制，问我怎么看。

我问他："你希望通过'996'达成什么目的？"他竟一时语塞。

我其实挺理解他的感受，他希望事情能够做得更快，团队更有干劲，产出更有效率，让整个公司跑起来，至少比竞争对手跑得要快。我也理解他为什么会语塞，在创始人眼里，创业公司就是要热火朝天啊，就是要"996"啊，就是要比竞争对手更努力啊,这还用问吗?至于要达成什么目的……没仔细想!

但我还是要追问,"996"终究只是手段,而手段必定需要为某个特定的目的服务,目的还不明确的时候,手段的有效性是无法评判的。我们常常靠"理所当然"的常识做决策,往往达不到期待的结果,甚至事与愿违,唯一的效果就是阶段性的自我安慰。

事实上,高效执行本身并不是目的,而是达成特定目的的手段。那么,当我们探讨如何实现高效执行的时候,都要探讨哪些方面的内容呢?

对此,我做了一个公开调研:当提及"高效执行"的时候,大家的第一反应是什么?回复我的有一线员工,有管理者,也有创始人,大体集中在以下词句:

"令行禁止、不拖延、军队作风";

"多做少说、决定干了就干、少讨论";

"发奖金、扣工资";

"实施'996''997'";

"红色性格(热情、奔放有力量)";

"理解沟通";

"时间管理";

"项目管理、过程控制";

"目标明确、收益明确"。

看到这些反馈,我的内心是崩溃的:即便是背景相近的人群,大家对"高效执行"的理解和感受也有这么大差异,探讨这个话题是多么具有挑战性啊!

显然通过穷尽大家的问题来探讨高效执行行不通,于是,我们还是回归到高效执行这个概念上来。为了生动,我们再次拿出"马车模型":把执行一项任务,看作把一辆马车驾驶到特定目的地,那么,所谓"高效执行",就意味着如何尽快地到达目的地。那么,管理者作为车夫,应如何驾驶马车尽快抵达目的地呢?

有以下四个因素是最关键的:

1. 马匹在用多大力气拉车——单马动力;
2. 多匹马是否在往同一个方向用力——协作水平;
3. 马车是否在有效地朝着目的地的方向前进——方向有效度;
4. 夜以继日地赶路——时长。

如果用一个近似的公式来表示，就是：

$$有效路程 = 单马动力 \times 协作水平 \times 方向有效度 \times 时长$$

上面的描述对应到高效执行中，就是下面四个问题：

1. 个体动力，即每位成员的"个体产能"；
2. 协作水平，即成员间的"合作有效度"；
3. 方向有效性，即大家是否在朝着一个有效的目标努力，以及目标是否清晰；
4. 时长，即员工工作时长。

对应的近似公式是：

$$高效执行 = 个体产能 \times 合作有效度 \times 方向有效度 \times 工作时长$$

不难发现，很多管理者希望快速执行的时候，焦点都放在了"工作时长"这个因素上。事实上，除了增加时长这个简单粗暴的方式，还有三个因素可以提升效率，即个体产能、合作有效度和方向有效度。我们分别来探讨。

▶ **个体产能**

个体产能，也就是我们在第 5 章探讨团队建设时提到的个体动力。它取决于员工的能力，以及使用能力的意愿，即：

$$个体产能 = 实力 \times 意愿$$

对应到管理工作中就是：

$$个体产能 = 能力培养 \times 员工激励$$

关于如何培养员工的能力和如何激励员工的意愿，我们在第 5 章中已经详细介绍，此处不再赘述。

▶ **合作有效度**

合作有效度，其实就是如何通过分工让大家把劲儿往一处使，同时依靠平时积累起来的信任和默契使团队有良好的协作水平，也就是分工和协作。关于如何分工和如何提升协作水平，我们也已经在第 5 章详细探讨，此处也不再赘述。

▶ **方向有效度**

驾驶马车的方向感，对应到管理工作中其实就是团队的目标感。你也许会问，

第6章 任务管理

目标设定是规划的范畴,和高效执行有什么关系?我想说的是,脱离目标来谈执行,恰恰是最普遍存在的问题,这个问题至少会引发以下三个不良后果。

第一个后果:激励失效。

如果你和一线员工有顺畅的沟通通道,不难发现引发他们强烈抱怨和失去动力的一个重要原因就是需求变化太快,导致手头上的工作任务频繁切换,这会带来三个负面影响。

1. 工作反复切换,之前的讨论、评估、设计、开发都变成了沉没成本,员工的挫败感不断累积,而成就感很少。
2. 时间越来越紧,挑战越来越大,员工不得不承受更大的工作压力和强度,引发员工焦虑和负面情绪。
3. 员工认为管理层没有想清楚,甚至质疑管理层的能力,对公司和团队降低信任度,甚至丧失信心。

清晰的目标,本身就是激励,目标缺失的团队和员工,是很难进行有效激励的。如果大家还有疑惑,可以回顾一下自己以往取得的最满意的成绩,不难发现这些事情都有一个共同特点,就是当时的目标非常明确,方向感非常好。

第二个后果:协作失调。

明确且认知一致的目标,对于团队所有成员保持统一的工作步调,意义是显而易见的。相反,目标不一致的情况下,让员工保持良好的节奏和状态就变成了奢望。

目标不清晰,除了会对步调和节奏产生影响,还会失去对多任务优先级的判断力。因为目标不清晰,失去了最核心的判断依据,此时要想在沟通中达成一致,沟通成本会非常高,所以才有人对高效执行的第一反应是"多做少说、决定干了就干,少讨论",换句话说,低效率的沟通也是执行的一大障碍,而目标不清晰必然会导致低效率沟通。

第三个后果:忙乱无效。

要高效执行,除了速度快,还要有效,所谓有效就是往正确的方向前进,即离目标要越来越近。

快速执行的现象有两类：一类是看上去很忙；另一类是真的忙得很有效。其区别就在于核心目标的达成度，如果目标不清晰，就属于"瞎忙"，这种状态是不健康的。

从以上三个不良后果来看，目标和方向感的不清晰是高效执行的大敌。这个问题普遍地存在于很多公司中，却往往不被管理层重视，于是有了以下这些说法。

- 老板说："我们的目标一直都很清晰啊，我都说了多少遍了！"
- 管理者说："这也不是我能左右的，而且这个时代也没法做长远规划……"
- 员工说："方向总是变来变去，老板到底想要啥呢……"

归结起来就是，要么没目标，要么是目标不清晰或目标没有被有效解读和传达。因此，管理者除了要明确目标，还需要进一步明确该目标的核心衡量指标，即这个任务最核心的指标是进度（赶时间）、质量（稳定可靠）还是效果（功能完善）。只有搞清楚这个问题，在遇到突发情况的时候，才能把握住决策方向，优先满足关键的期待，让结果更有效。

综上所述，打造一个高效执行的团队，是一个系统工程，不能只靠简单堆时间去达成所谓的"高效执行"。除了工作时长这个因素，还要从员工能力培养、激发工作意愿、合理分工、促进协作、明确目标、沟通同步去做工作，才算是一个比较系统的高效执行的方案。而且，单纯堆时间还可能让其他因素大打折扣，例如会降低员工的工作意愿。因此，当我们诊断一个团队的执行力问题时，不能头痛医头脚痛医脚，而要通盘考虑这些要素，从而找到高效执行的最大提升空间。

高效执行 = 个体产能 × 合作有效度 × 方向有效度 × 工作时长
　　　　 =（能力 × 意愿）×（分工 × 协作）×（目标 × 沟通）× 工作时长

小结

本章主要介绍了关于"做事"的一些要点，以实现对各项任务的有效管理，收获实实在在的工作业绩。由于做事是一个过程，我们分为事前、事中、事后来进行探讨，包括事前分清楚任务的轻重缓急，事中做好任务的有效执行，以及事后进行流程机制的梳理。

第 6 章　任务管理

本章要点

1. 轻重缓急判断依据
- 通过收益来判断重要程度。
- 通过损失来判断紧急程度。
2. 有效执行四要素
- 目标清晰。
- 责任明确。
- 机制健全。
- 沟通到位。
3. 流程机制建立的四个原则
- 简单原则。
- 关键原则
- 问责原则。
- 实用原则。

扩展思考

基于本章内容，你如何看待以下问题。

1. 对于自己不熟悉的业务，其项目进度应如何把控？
2. 流程和机制的区别是什么？

要了解作者观点或更多管理者的观点，请查阅作者公众号（见作者介绍）中的相关内容。

第7章 管理沟通

截至目前，我们已经探讨了"管理三明治"五大部分内容中的四个部分：角色认知、管理规划、团队建设和任务管理，现在我们进入第五部分的探讨，也就是无处不在的管理沟通，如图7-1所示。

图7-1 "管理三明治"框架图

如果说角色认知是管理工作的前提条件，它体现在管理者所有的言行举止中，那么管理沟通恰似管理工作的载体，它承载着所有管理工作的正常开展。离开了沟通，所有的工作都将搁浅。道理很简单，所谓管理，就是协同多人并"假人之手"来完成工作，而所有的协同都要通过沟通来完成，所以，沟通在管理中是无处不在的。

7.1 管理沟通的两个视角

管理沟通是一个大话题，也是很多公司培训的重头戏。作为管理者，你肯定参

第 7 章　管理沟通

加过很多 HR 组织的管理沟通课,效果如何呢?在管理沟通问题上是否胸有丘壑、游刃有余了呢?我估计,管理沟通依然是技术管理者的"老大难"问题。为什么参加了那么多的沟通培训,明白了那么多的沟通道理,还是做不好沟通呢?

一方面,管理沟通的确是一个很有挑战性的话题,对技术管理者来说尤其如此(7.2 节会具体讲)。另一方面,我们在学习管理沟通的时候,重心往往放在沟通上,这就割裂了管理和沟通。因此,不但很多管理沟通问题解决不了,还会给员工很强的"套路感"。例如下面的场景。

- 认为绩效沟通的重心是在沟通上,总是期待有绩效沟通的"灵丹妙药"。而实际上,绩效沟通的灵丹妙药在整个绩效管理过程中,绩效沟通只是绩效管理中的一环。
- 总是对员工说"要积极",看不到员工变积极还很恼火。忽视了提升员工积极性要靠员工激励方案,而不是提口头要求。
- 认为"能说会道"的人善于合作。其实,用管理的手段去确保各合作方得到各自的收益才是关键。
- 认为团队文化建设就是要喊口号,不断强调。如果忽视了管理举措和文化的一致性,强调再多也没有效果。

总之,当"管理逻辑"讲不通时,纯靠沟通并不能有效地解决问题,即便能解决,也只能"糊弄一时",长此以往肯定会出问题。因此,所谓"管理沟通",其实包含了"管理"和"沟通"两个层次,沟通的技巧固然重要,但是不能脱离"管理"而依赖纯粹的沟通。常规沟通培训往往脱离管理只探讨沟通,导致沟通技巧无法发挥作用。

因此,在面对每一个管理沟通问题时,我们都需要用两个视角来看待。

1. 管理视角。这是一个什么类型的管理问题。是角色认知问题,还是管理规划、团队建设或任务管理问题?具体在哪个管理要素上——是目标问题、激励问题,还是优先级问题?
2. 沟通视角。对于这个管理问题,沟通该怎么做。沟通的目的是什么?要准备哪些内容?以何种方式来沟通?

在后续我们探讨向上沟通、向下沟通、绩效沟通等大部分管理沟通话题的时候,都会从这两个视角来探讨,既关心这是一个什么类型的管理问题,也关心该如何来完成沟通。

7.2 管理沟通的挑战

在前面的章节中提到，关于"最具挑战性的管理话题"，我曾经对几百位技术管理者做过统计，排在前三位的是：向上沟通、员工激励和团队凝聚力提升，其中向上沟通几乎居于每次调研的榜首。而且，紧随这前三位之后的，往往就是向下沟通。如果把向上沟通和向下沟通加起来，在不包括横向沟通的情况下，就已经一骑绝尘地把其他话题抛在后面了，可见管理沟通是技术管理者心中当之无愧的"最具挑战性的管理话题"。

那么，为什么技术管理者认为管理沟通如此具有挑战性，尤其对于向上沟通会如此地头疼呢？请说出下面的四项工作有什么特点。

1. 技术工作：操作机器、学习语言、设计算法、开发功能、遵循规范……
2. 项目管理：明确需求、制定计划、把控流程、推动执行、通报进展……
3. 和下级合作：分配任务、跟进进展、辅导帮助、激发动力、评价结果……
4. 和上级合作：领取任务、领会意图、提供建议、申请资源、寻求指导……

敏锐的人一定会发现，这四项工作，恰恰就是从技术到管理的四个里程碑：从最初的技术工作，到做项目管理负责整个项目，再到带着团队做好执行，随着对目标的逐渐关注和视野的逐渐扩展，最后到越来越频繁的向上沟通。我们一起来看看，在这四个里程碑式的成长经历中，打交道的对象发生了哪些变化。

▶ 技术工作

做技术工作，主要和客观事物、自然规律打交道。客观事物和自然规律的特点就是确定性、精确性和稳定性。也正是对这些特性的掌握程度，体现出我们对于客观世界的认知水平。对于这些客观的、稳定的特性和规律，我们的信念是认识它、掌握它、遵循它、利用它。因此，精确、严谨、稳定，以及按照规则办事、讲逻辑而非情感和感受，是技术人的基本哲学。而且，越是优秀和出色的技术人，这些特质就越明显。接下来"悲剧"就发生了，因为这些优秀和出色的技术人，同时也可能是上级提拔管理人才的重要人选。相对于稳定、客观的技术来说，人是非常不稳定的因素。技术人赖以成功的最拿手的改造这个世界的方式和手段，在应对人的时候可能会失效。

▶ 项目管理

虽然项目管理不可避免地要跟各种角色的人打交道，但这项工作无论是目标，还是过程，核心都是"做事"，是基于规则和规范的。换句话说，依旧可以"照规矩办事"。技术人从编程语言和技术框架的规则，转换到项目管理的流程和规范，对于价值观的挑战还不是颠覆性的，精确性、规范性、确定性依然可以很好地发挥作用。虽然要不断地开会、沟通，不得不和人打交道，但是依然是在一个有规则的大框架下工作，所以"感觉还好"。正因为如此，项目管理是大部分技术管理者的长项。在上述统计中，"项目管理和交付"这个主题，都是毫无悬念地排在技术管理者"最擅长的管理主题"的榜首，而且大幅度超过其他主题。现在我们明白了，这并非偶然。

▶ 和下级合作

如果说项目管理还可以很大程度地依赖规则和规范来搞定的话，那么和下级的合作和沟通就变成了完全和人打交道了。人大概是这个世界上最不稳定的事物，生物性、社会性、情感性交织在一起，无时无刻不相互影响和波动。没有什么流程和规则可以用于和所有人相处。即便是和某个确定的人相处，也很难摸到规律，冲突和矛盾不断。如果不信，你看看网上有多少情感专家、教育专家就知道了。管理者要和一群人相处，安排员工做事还有些规矩可以遵守，员工激励却很难用规范和规则来实现。我们在第6章中已经提到，流程和机制是用来保障工作的"下限"的，而激励是激发团队工作"上限"的，所以，员工激励作为一个很"艺术"的管理主题，被众多的技术管理者列在了"最具挑战性的管理主题"的前三位，同样绝非偶然。

▶ 和上级合作

对规则感和掌控感而言，和下级合作至少有一个因素可以利用，即管理者的职位和角色带来的职权影响力。从职权角度讲，因为下级向你汇报，你对他们的工作有分配、知情、评价的权力，你可以主导团队的一些规则和文化。从视野角度讲，团队成员的工作都在你的视野范围内，所以你会有一种掌控感。因此，和下级的合作，虽然已经只有很少的确定性手段可以用了，但并不是完全没有。然而，和上级的合作，对很多技术管理者来说简直就是"噩梦"。

- 你的大部分任务是上级来安排的，这就很被动；
- 上级比你视野开阔，很多时候你揣摩不透上级的意图，但是还不能不关心；
- 你需要的很多资源和支持都要向上级申请，但不见得能申请到；
- 你只能给上级提供建议，但是对方还常常不采纳；
- ……

各种各样的"不确定性"充斥在每天的工作中。上级完全不受自己掌控，却要来评价我们的工作做得好还是不好，还在很大程度上决定着我们的成长和发展。自己最在乎的东西，却掌握在最不可控的人手里……这让写代码出身的技术管理者情何以堪呢？"上级"和"代码"完全就是两个世界的事物啊。如果说和下级合作，"价值观"已经受到了一些挑战，那么和上级合作，工程师时代赖以成功的信念和"价值观"就完全被颠覆了。我想，这就是向上沟通之所以会成为技术管理者们"最头痛的管理主题"的原因吧。

7.3 管理沟通的基本框架

既然管理沟通让技术管理者头痛的主因是确定性和规则性的降低，不确定性的大幅度提高，那么，我们能否从沟通的千变万化的不确定中，找到那些相对确定的因素呢？然后，再从这些相对确定的因素出发，去应对千变万化的沟通场景呢？如果可以，管理沟通有没有可以遵循的基本框架呢？

答案是肯定的。接下来，我们就把沟通过程来"解构"一下，看看一次沟通包含了哪些步骤。

首先，无论主动沟通也好，被动沟通也罢，沟通一旦发生，肯定会有一个沟通的目的和初衷，例如同步信息、表达关心、规劝说服等。虽然很多时候我们没有去刻意厘清自己的目的，但是有意无意间，总会有一个目的，并且整个沟通都有意无意地围绕着这个目的展开。显然，沟通的目的和动机是一个核心的要素。

了解了沟通的目的和动机，接下来就要审视和对象的沟通关系。是有着稳定良好的沟通关系，还是未知全新的沟通关系？显然，不同的沟通关系对沟通效果影响很大。鉴于"关系"这个词在中国有着太多的含义，而技术背景的管理者对"通道"这个词理解无障碍，因此在后面的探讨中，我们都用沟通"通道"来代替沟通"关系"的说法。形象点说，就是你要想和某人沟通，需要先和他建立一个沟通的通道，然后沟通具体内容。熟悉网络编程的管理者就更容易理解了，这就好比想要和其他程序通信，要先建立"连接"是一个道理。

有了目的，也有了通道，接下来就是沟通内容本身了。如何充分交换信息、观点以达到各自的沟通目的和意图，这显然也是沟通的重要因素，很多沟通培训就是围绕这个要素来展开的。沟通内容是沟通的有效信息。

清楚了沟通的目的，建立了沟通的通道，明确了沟通的内容，是不是就能够很好地沟通了呢？事实上，还有一个重要因素在影响着沟通效果，这就是影响力。很多时候，你能有效地说服并影响对方，起关键作用的并非沟通技巧，而是你对他的影响力。因此，探讨沟通，我们不能忽视影响力这个要素。

这样，我们就得到了沟通的四个要素：目的、通道、内容和影响力。

1. 目的是沟通的核心。所有的沟通，我们都要清楚自己的目的和初衷且围绕它展开。
2. 通道是沟通的载体。所有的沟通，都是基于彼此之间现存的沟通关系进行的。
3. 内容是沟通的主体。有效信息都通过内容来传递。
4. 影响力是沟通的有效力量。每一次沟通，影响力都在背后发挥着重要作用。

我们把这四个要素整合到一起，就构成了沟通的基本框架（如图 7-2 所示），它适用于向上沟通、横向沟通和向下沟通。

管理沟通	
目的	建立通道 | 同步信息 | 表达情感 | 输出影响
内容	内容选取 | 呈现逻辑 | 3F倾听 | 回放确认
通道	沟通意愿 | 事务特点 | 沟通风格 | 信任关系
影响力	职权影响力 | 非职权影响力

图 7-2　管理沟通的基本框架

接下来，我们具体探讨一下沟通的这四个要素。

7.3.1　沟通目的

做任何工作都有一个初衷和目的，管理沟通也不例外。你可能会说，管理沟通林林总总，每个沟通场景都有不一样的目的，这个问题如何探讨呢？

实际上，沟通的目的虽然各式各样，但不外乎以下四类。

1. 建立通道。建立沟通关系和沟通渠道，即你要和谁建立什么样的沟通通道，以什么方式和频度进行沟通。这很像两个技术模块相互通信要建立"连接"一样。管理者刚接手某个团队的时候，需要和上级、下级和同级都建立沟通和合作关系。
2. 同步信息。沟通的第二个目的是同步信息，即把相互不了解的信息同步给对方，让对方知悉。这个目的在日常管理中非常常见，例如同步目标、汇报进度、通知通报等，都属于此类目的。
3. 表达情感。有的时候，沟通只是为了表达某种情绪和感受，例如表达焦虑和压力，表达快乐和感谢，表达关心和认同，表达成就感等。此时沟通表达情感就是目的。
4. 输出影响。在工作中，这类目的的沟通是非常多的，例如希望对方采纳建议、管理上级的预期、和员工沟通绩效、向上级申请资源等，都是希望别人能够采纳自己的观点，满足自己的诉求，从而达到输出自己影响力的目的。

以上是四类沟通目的，而具体到每个场景的沟通目的，只不过是就某个具体的事情，达成这四类基本目的中的一类或多类。例如：

- 和某合作方初次沟通——与该合作方建立合作关系，达到"建立通道"的目的；
- 沟通某个项目的进展——就该项目沟通进展情况，达到"同步信息"的目的；
- 专程表达关心和关怀——达到向某人"表达情感"的目的；
- 管理上级对某件事的预期——就这项工作的预期，达到向上级"输出影响"的目的，让上级认同我的看法和方案。

无论是向上沟通、向下沟通还是横向沟通，日常管理工作中所涉及的主要沟通场景的目的，都可以对应到以上四个沟通目的中的一个或多个。厘清自己的沟通目的是沟通的起点，很多时候，管理者不清楚该不该启动一次沟通，原因就在于目的不清晰。

7.3.2 沟通通道

建立良好的沟通通道，也是沟通的四个基本目的之一。实际上，由于沟通通道是沟通的载体，因此在每次沟通之前都是需要建立或审视沟通通道的。

第 7 章　管理沟通

▶ 何为良好

什么样的通道才是良好的沟通通道呢？

大家一般会用"通畅"来形容良好的沟通，所谓"通"，是指沟通通道是稳定可靠的，不会今天能用明天就不能用了；所谓"畅"，是指沟通效率很高、很顺畅，不会说了半天相互不能领会对方的意图。这很像网络连接中的"稳定性"和"性能"这两个概念，良好的连接首先要稳定可靠，其次要有高效的性能，沟通通道亦是如此。

1. 所谓稳定性，就是指这个通道是稳定可靠的，不会动不动就谈崩或断了联系，即使有点误会双方也能够相互包容和谅解。

   在这个维度上，信任关系和信任水平起到决定性作用。当沟通双方彼此充分信任的时候，大家更容易包容和谅解对方，对分歧也有更高的容忍度，这样的沟通关系也更稳定，不容易"断交"。因此，稳定性的背后是信任，信任让通道保持"通"。

2. 所谓性能，就是指沟通的效率，即这个沟通通道的效果和成本之比。所谓高效，即双方只需要非常低的成本，就可以达成很好的沟通效果。

   在这个维度上，双方的默契程度起到决定性作用。当双方高度默契时，一举手一投足、一个眼神一个表情、只言片语就可以心领神会，所谓"心有灵犀一点通"即是如此，相信你曾经有过这种神清气爽的体验。因此，高性能的背后是默契，默契让通道保持"畅"。当然，默契具有"专属性"，你只会和特定的人有默契。两个人的默契，不是一朝一夕产生的，而需要长时间的磨合和调适。

因此，如果你和某人的沟通既具有很好的稳定性，又具有良好的性能，就可以认为这是一个良好的沟通通道了。"通畅"这两个字，道尽了沟通通道的要义。

▶ 如何建立沟通通道

信任也好，默契也罢，体现沟通通道品质的这两个因素都需要长期经营和积累。对单次具体的沟通来说，如何把沟通通道建立起来呢？

可以从以下四个方面着手：沟通意愿、事务特点、沟通风格和信任关系。

1. 明确沟通意愿。沟通意愿是沟通的基本前提。作为技术人，我们通常并不喜欢主动和上级沟通，而是等着上级指示和安排。做工程师时，我们不主动和上级沟通问题倒也不大，因为上级一般会有意识地主动和我们沟通。但是成为管理者之后，如果还不主动和上级沟通，那就相当于已经上大学了，还要家长和老师逼着做作业一样，如此被动的话，我们又如何带领别人往前走呢？实际上，在我和成熟管理者聊对下属的期待时，他们大多都会强调：希望和初级管理者澄清一个事实——上级默认是需要下级主动向上沟通反馈的，而非默认不需要。

   那么，管理者如何提升主动沟通的意愿呢？
   - 审视自己的角色：你是一位工程师还是一位管理者？
   - 审视自己的初衷：你是为了自己而沟通，还是为了团队而沟通？

   通过问自己这两个问题，让角色给你沟通的力量和动力。关于角色认知，我们在第 3 章已经有过明确的探讨，这里不再赘述。

2. 评估事务特点。根据事务的特点，例如是否重要、是否紧急、是否敏感、是否正式、是否例行等，来确定沟通的方式和频次。在工作场合有五类沟通方式最为常见，适用于不同的事务特点。这个问题在管理沟通中比较基础，具体可参考表 7-1 所示的沟通方式。

表 7-1　五种沟通方式示例表

方式	适用情况	典型场景举例	忌讳
当面	紧急 敏感 全息 复杂	战略发布 团队调整 绩效沟通 方案研讨	事无巨细 目的不明 长篇大论 读者型
电话	紧急 敏感	突发事故 无法当面的重要沟通	事无巨细 读者型
即时通信	简要沟通 需留白 需留底	询问信息 征求意见 简要沟通	十分紧急 需长期备案留底 听者型
电子邮件	正式通知 周知并留底 系统阐述	通报表扬/批评 项目计划/进展 总结报告	紧急 频繁零散 听者型
协作平台	例行性通报 模板化通报 系统阐述	工作周报 流程审批 文档归档	紧急 零散 听者型

3. **了解沟通风格。** 了解沟通对象的沟通风格。如果说审视事务的特点，是根据"事"来选择沟通方式，那么审视沟通对象的风格，就是根据"人"来选择沟通方式。

探讨沟通风格和管理风格的工具比较多，例如 DISC、盖洛普的"四大优势领域"、MBTI 等，感兴趣的读者可以去系统了解一下，其核心是根据沟通对象的风格特点，来选用更高效和对方易接受的沟通方式，这样才更容易相互理解。如果一时来不及去研究那些风格体系，可以针对需要沟通的对象，思考以下问题。

- 他关注人还是关注事？
- 他关注过程还是关注结果？
- 他重逻辑还是重感受？
- 他重思考还是重行动？
- 他偏好直接还是委婉？
- 他是"读者型"（书面沟通）还是"听者型"（当面沟通）？

显然，这不是一个完备的清单，管理者需要根据自己的情况和习惯，梳理自己的沟通风格和维度。

关于"读者型"和"听者型"我们做个简单介绍，因为这两种风格在工作中非常常见，也很容易引起误会。

- 读者型：善于从书面材料中获取信息，长长的电子邮件、厚厚的报告对读者型的人来说都不是问题，他们并不觉得读材料是一个负担。
- 听者型：几页纸的报告都会让听者型的人感到头疼，他们喜欢的是口头沟通，即便是再小的事，也倾向于当面沟通或者电话沟通。

日常工作中，读者型的人常常认为听者型的人小题大做、风风火火、虑事不周；而听者型的人又常常认为读者型的人上纲上线、思维迟钝、行动缓慢。现在我们知道了，这并非"行动力问题"或"智商问题"，而是风格偏好不同。应对要点自然是投其所好：

- 对读者型，应该以书面沟通为主，口头沟通为辅；
- 对听者型，应该以口头沟通为主，书面沟通为辅。

当然，主动发起沟通的人为了达到沟通目的，需要"迁就"沟通对象的风格偏好，而不是只考虑自己的喜好。关于性格特点、行为风格的书很多，感兴趣的管理者可以做一个专项研究，本书不展开讨论。

4. 审视信任关系。如果说前面提到的沟通意愿、事务特点和沟通风格，都是为了鼓励你主动加强沟通的话，那么对信任关系的审视，就是让你查看是否可以简化沟通。例如你原本需要长篇大论的汇报，对于默契度很高的上级，可能也就是一条消息的事儿；你原本需要多次沟通的问题，对于信任度很高的合作方，可能只要简单的一句话。因此，你需要花多大精力去准备沟通，很大程度上取决于你和对方的沟通通道的品质，也就是前面我们提到的信任和默契。信任决定着你们沟通通道的稳定性，默契代表着你们沟通通道的效率和性能。

关于如何提升信任，我们将在 7.5 节详细探讨。

如何提升默契呢？默契都是"磨合"出来的，是靠一次次沟通合作"磨炼"出来的，没有捷径可以走。那么，没有默契或者默契度低的时候如何顺畅沟通？我们说，有默契靠默契，没默契靠技术。关于重要的沟通技术，我们放在本章 7.4 节详细讨论。

好了，关于如何建立沟通通道，我们从沟通意愿、事务特点、沟通风格、信任关系进行了盘点。其中，意愿是前提，信任和默契是基础，事务特点和沟通对象的风格特点决定了我们采取什么样的沟通方式。如此，我们就建立起了传输沟通内容的管道和载体——沟通通道。

7.3.3 沟通内容

对一次沟通来说，明确了沟通的目的，也审视了沟通的通道，接下来就是组织沟通"内容"了。

显然我们要探讨的并不是"内容"本身，因为内容具体是什么，和每个具体的沟通情景相关，无法穷举。我们要探讨的是如何让内容在沟通双方之间得到有效传递。

内容的有效传递是很多管理沟通课程的重点，大量的沟通工具、技巧和流程，都是为了解决信息传递的"不失真"，以确保双方领会对方的确切意图。关于如何让内容有效传递，有以下四个方面的工作可以做。

1. 内容选取。内容选取，也就是明确沟通什么，不沟通什么。沟通内容的选取是有效沟通的前提。很多人在沟通中想起什么就说什么，跟着感觉走，往往达不到沟通的效果。内容选取是为沟通目的服务的，和沟通目的越相关，对达成沟通效果越关键，这样的内容就越重要。和沟通目的关系不大的内容，可以另行沟通，不要揉在本次沟通中。

2. 呈现逻辑。内容选定之后，接下来就是对内容的呈现，无论是书面还是当面，逻辑性都很重要。由于书面沟通节奏慢、成本高，因此呈现逻辑就更加关键，应力求一次把问题说清楚，避免反复沟通。

   对于我们最常见的工作邮件，以下四个原则收效显著。

   - 标题清晰：标识出事务要点，如[请确认/请审核]、[会议纪要]、[进展通报]、[周报]等。
   - 指向明确：指定跟进人，即"@机制"。如果是 IM 沟通，就@到人；如果是电子邮件，就明确某人来关注，并把他放入"收件人"这一栏。
   - 结论优先：把结论放在最前面，然后进行具体阐释。这样可以大大提升阅读效率。
   - 结构 MECE：对于问题的阐释和论述是结构化的，逻辑清晰，符合 MECE 原则。

3. 倾听。很多人在沟通中更注重"说"，一些管理者更是说起来滔滔不绝，根本就没有别人插嘴的机会，自己说完了就结束沟通。这显然不是一种良好的沟通，至少不是有效的沟通。有效的沟通是双向的，为了达到沟通效果，需要从倾听对方开始。倾听不仅只是认真地听，还要分辨对方言谈中传递的信息、观点和意图。在 7.4.1 节中，我们会把"倾听"作为一项专门的沟通技术来探讨。

4. 确认。很多时候，我们收到了对方的内容，就想当然地觉得自己理解了对方的意图，造成了很多的"一厢情愿"，也产生了很多沟通上的误会，及时地确认对方的意图就可以有效地避免这一点。一般来说，一两个简单的"回放式"问题就可以收到效果。关于如何发问，我们也会在 7.4.2 节作为一项专门的沟通技术来探讨。

综上所述，为了让内容得到有效传递，根据沟通目的来选取沟通内容是前提，接下来，如果是书面沟通，就需要关注呈现逻辑；如果是口头沟通，就需要掌握倾听和确认的技巧。

7.3.4 影响力

我们不是在探讨沟通吗？怎么就把影响力也扯进来了呢？

确切地说，沟通并不包括影响力，但是影响力在很大程度上影响着沟通效果，很多时候影响力甚至是决定性的。

- 同样的沟通，具有不同影响力的人和你沟通，结果常常是不一样的。这是因为，不同的人对你的影响力是不同的，所以结果会不同。
- 有的时候，你用尽了各种沟通的技巧，却依然无法影响对方的观点。这是因为，你对他的影响，只会有一小部分来自沟通本身，而真正决定你能否说服对方的，是你对他的影响力。

所以，谈沟通，不能不谈影响力。这个影响力既包括了职权影响力，也包括非职权影响力。

关于影响力都包含哪些方面，它是如何发挥作用的，以及作为管理者要如何提升自己的影响力，在 7.5 节我们会进行详细探讨。

7.3.5 管理沟通的四项积累

一提到沟通，浮现在眼前的总是各种的特殊性和不确定性，那么有没有稳定的因素是我们可以把握的呢？也就是说，如果我们想要提升自己的管理沟通能力，具体应从哪些维度提升和积累呢？

所谓稳定，就是指这些积累维度应符合以下要求。

1. 特别有效，且持续有效。对管理沟通来说很关键，积累一些效果不明显的能力是不值得的。
2. 可持续积累。换句话说，随着积累的增多，对管理沟通的帮助也越来越大。

符合这两个条件，我们就可以依靠练习来不断提升自己的沟通能力了。那么，有哪些要素或能力符合这两个条件呢？主要是以下四个。

1. 管理逻辑。所谓的"管理逻辑"，就是从管理角色认知和管理方法论来看待问题处理的逻辑。

前面我们提到，管理沟通问题，需要从管理和沟通两个视角来应对和处理，而不能只考虑沟通问题。在沟通之前，应该先从管理视角界定问题，用管理方法论去分析问题，然后沟通才会成为有效解决问题的手段之一登场。因此，管理逻辑及管理判断力是做好管理沟通的重要因素，而且这个因素会随着管理认知和管理方法论的积累而不断提升，变得越来越有效，应对管理沟通也就越来越有掌控感，因此这是相对稳定的一个因素。

关于如何掌握系统的管理方法论，第 2 章的"管理全景图"给出了指引，在第 8 章中我们还会详细探讨。

2. 通道品质。也就是沟通关系的品质。前面我们提到，沟通通道的水平，主要体现在通道是否稳定，以及沟通是否顺畅这两点上。决定这两点的，就是你和对方的信任水平和默契程度，这两个要素也是靠持续积累的，而且只能靠积累，无法速成。积累的水平越高，沟通通道的品质就越高，沟通成本就越低。因此，通道品质也是管理沟通中比较稳定可靠的一个因素。

3. 工具流程。这属于沟通技术的范畴，沟通有很多的工具、技巧和流程，我们不需要全部掌握，而只需要掌握自己最顺手的工具，抽取并提炼出自己最常用的流程即可。例如，对于最常见的向上、向下、横向这些特定的沟通场景，如果你能够持续掌握一些适合自己的工具和流程，那么这些你可以熟练使用的工具和流程，就变成了相对稳定的要素。

4. 影响力。影响力的积累不是一两天的事情，但其发挥作用的时候却非常稳定，尤其在说服影响的沟通中，你当时有多大影响力，基本就决定了你当时能影响什么样的人，以及影响多大的事情。因此，这也是沟通可以依靠的稳定因素。

综上所述，我们如果要想系统地提升自己的管理沟通能力，管理逻辑、通道品质、工具流程和影响力，是我们可以着眼积累的四个维度，这四个方面的积累会让我们在管理沟通中得到稳定的发挥。

通过本节的内容，我们介绍了管理沟通的基本框架，主要包含了沟通目的的厘清、沟通通道的建立、沟通内容的有效传递以及影响力的重要作用。同时，我们提炼出了管理沟通能力积累的四个维度。你是否觉得管理沟通有迹可循了呢？至少，我们找到了一些方向和落脚点，就可以让我们满怀信心地去学习和积累。下面各节内容，就是围绕这个基本沟通框架的展开。

- 7.4 节探讨沟通的技术，让沟通内容得到有效传递。
- 7.5 节探讨影响力，提升自己的影响力，让沟通更加有成效。
- 7.6 节至 7.9 节探讨典型沟通场景下的要点和误区。

7.4 两个重要的沟通技术

作为一个团队的管理者，我们会把很多的时间和精力花在与各种各样合作者的沟通上。而且，随着团队规模的不断扩大，以及管理级别的不断提高，对沟通能力的要求也会水涨船高。在做工程师的时候，和我们沟通合作的往往是熟悉的一群人，走上管理之路后发现，随着做管理的时间越来越长，和我们打交道的人变得越来越五花八门，什么样的人都有。于是沟通中常常会遇到这样一个情况：你说你的，他说他的，好似"鸡同鸭讲"，这该如何是好呢？

显然，这是一个沟通效率的问题，即，无论是同步信息也好，还是影响说服也好，如何充分理解对方，让内容得到有效传递呢？

依据管理沟通的基本框架，良好的通道品质是可以提升沟通效率的，因为沟通通道的品质本身就包含"顺畅"这个因素，这个因素是以默契为基础的。默契度越高，沟通越顺畅，越容易快速理解对方在说什么，从而避免"鸡同鸭讲"。显然，出现"鸡同鸭讲"的情况，很可能是因为沟通的默契还没有形成，此时怎么办呢？答案是靠技术。一句话，通道品质好就靠通道，通道品质不好就靠沟通技术。

有两个最基本也最重要的沟通技术，可以有效地保证沟通双方在一个频道上，这就是倾听和发问。

7.4.1 倾听

倾听，就是认真地听吗？

我们先来看一个真实案例（为了方便记忆，对其中的人名进行了替换）。

某项目原定于 6 月 7 日完成，可是实际到 6 月 9 日才完成，于是研发经理大海找负责的工程师小青沟通。

第7章 管理沟通

大海说:"咱们这个项目按计划7号完成,你延期了两天也不跟我说一声,我是最后一个才知道的!"

小青说:"我跟负责这个项目的产品经理说了啊,他也觉得没问题,大家没有异议就行了呗,项目不是成功发布了吗?我这不是为了不给你添麻烦吗!"

大海说:"那也应该提前跟我说一声啊,我如果提前知道会让大山来帮你,不至于延期两天。"

小青说:"我觉得我能搞定,你不要动不动就让大山来帮我,这是对我的不信任。要不是最近孩子生病我也不会延期。即便延期了,我也主动和合作方都沟通好了,什么事都没耽误。而且我已经尽最大努力了啊,你还要怎么样呢?信不过我的话,下次这样的项目你交给其他人去做吧!"

大海说:"我就是想让你提前告诉我一声,你急啥!"

小青说:"你先急的好不好!"

……

好,案例我们先看到这里,你觉得接下来会发生什么事情呢?如果你是其中的大海或者小青,接下来你会怎么沟通呢?

在日常的管理沟通中,类似的场景数不胜数。有的会互怼下去,僵持不下;也有的会选择逃避,敷衍了事。但是这都达不到彼此沟通的意图和目的。那么,怎么沟通才能达到彼此的目的呢?

下面我们介绍一个工具,在沟通中,我们可以使用它来对齐彼此的信息、感受和意图,达成共识,具体如图7-3所示。

学过教练技术的同学一眼就可以看出,这个工具的前三步,其实就是"3F"倾听,这个工具只是在相互倾听的基础之上,再去确认一下,有没有达成共识。

图7-3 基于"3F"倾听的沟通层次图

"3F"倾听并非只是"认真"地听,而是要从对方的谈话中听出三层信息,即事实(fact)、感受(feel)和意图(focus)。

7.4 两个重要的沟通技术

▶ **事实**

事实，也就是对方说了哪些事实性信息，和你掌握的信息相比有没有不同。这是沟通的第一层，也是最基础的一层，如果连基本的事实信息双方都不一致，达成有效的沟通结果就无从谈起了。

我们来看看，在上述案例中，大海和小青的沟通是基于一致的事实信息吗？不难发现，对于最重要的以下三点事实，双方都是认同、没有异议的，可见他们的沟通在事实信息——"事实"这一层没有分歧。

1. 项目延期了两天完成。
2. 小青没有提前和大海打招呼。
3. 对于项目结果各角色都认同，没有耽误事儿。

由于事实信息的客观性，只要肯沟通，这层信息是最容易达成一致的。因此，在产生意见和看法不一致的情况下，首先来对齐事实信息是必要且有效的。当然，随着双方背景信息的不断同步和默契度的不断提升，在一些沟通中常常被省略。但是，被省略并不意味着不重要，一旦发生分歧的时候，就需要把这层内容拿出来检视和对齐了。

▶ **感受**

感受，也就是，对于上述事实信息，双方各自是什么样的感受和判断。

由于每个人生活的环境不同，所处的角色不同，惯用的思维方式不同，沟通的初衷不同，即便是针对同样的客观事实，双方的感受和看法也常常是不同的。因此，这是沟通中最容易发生分歧的地方。

我们还是通过前面的例子来分析，基于同一个事实，我们来看看大海和小青各自的感受和判断是什么。

- 在大海看来：
    - 如果小青提前告诉他这个风险，这个项目本可以不用延期；
    - 自己作为小青的直接上级，最后才知道有这回事，无论如何，自己和小青之间的协作方式都需要改进。
- 在小青看来：
    - 延期两天确实不应该，但也是不可抗拒的客观情况造成的；

- 自己主动协调好了各个合作方,并保证项目成功发布,项目是成功的;
- 没跟大海说是为了不给大海添麻烦,大海不但不领情,还来兴师问罪;
- 不被大海信任,显然他眼里大山更能干。

当然,我不是大海,也不是小青,这些内心的感受和观点,也是我采访当事人之后得知的。不难发现,对于同一个事实,他们双方的感受、判断和期待是很不一样的,之所以会发生后面的情绪对抗,其实就是从这里开始的。

实际上,我们常说的"默契",主要体现在沟通双方对彼此的感受和判断逻辑的理解程度上。因此,双方越熟悉彼此的立场、思维方式、沟通风格,就越容易达成默契,所以,默契是在不断合作的过程中磨合出来的,很难自然而然地形成。

那么,在还没有形成默契的时候该怎么办呢?难道就要像大海和小青一样争执和互怼吗?此时需要有意识地去询问,而不是默认对方一定清楚自己的逻辑和判断。怎么询问呢?如果我是大海或者小青的话,可以这样说:"对于这些事实情况,我的看法是这样的……我想了解下,你的看法是什么呢?"这样一确认,就避免了"猜测"和"想当然"引起的各种各样的误会。关于提问的技巧,7.4.2 节会具体介绍。

▶ 意图

意图,也就是,双方沟通的焦点在哪里,各自为了达成什么意图和目的。

我们的每一次沟通,都是基于某个特定的目的和初衷的,无论这个问题你有没有在沟通之前去刻意厘清,都是如此。前面提到,沟通的目的不外乎四类:建立通道、同步信息、表达情感、输出影响。在这个案例中,大海沟通的目的和意图是想说服小青,让他在以后的工作中,提前通报风险,而不是瞒而不报,显然,他并非在质疑小青的能力,也没有否定项目的成果。而小青的目的和意图是什么呢?他在表达一种不满,这种不满的情绪背后,是希望大海可以给他一些认可和鼓励,并信任他的能力。他们的意图并没有矛盾和冲突,这场沟通,完全可以彼此达成满意的结果。只是因为在沟通中,他们不在一个频道上,把事实、判断、感受、责任、原因、方案统统糅到一起来说,于是形成了这样的局面:你讲事实他说原因,你说原因他说感受,你说感受他说逻辑,你说逻辑他说责任,你说责任他说解决方案,你说解决方案他说困难……,最终就变成"鸡同鸭讲",互相不理解和不认同。从沟通的效果来看,这个结果是双输的。

如何避免这个双输的结果呢？

通过沟通层次图对上面的案例进行分层拆解，不难发现，如果大海和小青在沟通中，有意识地从事实、感受、意图这三个层次去理解对方，并且从这三个层次分别把双方的事实、感受、意图做一个对应，就可以减少误会，同时避免情绪对抗，从而达成有效的沟通结果。

这个工具特别适用于容易产生分歧的沟通场合，以及绩效沟通、岗位调动等敏感的沟通场合，能够避免误会的产生，并提高沟通效率。

此外，当你和某个对象多次使用这个工具后，在双方不断地倾听与确认中，会逐渐形成默契，在不断的默契合作中，会提升信任。随着信任度和默契程度越来越高，这个沟通通道的品质也会越来越好，很多工具和技巧也就可以逐渐简化或省略了。因此，越是在信任度和默契度低的情况下，这个工具越有用武之地；越是在人多口杂的时候，越容易让大家在同一个框架下达成沟通成果。

7.4.2 发问

发问，也就是提问题。

你可能会说，还有人不会提问题吗？实际上，不是会不会的问题，而是有没有意识这么做的问题。大部分管理者更多的是"说"而不是"听"，更习惯"告诉"而不是"发问"。因为"说"和"告诉"显得更加简单和高效，事实上，知识经济时代更加强调人的主动性和创造性，而能够激发员工主动性和创造性的，不是"说"和"告诉"，而是"听"和"发问"。因此，掌握倾听和发问这两项基本的沟通技术，对于带好知识型团队是非常重要的。

关于倾听，7.4.1 节已经探讨过了，那么，发问有哪些技巧呢？我们把发问的问题分为封闭式问题和开放式问题两类来讨论。

▶ **封闭式问题**

什么样的问题叫作封闭式问题呢？顾名思义，封闭式问题让回答者只能在某个封闭的集合中做出选择，而无法随意发挥。我们给出以下几个问题。

- ……，好不好？
- ……，是不是？

第 7 章　管理沟通

- ……，行不行？
- 你要红色的，蓝色的，还是绿色的？

对于上述问题，回答者只能在有限的集合中进行选择，回答好或不好，是或不是，行或不行，红色、蓝色或绿色。这样的问题有什么用处呢？

在下面这几种情况下，特别适合使用封闭式问题。

1. 要降低回答成本的时候。显然，回答是不是、能不能，比长篇大论地讲述一个事情要简单得多。很多技术人比较腼腆，问开放式的问题，大家都不愿意回应，此时可以用封闭式问题，让大家在有限的选项中进行选择，大家会更容易响应。此外，还有一个经典的说法："作为下级，尽量让上级做选择题而不是问答题。"说的也是尽可能降低上级的决策成本。

2. 要收敛和聚焦话题的时候。如果你发现对方谈论的话题过于发散，就可以通过封闭式问题来收敛话题，聚焦到某一个点上。例如，你可以问对方以下几个问题。

    - "我理解你说的是这样一个问题，你看对不对？"
    - "你是不是这个意思……？"
    - "你是不是想说……？"

    这样你们就把话题聚焦在你期待的话题和维度上了。

3. 要得出结论并加以确认的时候。我们常常会用开放性的讨论来收集很多信息，而到了最后总是要归纳出一些结论，此时就可以用封闭式问题来归结。

    - "你们看这样行不行……"
    - "我们是不是可以得出这样的结论……"
    - "我理解你是想说……你看对不对？"

    如此，用封闭式问题来澄清和确认与对方的共识。在探讨沟通内容如何有效传递的时候，我们提到一定要通过"回放"对方的内容来让对方加以确认，这种情形下用到的问句即是封闭式问题，类似上面的问法，使得对方只能对你重复的内容进行对与错的判断，从而迅速达成一致。

▶ **开放式问题**

和封闭式问题相对的，是开放式问题。所谓开放式问题，就是指回答者可以按照自己的意思进行陈述而不受限制的问题。我们给出以下几个问题。

- 对于这件事，你怎么看？
- 为了下次不出问题，你觉得有哪些需要特别注意的？
- 这么有挑战性的事情，你是怎么做到的？

显然，对于这类问题，回答者是可以按照自己的理解说出自己的观点的，不受提问者限制。这类问题往往适用于以下几种情况。

1. 收集信息和观点的时候。当进行开放式讨论，我们希望听到尽可能丰富的信息和多样化的观点的时候，应使用开放式问题，让员工说出自己的独特认识，从而增加信息量。封闭式问题倾向于让话题收敛，而开放式问题倾向于让话题发散。
2. 激发对方表达意愿的时候。有的时候，激发员工的表达欲，对员工也是一种有效的激励。但是，能够激发员工表达意愿的，往往都是开放式问题，而封闭式问题则效果不佳。例如，某员工出色地完成了一个任务，你可以像下面这样问。
   - 封闭式问题："这么有挑战性的事情，你一定遇到了很多困难吧？"对方很可能回答："是的。"
   - 封闭式问题："你做下来一定很有成就感吧？"对方往往只能回答："是的。"你还可以像下面这样问。
   - 开放式问题："这么有挑战性的事情，你是怎么做到的？"对方可能会打开话匣子，述说他是如何搞定遇到的困难的。

   显然，这两个问题给人的感觉和取得的效果是不一样的，所以，如果你想激发员工的表达意愿，就尽量多问一些开放性问题。技术人往往比较腼腆，对于如何让员工打开话匣子，我们在7.6.2节中具体讨论，其中有一个工具叫"积极引导四步法"，也是基于开放式问题总结出来的。
3. 缓和谈话气氛的时候。封闭式问题由于要求对方必须作答，而且必须在封闭集合中选取一个选项作答，有的时候会给人一种咄咄逼人的感觉。而开放式问题可以使用相对柔和的问法，又给出了回答的自由度，往往会让谈话氛围变得轻松。因此，如果你想缓和谈话气氛的话，开放式问题比封闭式问题更加合适。

第 7 章 管理沟通

封闭式问题和开放式问题，和前面介绍的倾听，是很多沟通工具的基础，在后面各个具体的沟通场景中，我们还会介绍一些沟通工具，基本都是基于倾听和发问这两项基本技术。

7.5 影响力

无论是在沟通中，还是在各项管理工作中，甚至在管理者的个人发展中，影响力都起着举足轻重的作用。那么影响力这个挂在我们嘴边的概念，究竟该如何理解，以及我们能够为提升自己的影响力做些什么呢？本节就聚焦于影响力主题。

通常来说，影响力是指一种不使用强制性力量却能改变别人的看法和行为的能力。一般又分为职权影响力和非职权影响力，我们分别来探讨。

7.5.1 职权影响力

所谓职权影响力，主要是指职位因素提供给你的影响力。在我们的工作中常见的职权影响力的因素有以下三个，如图 7-4 所示。

1. 传统因素，也就是在社会传统意识和社会规范当中，人们对上级的固有认知让人们对上级的基本姿态是服从的。因此，对于上级，人们这种天然的服从感，源于社会意识形态。
2. 职位因素，也就是从组织架构的角度，由于上级对于下级有奖惩和评价的权力，使得下级对上级有一种敬畏感，从而更容易遵从上级的指示。这个因素通过职位赋予的权力发挥作用。

图 7-4 职权影响力的因素

3. 资历因素，也就是资历深的人，在资历浅的人眼中是值得敬重的。虽然在互联网领域里，已经很少论资排辈了，但不可否认的是，你新加入一家公司，对公司里资深的老员工总会有一种敬重感，这是人之常情。这个因素通过资历发挥作用。

从上面的论述可以看出，职权影响力发挥作用的原因，无论是社会传统意识、职位赋予的权力还是资历，都来自一些我们很难改变的外部因素，无法通过自身的努力来掌控。因此，我们只要知道职权影响力是如何发挥作用的即可，不作为重点讨论，我们还是把精力放在那些我们能够掌控的事情上，也就是非职权影响力。

7.5.2 非职权影响力

非职权影响力，也就是，不是利用职位因素就能影响别人的行为和看法的能力。那么，非职权影响力有哪些因素呢？

在非职权影响力方面，美国社会心理学家罗伯特·B.西奥迪尼的《影响力》（Influence）可以说是殿堂级的著作，他主要从互惠、承诺一致、社会认同、喜好、权威和稀缺这六个方面，探讨了影响力是如何影响人们的，你如果感兴趣可以去仔细阅读这本书。

我们基于管理沟通中的实际场景，参考这六个因素，并结合技术管理者日常管理实践，整理出图7-5所示的四个维度共八个因素。

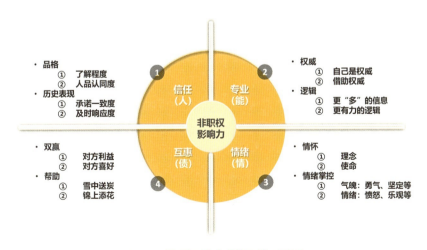

图7-5 非职权影响力的四维八因素

下面我们就这四个维度分别进行探讨。

▶ 信任

第一个维度是信任，是关于"人"的。其影响力发挥作用的逻辑是："我之所以听你的，是因为你是某某，我信任你这个人。"这个维度有两个因素比较重要。

1. **人品或品格**。这个看上去挺虚的因素，在人们实际的决策中却起着非常重要的作用。我访谈过几位高级别的管理者，问他们愿意对什么样的下属委以重任，他们竟然无一例外地提到"人品"这个因素，对于人品比较"正"的人他们更愿意信任。因此要想提升自己在这个因素上的影响力，不妨去盘点一下别人经常用哪些正向的词来形容你，并进一步把它们打磨得更加鲜明。一旦对方认同你的人品，就有了很好的信任基础。当然，这里有两个要点。

    - 深入了解。信任是建立在深入了解的基础上的，所以通过全方位地加深了解来提升信任是人们的常用手段。
    - 价值观认同。虽然我们一般认同的是人品或品格，但我们认同什么样的人暗含了我们的价值观，和我们价值观匹配的人更容易相互信任。

2. **历史表现**。我们当前受多大信任，很大程度上来源于我们之前的历史表现，类似地，我们当前的影响力，也在很大程度上来源于之前的历史表现，所以，要想此后有更好的影响力，就需要从现在手头的事情做起。具体应该怎么做呢？也有两个要点。

    - 及时响应对方。因为及时响应意味着可控、可依赖，所以，及时响应可以提升信任感。
    - 去承诺，然后去兑现承诺，即我们常说的"承诺一致性"。

"承诺一致性"这个策略是我最习惯使用的。我曾两次空降做技术高管，两次都和直接上级 CEO 建立了良好的信任，究其原因，主要是靠"承诺一致性"这一点。我相信很多技术管理者们都能做到兑现承诺，但是，却只有少数人能做到"事前做出承诺"。比如，和上级约定好一段时间内要完成的重点工作，并承诺完成。多数管理者会说"我尽量完成"，甚至是不置可否，就着手去推进这些工作了。虽然你的上级知道你在负责，但是他们心里也不确定你能不能搞定。如果你能多次匹配上级的预期,信任感确实能建立起来,但是如果你能事前就做出承诺,并且成功兑现承诺的话,上级对你的信任会更加迅速地建立起来。

你可能会说:"如果我承诺了,兑现不了怎么办?"以下三个要点也许可以帮你。

- 首先,你不能做很多承诺,而只要去承诺那些你和上级都认为最重要的1~3项工作。
- 其次,如果中途发生变化,提前做出更合理的调整并和上级重新明确约定。
- 最后,既然是你和上级都认为重要的工作,全力以赴去确保兑现,尽可能避免上面"其次"中情况的发生。

总之,要通过这个因素去提升影响力,就要确保"承诺一致性",即,要兑现承诺。值得重视的是,做出承诺虽然会有些压力,但是无论对事还是对你们的信任关系,都是更有价值的做法。

另外,我们不难发现,从信任这个维度拆解出来的这几个要素,恰好是提升信任关系的着力点,我们可以从以下几个方面去建立和增强信任感,如图7-6所示。

- 深入了解。
- 价值观认同。
- 及时响应。
- 承诺一致性。

信任关系的提升,不仅可以提升影响力,还可以提升沟通通道的品质。如前面所说,信任让沟通通道具有更强的稳定性。

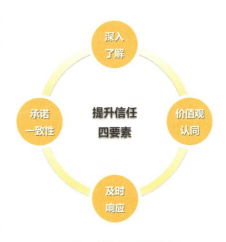

图 7-6 提升信任四要素

▶ 专业

第二个维度是专业,是关于"能力"的。其影响力发挥作用的逻辑是:"我之所以听你的,是因为我觉得你说得有道理,你比我更专业"。这个维度的影响力,可以通过以下两个因素来提升。

1. 提升权威度。这很容易理解，在特定领域专业度较高的人，对方案往往有更强的话语权。而作为管理者，你不可能在各个方面都有很高的专业度，但是需要有一个专业度是显然的，要专业到什么程度呢？和对方对你的期待有关系，比他的期待高得越多，就越有影响力。

   当然，更常见的情况是，管理者在某技术方面的专业度并不是团队里或行业里最高的，此时，借助你可以借助的权威，让这些权威人士，或是权威人士的观点和说法给你"站台"，也是可以提高影响力的。

2. 提高逻辑性。数据准确、论据充分、条理分明、逻辑清晰，会大大提升你的观点和结论的可信度。如果你想说服别人，你的论述就要有很好的逻辑性，经得起推敲。如果你在表述一个问题的时候，三句两句就被问得一头雾水、不知所措的话，又如何能够让别人信服呢？虽然逻辑能力也需要长期锻炼，但是这是少数可以在短时间内经过努力提升的影响力因素。

▶ **情绪**

第三个维度是情绪，是关于"情绪情感"的。其影响力发挥作用的逻辑是："我之所以听你的，是因为我被你打动了"。这个维度的影响力发挥，也有两个因素可以考虑。

1. 通过诉诸情怀来感染人。虽然在很多人眼里情怀不能当饭吃，但是在另外一些人眼里，情怀很重要。有的时候，对方看到你高远的格局和情怀，就情不自禁想帮你一把，甚至会追随你一起努力。这就是为什么很多创业者会去宣扬自己的情怀和使命。你也可以把你的意图诉诸你的某个情怀，前提是，它得是真的。自己不认，却刻意往情怀上靠反而会让人反感。

2. 通过情绪来感染人。毕竟，人不是纯理性的，否则的话，那些基于"理性人"假设的经济规律早已摸透我们的前世今生。很多时候，经济学家们之所以无法准确预测经济规律，主要还是因为他们的基本假设不成立。

熟读三国的人都知道，即便是诸葛亮那么聪明睿智又小心谨慎的人，还是在马谡的"若有差失，乞斩全家""愿立军令状"这样的决心和气魄下，委以重任去守街亭。虽然事败，但马谡在说服影响诸葛亮的决策上是成功的。因此，在你志在必得的事情上，不妨拿出你的气魄和勇气来。

这个维度告诉我们，非理性因素也可以成为重要的影响力。

▶ 互惠

第四个维度是互惠，是关于"心理债务"的。其影响力发挥的逻辑是："我之所以听你的，是因为我欠你的，我要想办法还给你"。"互惠"这个概念借用自《影响力》一书，其重点并不在于"互"，而是在于"施惠"。

人们普遍有"还债"心理，愿意回报曾经帮助过我们的人。一旦你先去支持和帮助别人，他们总是要找机会来回报。关于这一点的更多论述，请参照《影响力》这本书的内容。在日常的管理沟通中，有两个因素可以考虑。

1. 厘清对方的诉求。去满足对方的诉求，然后反过来再来满足自己的诉求，这就是我们通常意义上说的双赢。这是很多合作（包括临时性合作、一次性合作和对外合作等）能顺利实现的基础和前提。如果能够捕捉到对方在乎和看重的是什么，也就更能说服对方接受你的方案。
2. 主动提供支持和帮助。很多人都会觉得，主动提供了帮助，如果没有得到显性的回报，就认为自己"亏了"。其实，即便对方没有给予显性的回报，你也收获了对于他的影响力，所以你并没有"白白付出"。而且值得注意的是，此时无论是雪中送炭，还是锦上添花，都是有效果的。

受此启发，管理者在和架构师合作的时候，就可以多帮他们摆平一些棘手的问题，比如目标澄清、资源申请、项目协调、人员管理等方面的"杂事"，慢慢你就会发现，你对他的影响力变得越来越强。

7.5.3 影响力的提升

经过前面的梳理，我们把管理工作中最有效的影响力分为四个维度八个因素，并对每一个维度发挥作用的逻辑进行了阐释。由此不难发现，我们作为管理者，提升自己影响力的着眼点也是这八个因素，从这八个因素出发，去有意识地增强自己的影响力。

1. 积累信任。
   - 梳理自己闪光的品质，把它提炼、彰显并强化出来，就是提炼它、主张它和践行它。

- 本着承诺一致性的原则,把一个个的"当前表现"积累为"历史表现",成为"可信赖"的代名词。
- 对于特定的对象,还可以盘点你们相互认同的价值观,并及时响应其请求或指示,也可以有效积累相互之间的信任。

2. 打磨专业度。

- 努力成为某个专业方向上的专家,这往往和自己之前的背景和积累相关,比如存储专家、安全专家、前端专家、数据专家等。当然,作为管理者,成为某一管理主题的专家,也是具有影响力的。比如目标管理专家、项目管理专家、团队建设专家等。
- 提升自己的逻辑思维和表达能力,让观点在客观的数据和严密的逻辑面前无懈可击。技术领域的工作,无论工程师还是管理者,大家都还是认数据和逻辑的。

3. 运用情绪。

- 为自己的工作赋予某种情怀和意义,去信仰它。比如,很多老百度都信仰百度早期的核心使命——"让人们平等便捷地获取信息,找到所求",信息公平是公平的前提,这个使命激励了很多百度人。当然,对于某件事的意义和情怀,管理者自己要从内心里信仰,否则对别人是没有影响力的,刻意标榜反而令人生厌。
- 展现自己的气魄和勇气。这也是一种能力,虽然未必受理性而腼腆的技术人所喜欢。但如果能够在关键的问题上,适时展现自己的情绪力量,效果会很明显。

4. 着眼互惠。

- 双赢思维。弄清楚对方的诉求和焦点,尊重和满足对方的需要,可以有效影响对方。
- 提供帮助。先提供帮助和支持,在影响力上会占得先机。雪中送炭也好,锦上添花也好,对于重要的合作关系,有意识地施以恩惠,会提升自己的影响力。

以上就是提升自己影响力的方法和思路,我们归纳于表7-2中。

表 7-2 提升非职权影响力的方法

维度	说明	例子	提升方法
1. 积累信任（人）	信表现	"你一向很靠谱，尽管去做……"	承诺一致性
	信人品	"我相信你会公平公正/尽职尽责……"	命名它、主张它、追求它
2. 打磨专业度（能）	信权威	"你/他是这方面的资深人士……"	打磨自己的权威、借助别人的权威
	信逻辑	"你论据充分，逻辑清晰……"	理清逻辑
3. 运用情绪（情）	信情怀	"侠之大者为国为民……""为了新中国……"	诉诸情怀
	信情绪	"愿立军令状……"	展露某种气魄
4. 着眼互惠（债）	信双赢	"这可以为你带来……的好处"	了解并寻求对方诉求的满足
	信平衡	"我帮你搞定这个问题……"	提供支持和帮助，救急

关于影响力的提升，还有两点需要补充说明。

1. 每个人都可以侧重从某一两个维度去提升影响力，未必要"四面出击"。核心是发挥自己的优势，并让自己的优势进一步扩大。
2. 影响力是有指向性的，总有假设对象，做不到对所有人和事都有影响力。因此，提升影响力的前提是先弄清楚要提升对谁的影响力。这里的"谁"既包括某个个人，也包括某个群体。如果没有预先明确影响对象，影响力就无从谈起。比如对一些艺人来说，他们在粉丝眼中是神一般的存在，但是在另一群体中的影响力也许趋近于零。因此，无论是对上也好，对下也好，对横向的合作者也好，只有明确好对象，才好去评判自己的影响力大小，以及哪个维度和因素的影响力更大。

7.5.4　影响力的发挥

你可能会问："影响力的提升毕竟是一个长期累积的过程，我当下就要去说服和影响别人，怎么办呢？"

个人的影响力的确需要长期经营，因为当下能够发挥的影响力，只能基于当下的影响力水平，影响力很难在使用的时候暴增。但是，还是有一些影响力在短时间内是可以提升的，假如你此时就要发挥影响力去说服影响别人，不妨在下面几方面下些功夫。

第 7 章　管理沟通

- 厘清对方的诉求和重要关切。（互惠）
- 找到能够支持你的权威人士或权威说法。（专业）
- 反复打磨你的思路和逻辑，让你的观点和结论很有说服力。（专业）
- 诉诸情怀。如果你觉得沟通对象可能买账的话。（情绪）
- 展现你的决心和气魄。（情绪）

如此这般，就算是尽了全力了。剩下的，就交给老天吧——其实这个"老天"，很大程度上，就是你之前积累的那些固有的影响力，看不到这一点的人，就归结为"天意"了。

7.5.5　影响力的滥用

影响力的一个重要特点就是，不是在你刻意使用的时候，它才发挥作用。实际上，它时时刻刻都在发挥着作用。很多新经理意识不到这一点，一不小心就造成了影响力的"滥用"。这里的滥用，其实就是无意间让影响力发挥了负面的作用。

作为管理者，如果你：

- 开会的时候看视频/新闻；
- 开会习惯迟到；
- 对产品经理的态度更多的是对抗，而不是合作；
- 只是被动响应工作，很少主动规划；
- 对项目的态度是漠不关心，没有热情；
- 不关心统计报表，对线上问题反应迟钝。

无论你出现上述哪种情况，都会让你的团队迅速形成同样的氛围和风气。很多管理者并没有意识到，自己的一些"个人习惯"对自己的团队，尤其是团队里的职场新人，会有这么大的影响力。每一个管理者都要切记，你的影响力会在不知不觉中塑造整个团队文化和团队氛围，所以，要尽量避免影响力的无意识"滥用"，让影响力尽可能对管理工作发挥正向的作用。

7.6　管理沟通的三大场景

对管理者来说，向上沟通、向下沟通和横向沟通是管理沟通工作的三大典型场景。

沟通是沟通双方的"私事"。正如不同的夫妻之间会有不同的相处方式，而所有的相处方式，都可能导向和谐的夫妻关系一样，每个良好的沟通也会有独特的沟通之道。并不存在一个普遍适用、一劳永逸的标准答案，也无法穷举所有的场景。好在从这些场景中还是可以归纳和总结出一些最常见的问题和挑战，能够予以集中探讨和解决。下面，我们就分别来谈谈向上沟通、向下沟通和横向沟通中最常见的问题和应对要点。

7.6.1 向上沟通

前文多次提到，根据统计结果显示，向上沟通是技术管理者们认为最具挑战性的管理主题之一。那么，具体是哪些问题，让管理者们如此头痛呢？对此，我们通过实例来展开讨论。

▶ **向上沟通的四类挑战**

基于对上百个关于向上沟通的实际案例的归纳，总结出以下四类问题最为普遍。第一类是和上级能不聊就不聊。主要说法有以下几种。

- "上级太忙了，我的事情好像没有那么重要，等他闲了再说吧。"
- "找不到上级，他很少在工位，每次碰到他都急匆匆地走开，没机会聊。"
- "把领导交代的工作做好就行了呗，有事没事找领导聊啥，最讨厌有事没事讨好领导！"
- "总是觉得和上级有距离感，很难聊到一块儿。"
- "每次见了上级说话都不利索，能用邮件沟通就写邮件吧。"

第二类是拿捏不好和上级聊的分寸与尺度。主要说法有以下几种。

- "最近取得了不错的成绩，要不要和上级说一说呢？"
- "感觉自己离技术越来越远，有些焦虑，是不是可以把上级当作朋友来聊聊呢？"
- "某项目很可能会延期，上次和领导打过招呼了，他不置可否，随着形势越来越严峻，我要不要再跟他说一次呢？"
- "我和合作者有些隔阂，不知道适不适合告诉上级。"
- "上级招我们来是解决问题的，而不是来给上级制造问题的！"

第三类是无法领会上级的意图。主要说法有以下几种。

第 7 章 管理沟通

- "上级告诉我这个项目要加紧了,可是要加紧到什么程度呢?"
- "上级把这个工作交给我负责,却又安排别人参与进来,这是不信任我吗?"
- "上级让我去做一个调研,也没有说什么时候要结论,到底急不急呢?"
- "老板到底在想什么呢?他最近不找我了……"

第四类是很难影响上级的一些观点和决策。主要说法有以下几种。

- "老板常常有不靠谱的需求和新想法,我不知道该如何柔和又不失礼貌地拒绝。"
- "上级对项目进度的要求总是很高,如何管理上级的预期呢?"
- "有一个项目需要向领导申请增加人力,如何跟他说呢?"
- "上级总是不采纳我的建议,有何良策吗?"
- "上级不懂业务,还喜欢拍板做决策,怎么应对?"

上面列举的这四类问题,覆盖到了你的情况吗?你平时是如何应对的?接下来,我们逐个分析一下。

第一类问题:关于"和上级能不聊就不聊"。

你不难发现,无论是所谓的"上级太忙了",还是"找不到上级",甚至干脆认为就不该和上级沟通,都是没有意识和意愿,或是没有能力和上级建立良好的"沟通通道"的问题。因此,这类问题可以归纳为:如何和上级建立良好的沟通通道。

前面讲过,建立沟通通道可以从四个方面着手:

1. 明确沟通意愿;
2. 评估事务特点;
3. 了解沟通风格;
4. 审视信任关系。

这四个方面前面都阐释过,具体可以参照 7.3 节的相关内容。在向上沟通这个具体场景下,我们再强调一下建立和上级沟通的重要性,以进一步提升管理者的沟通意愿。

1. 从角色的角度来看:当你从一名工程师成为一名管理者之后,和上级的沟通就不再是个人意愿和个人喜好问题,而是职责所在,为了团队必须要做的事情。
2. 从工作的角度来看:管理者有三大块工作,即看方向、带人和做事。哪一件事都离不开上级的支持。

- 看方向：团队职责、业务目标、资源预算都来自上级。
- 带人：团队本身就隶属于上级的团队。
- 做事：接任务、做任务、交任务、评价任务结果都需要找上级。

显然，几乎所有重要的管理工作，都和上级紧密相关。

- 从利益的角度来看，管理者和上级的利益是同向，甚至一致的，可以说是荣辱与共、成败与共。
- 从上级的期待来看，上级是希望下级主动沟通的，最怕下级给"惊喜"。

无论从哪个角度看，上级都是你最重要的协作伙伴，和他们建立良好的沟通关系，不是可选项，而是必选项。

当然，如果你从沟通意愿、事务特点、沟通风格、信任关系各方面盘点下来，还是觉得不需要和上级去沟通，那么这种不沟通至少是你有意识的行为，它带来的破坏性和损失是可控的，这和消极的不向上沟通是两码事。

第二类问题：关于"拿捏不好和上级聊的分寸与尺度"。

对于哪些话题该和上级聊、哪些话题不该聊，我在管理课堂上设计过多次练习：让管理者们从一个话题清单中，勾选出他们认为最应该和上级聊的选项，结果大家给出的建议五花八门。如果按照他们的建议去做，都不知道该听谁的，估计头都晕了。

为什么不同管理者的看法会有这么大差异呢？

原因是，每个人在评判"该不该聊"的时候，都是基于自己的管理常识，而每个人在和不同的上级打交道的过程中，形成的常识是不同的，所以会给出不同的答案。因此，管理常识并不能确切地回答"该不该聊"这个问题，真正能够回答这个问题的，是沟通的目的。事实上，拿捏不好"该不该聊"这个问题的管理者，都是由于没有厘清自己想通过这次沟通得到什么，即沟通的目的和初衷不清晰，有些管理者甚至不清楚该如何来描述自己的初衷。

关于如何厘清沟通的目的，我们前面也有过介绍，沟通总体上有四类目的：

1. 建立通道；
2. 同步信息；
3. 表达情感；
4. 输出影响。

和上级沟通的目的，也跳不出这四类，但是需要明确"就什么事"达到上述四类目的中的一个或几个。比如我们再来看前面的案例。

- "最近取得了不错的成绩，要不要和上级说一说呢？"——问一下自己："是想就此向上级表达自己很有成就感？还是其他？"
- "感觉自己离技术越来越远，有些焦虑，是不是可以把上级当作朋友来聊聊呢？"——问一下自己："是想就此寻求上级的支持和帮助，让他给我一些建议？"
- "某项目很可能会延期，上次和领导打过招呼了，他不置可否，随着形势越来越严峻，要不要再跟他说一次呢？"——问一下自己："是想就这个问题再和他做一次信息同步吗？如果有可能，是否要进一步说服他提供一些资源和支持呢？"

你可以自己试着去完成剩下的问题。

在这类问题上，只有当事人才最清楚自己的目的是什么，想要得到的结果是什么，旁人很难去评判哪个目的更重要，哪个更应该和上级聊。因此，我们唯一能做的，就是使用这个方法帮当事人厘清沟通的目的，至于每个目的的重要性，可以通过下面两个问题来判断。

- "这次沟通能给我和团队带来什么价值？"
- "这次沟通能给上级带来什么价值？"

然后，根据明确的目的，做出自己的判断和选择吧。

第三类问题：关于"无法领会上级的意图"。

对于沟通意图的领会，其实就是对于信息的无失真传递和接收。由于每个人都有自己一套独特的认知体系，对同一个概念的理解也会有所不同，又怎么可能做到无失真地领会呢？相信你也听过这样一个说法：看似是两个人之间的沟通，其实至少是"四个人"之间的对话，哪"四个人"呢？你想表达的、你实际表达的、对方听到的、对方对听到内容的理解，其中每一步传递都可能会失真，所以，很难领会到对方的真实意图也就是情理之中的了。

那么如何降低这种失真带来的沟通误差呢？在 7.3 节和 7.4 节我们已经给出了方案：如果通道品质足够高的话就靠沟通通道，如果沟通通道品质不高，信任和默契程度不够，就需要靠沟通工具来对齐了，沟通层次图是一个不错的工具。另外，用一些"回放"的句式来确认，也是一个好方法，比如，你可以用下面的话来回放和复述，确保你所听无误。

- "你是不是这个意思……？"
- "你看我理解的是否准确……？"

在沟通重要的事务，以及和不熟悉的人沟通时，"回放确认"这个小技巧能帮你避免大的沟通偏差和误会。

第四类问题：关于"很难影响上级的一些观点和决策"。

这是向上沟通中的一大类需求，无论是"希望上级接受自己的建议"也好，"拒绝上级的不合理需求"也好，"调整上级的预期"也好，"说服上级给予资源和支持"也好，归结起来都是让上级接受我们的看法，采纳我们的方案。也就是，把我们的认知和期待输出给上级。因此，对于这类需求的沟通目的就在于"输出影响"。

为了达到"输出影响"这一目的，我们可能会根据上级的风格去选取合适的沟通方式，根据上级的关切去选取合适的内容和呈现逻辑，以及根据上级的状态去选取合适的沟通时机等，这些技巧我们前面都探讨过，有时会很奏效。可是，既然能够成为管理者们普遍头疼的事情，说明这个问题很棘手。

那么，如何才能有效地对上级实施影响呢？我们用图7-7所示的冰山模型做一个提示。

图7-7 "说服影响"的冰山模型示意图

第 7 章　管理沟通

从图 7-7 不难看出，影响说服一个人，沟通技巧是在"术"的层面起作用，而对说服效果影响更大的因素，是水面下的冰山，即"势"的部分，也就是你对他的影响力如何。

当你对上级的影响力很小的时候，即使你的技术和方案再优秀，说服的可能性也是有限的。举个例子，对于一个完全相同的建议，一线工程师提给 CEO，和 CTO 提给 CEO，极有可能产生完全不同的结果。究其原因，就是一线工程师和 CTO 对 CEO 的影响力的差别是很大的。也就是说，如果你要想有效地对上级实施影响和说服，你的影响力是至关重要的。

那么，该如何盘点和提升自己的影响力呢？我们在整个 7.5 节都探讨了这个问题，这里不再赘述。

▶ **向上沟通的四个误区**

在长期的管理实践和对高级管理者的访谈中，我们发现，新经理在向上沟通上，有四个明显的认知误区。

1. 关于目标的误区。
   - 默认上级和我对目标的理解是一致的。（不去主动沟通确认。）
   - 目标一旦确定，就不需要再和上级沟通。（没有意识到目标不是一成不变的。）
   - 上级定下的目标，横竖都必须实现，等着上级定一个。（过于被动。）
2. 关于进展汇报的误区。
   - 假定上级无所不能，所有邮件都能够看到。（不去追问和确认。）
   - 假定上级比较白痴，很多具体问题简直不知从何说起。（懒得去解释。）
   - 上级问过一次细节，以后都解释很细节的东西。（忘记了上级默认是关注大框架的）。
3. 关于寻求支持的误区。
   - 不到最后一刻，不找上级求助。（到了无可挽回时给上级一个"惊喜"。）
   - 没有申请到资源，就心怀不满。（认为上级对我有意见。）
   - 申请到了资源，就认为上级很好说话。（认为以后也可以轻松申请到资源。）
4. 关于结果反馈的误区。
   - 事情完成就好，上级自有评价。（上级也会有疏漏啊。）

- 为团队争取认可和鼓励是不可取的。（这可不是为自己邀功啊。）
- 上级给我差评是把我"看扁"了。（认为以后永无翻身之日。）

上面这四个误区都是认知误区，要走出这些误区，需要持续地觉察去规避或控制影响。

7.6.2 向下沟通

只要是带团队，在日常的管理工作中，就离不开向下沟通这个话题。

技术管理者认为最具挑战性的管理主题中，向下沟通也名列前茅，仅次于向上沟通、员工激励和团队凝聚力建设。你是否会好奇，显然我们和下级的沟通比和上级更频繁，为什么挑战反而比向上沟通小呢？如果你还记得 7.5 节中我们探讨过的影响力问题，就很容易理解了：向下沟通，除可以依靠非职权影响力之外，职权影响力也在发挥作用，很多向下沟通的挑战被职权影响力化解了。但是由于向下沟通场景的基数太大，各种各样的下级带来的各种各样的问题依然层出不穷。

那么，向下沟通的问题有哪些特点呢？在归纳了上百个案例之后，发现以下四类问题最为集中。

第一类是如何批评员工。这是反馈最多的一类，常见的说法有以下几种。

- "A 的项目总是延期，每次沟通她都态度积极，表示一定改正，但行动上却还是老样子。我该怎么批评她呢？"
- "B 的工作做得很粗糙，不追求精益求精，只是做完而不是做好。我该怎么批评他，才能让他改正缺点，又不打击他的干劲儿呢？"
- "C 的周报特别水，请假也不提前打招呼，我问她什么原因，虽然她的解释有一定道理，但我还是想让她改掉这些毛病，有什么办法吗？"
- "公司实施弹性工作制，D 本来 10 点就到公司了，发现其他人都没有来，觉得不公平，以后他就故意来得晚。结果造成部门的工作时间整体推迟，但又很难只批评他一个人，有什么建议吗？"
- "E 不以解决问题为导向，发现问题后不主动跟进解决，总是推托说这不是他的问题。我平时也会跟他说要多担当，但是没有效果。该怎么批评他，让他改正缺点呢？"

第二类是沟通不顺畅。常见的说法有以下几种。

- "在沟通的时候 A 特别沉默，什么都不愿意反馈，问一句答半句，每次沟通都是草草了事，我也发怵后续怎么和她沟通。"
- "和 B 总聊不到一个频道上，我聊目标，他聊困难，我聊进展，他聊原因……，毫无默契可言。"
- "我从来不知道 C 在想什么，她常常口头上说的是一回事，其实内心想的是另一回事，捉摸不透，无法知道她的真实诉求。"
- "D 之前经常会把做出来的成果给我看，我每次都说了'很棒'啊，为啥看她的反应还是情绪不高，闷闷不乐呢？"

第三类是和"牛人"下属的较量。常见的说法有以下几种。

- "我们团队的 A 技术架构能力很强，独立工作能力也很强，我很难对他的发展和工作给出建议和帮助，不知道怎么带他。"
- "我和团队里的架构师 B，常常在一些技术决策上发生争执，有点合作不下去了。"
- "我团队的 C 成长很快，感觉他越来越不服我，我是不是该把技术捡起来？"

第四类是不知如何应对一些"刺儿头"员工。常见的说法有以下几种。

- "A 总是越级汇报，我非常反感，但是又拿他没办法，他特别会讨好我的上级。"
- "B 总是挑活，还很固执，怎么辅导也改不了，真是头疼。"
- "C 总是暗示我给他升职加薪，可是我觉得他能力还不够，怎么跟他沟通才能不打击他的积极性呢？"
- "D 特别情绪化，动不动就跟人吵架，经常在会上乱怼一通，大家都不愿和他共事，可是他技术能力挺强的，怎么辅导他呢？"

上面这四类问题，是不是你也关心呢？

通过大家反馈的这些问题不难发现，虽然看上去都是一些"向下沟通"的问题，但是如果脱开"管理"的视角，单纯就如何"沟通"去探讨，很容易会掉入"舍本逐末"的陷阱，最终导致在和员工沟通的时候苍白无力、收效甚微。因此，在正式分析这些问题之前，需要再次强调这样一个理念：管理沟通问题的探讨，需要以"管理逻辑"和"沟通方法"两个层面的视角，这个理念在本章的开头就已经说明。

7.6 管理沟通的三大场景

处理管理沟通问题，首先要弄清楚这是一个什么样的管理问题，先从管理的角度看，完整的解决方案应该是什么样的；再去思考"沟通"应该如何实施。两者不能割裂开，有的管理者不但将两者割裂开，还出现了管理逻辑和沟通思路相背离的情况，我们举例来说明一下。

第一个例子：很多管理者咨询我"如何和低绩效员工做绩效沟通？"这显然没有意识到更重要的是绩效管理本身，沟通只是绩效管理的一环而已。因此要想解决低绩效员工的绩效沟通问题，首先要从绩效管理入手，然后来看如何实施沟通。脱离绩效管理来谈论绩效沟通，显然是把管理和沟通割裂开了。

第二个例子：很多管理者会问"员工积极性不高，如何和他沟通呢？"整体来看，这其实是一个员工激励的问题。也许通过良好有效的沟通，的确可以对员工起到激励的作用，但这是不是解决这个问题最有效的手段呢？还是需要管理者从管理视角和沟通视角两个层面来全盘思考，才能确定。

总之，在向下沟通的场景中，管理沟通问题的解决很大的比重其实是依靠管理逻辑，千万不能把它简单看成是沟通问题，需要从"角色认知"和"管理规划""团队建设""任务管理"（还记得我们的"管理三明治"吗？）的管理方法论上去思考整体解决方案。

好了，明确了这个基本理念，接下来，我们就分析一下以下四类最常见的"向下沟通"的问题。

第一类问题：关于"如何批评员工"。

这类问题最为集中，这是为什么呢？

对于一个我们不认可的行为，第一反应就是认定"对方不应该"，于是，我们就要通过"批评"这样的手段来"纠正他的错误"。因此，批评背后的真实意图是"促其改变"。而很多管理者并没有认识到这一点，他所采取的手段和真正的意图直接产生了矛盾——不但不能促使其改变，还封闭了对方改变的道路。比如，一旦违背了以下三个原则，通过批评"促其改变"的效果就难以达到。

1. 人没问题的原则。也就是，对事不对人。批评事，不要打击人，更不能给人贴标签。
2. 具体性原则。指出具体哪里做得不好，让对方容易认同。
3. 面向未来的原则。体现负面的暂时性和过去时，并提供改变的"出口"。

那么，具体应该怎么批评呢？《行动教练实践指南》一书给出了"BID 发展性反馈法"，即"通过指出被指导者错误的行为以及需要改善的地方，帮助被指导者制定改进方案"。这个方法包括三个要素——行为（Behavior）、影响（Impact）、期待的行为（Desired behavior），具体描述如图 7-8 所示。

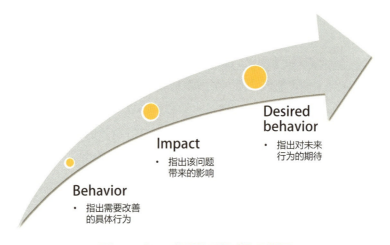

图 7-8 "BID 发展性反馈法"示意图

BID 发展性反馈法是批评员工时一个比较好用的工具。不过，当一个不符合我们期望的事件发生时，批评对方是不是当下的最佳选择呢？

NLP 教练技术的一个核心原则是：每个行为背后都有一个正向的动机。很多表明看上去是"负面的"行为事件背后，都有一个正向的目的。通过分析行为背后的正向意图，也许可以得到更让双方满意的方案。

比如对于案例中的第一个问题"我团队的某个员工越过我和我的上级沟通"，也许你需要问问自己，真正介意的是什么。如果只是希望自己和他们两个的信息是一致的，只要约定一个信息同步机制就可以满足需求，你需要批评员工吗？

你看，当你的意图从"你不想让员工跨级汇报"变成"我想让我们三个人之间的信息保持同步"之后，批评员工就不再是最好的选择了。因此，当遇到不符合期待的问题时，建议先从"我不要……"这种意图中走出来，问问自己"我要什么"，再来审视采取什么手段是最合适的，这就叫意图转换。具体如图 7-9 所示。

如此，我们该如何应对需要"批评"的员工呢？归结为一句话就是：先转换下意图看看是否需要批评，如果批评依然是最好的手段，采用 BID 发展性反馈法，指出员工错误的行为以及需要改善的地方，同时帮助制定改进方案，为员工改变提供出路。

7.6 管理沟通的三大场景

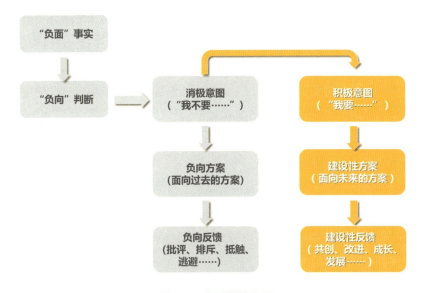

图 7-9　意图转换流程

第二类问题：关于和下级员工沟通不顺畅。

这就需要用一些工具和技巧来辅助沟通了，我针对这些场景介绍以下几个工具供参考。

- 对于内向沉默的员工，可以使用下图的"积极引导四步法"（如图 7-10 所示），引导员工打开话匣子，话题不必局限于工作，首要任务是和员工建立起沟通通道。

图 7-10　积极引导四步法

第 7 章 管理沟通

- 对于总聊不到一个频道上的员工，可以使用我们在 7.4 节中介绍的"沟通层次图"，从事实、感受（判断）和意图三个层面来和对方进行频道对齐。
- 对于捉摸不透的员工，也可以使用"沟通层次图"来分辨对方表达的内容。另外，为了避免误会，可以用封闭式问题做一些回放和复述，使用类似下面的话术可以大幅度减少沟通偏差。
    - "你是不是这个意思……？"
    - "你看我的理解对不对……？"
- 对于如何对员工的正向表现进行反馈，显然，此时的管理沟通应该能够带来激励效果，以激发员工这种优秀的表现持续发生。此时，推荐使用主动积极式反馈，通过表扬和认可员工的具体行为和结果，增强员工自信心，使其得到很好的激励。

所谓"主动积极式反馈"，来自马丁·E.P. 赛里格曼的《持续的幸福》一书，其核心是对正向表现的反馈要包含两个要素。

- 积极要素：给予正面评价，而不是负面打击。
- 主动要素：用发问的方式引导对方进一步表达。

我们来举例说明。例如，你作为下级兴高采烈地跟上级说："这个项目我提前一天就搞定了！"上级通常会给出图 7-11 所示的四类反馈，分别用 A、B、C、D 来表示。

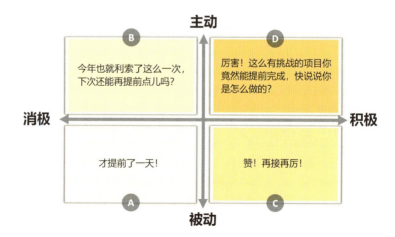

图 7-11 主动积极式反馈示例

仔细体会一下，上级给的哪类反馈最能激发你的积极性？哪类最能打消你的积极性？显然，A 最能打消积极性，而 D 最能激发积极性。D 的反馈里包含了积极要素——"厉害"和主动要素——"你是怎么做到的"，所以属于主动积极式的反馈。因此，当你希望通过反馈来激发员工积极性的时候，不妨采用主动积极式反馈。

由于第二类问题涉及的基本都是沟通问题，因此用一些沟通工具就可以有效应对。当然，沟通的工具很多，大多理解起来不难，掌握起来却并不易，要想达到"手中无剑、心中有剑"的境界，就更是需要长期的刻意练习。

第三类问题：关于如何应对"牛人"下属。

从称谓就可以看出，"牛人"下属肯定属于做事很给力的那类员工，常常是专业能力很强的技术工程师和架构师。这类下属往往让管理者们又爱又恨：爱他们的能力，恨他们的个性。

事实上，作为管理者，如果我们还在和团队的架构师在技术上一较高下，甚至你死我活地争执，那么这就不是一个沟通问题，而是一个典型的管理问题，确切地说，是管理角色认知的问题。这说明我们作为一个管理者，还没有很好地认清自己的角色，也没有认识到自己是团队的带路人和负责人，不该和架构师站在同一个层次上去争高低输赢。

在这方面，我们得向汉高祖刘邦学习一下，他是靠什么把各个方面的牛人聚拢到一起的呢？用他自己的话说："夫运筹帷幄之中，决胜千里之外，吾不如子房。镇国家，抚百姓，给馈饷而不绝粮道，吾不如萧何。连百万之军，战必胜，攻必取，吾不如韩信。此三人者皆人杰也，吾能用之，此吾所以取天下也。"显然，作为管理者，我们对牛人的基本态度应该是"用之"，而不是"竞之"。具体应如何用之呢？遵循下面这四个要点（如图 7-12 所示）。

- 认清自己的角色：站在更高的视角来带团队而不是站在工程师对立面。
- 认同高工的价值：授权，尤其是技术问题的授权，给他们充分的发挥空间。
- 支持和帮助：帮助工程师解决他们不擅长的问题，一方面保证了成功，另一方面还积累了影响力。
- 必要的约束：审视对于工程师是否有约束力，是否有评价权。总之，无约束是不受控的。

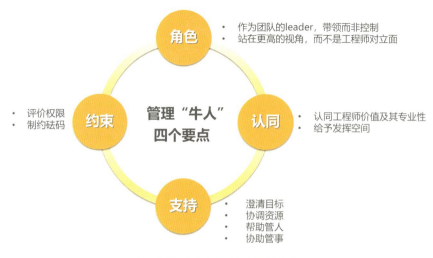

图 7-12 "牛人"管理四个要点

从这四个方面来达成和"牛人"员工的良好协同,让"牛人"为团队发挥出重要的作用。

第四类问题:关于如何应对"刺儿头"员工。

首先我们得澄清一下,什么叫"刺儿头"员工呢?让你不爽的就叫"刺儿头"吗?

我们约定一下:那些需要你付出非常多的时间和精力去管理的员工,叫作"刺儿头",也就是管理成本很高的员工,而并不是那些让你不爽的员工。这么一说,相信你团队中某些员工就会浮现在眼前了吧?你通常是怎么应对的呢?

既然是从管理成本角度来看待这类员工,首先就需要从"投入产出比"来做出评估,这个员工是否值得你耗费那么多管理成本。毕竟作为一个团队的负责人,是需要对整个团队的发展和业绩负责的,角色需要你把精力投入那些对团队和业绩最为有效的地方,这无关情感和道德。

那么,如何判断值得不值得呢?从团队和做事两个方面来看,具体参考图 7-13 所示的四象限。

根据价值评估做出评价后,对需要淘汰的刺儿头员工,应该尽早淘汰。对于那些不需要淘汰的员工,需要促其发生积极的改变。该怎么办呢?如果要促使一个人做出改变,美国学者理查德·贝克哈德提出的变革公式,可以给我们一些指导。

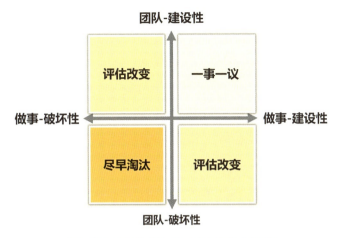

图 7-13 "刺儿头"员工价值评估四象限

$$D \times V \times FS > RC$$

(不满意 × 愿景 × 第一步 > 阻力)

其中：

- D（Dissatisfaction），对现状是否满意；
- V（Vision），期待的愿景；
- FS（First Step），迈出第一步；
- RC（Resistance to Change），改变的阻力。

从这个公式可以看出，想要让一个人发生改变，需要从他的"痛点"——不满和"痒点"——愿景出发，和他一起制定"迈出第一步"的行动计划，帮他克服改变的阻力，从而使其发生真正的积极改变。

至此，向下沟通中最常见的四类问题，我们都一一给出了解决思路。对于每一类问题，我们给出了管理视角的逻辑，也提供了实际场景中可以使用的沟通工具和沟通流程。在实际工作中，为实现最佳的沟通效果，需要根据自己的实际需求，有针对性地重点练习沟通工具的使用，从而达到熟练使用的状态。

7.6.3 横向沟通

所谓横向沟通，也叫跨团队沟通，是指和没有直接汇报关系的合作方之间的沟通，这主要是相对于有直接上下级关系的向上沟通和向下沟通来说的。

那么，和没有直接汇报关系的合作方沟通，我们一般是为了达到什么目的呢？

既然横向沟通也是一种沟通，那么就不外乎前面我们提到的四类目的：建立通道、同步信息、表达情感和输出影响。在真实合作中不难发现，大多数的横向沟通以同步信息和寻求支持为目的，其中的寻求支持就是通过说服对方来支持自己，也就是四类目的中的"输出影响"。

关于同步信息，横向沟通和其他沟通场景并无太大差异，无非是以下两个要点。

1. 意识到哪些信息需要同步，并主动沟通。
2. 和对方约定好沟通机制，并监督机制的有效运转。

对技术出身的管理者们来说，主要是意识层面的挑战，一般只要意识到了，就大都能做到，因为技术管理者是信息传输方面的行家里手。总之，同步信息在横向沟通中很重要，但对管理者来说挑战并不大。

对大多数技术管理者来说，横向沟通真正的难题在于：对于没有汇报关系的合作者，如何获得他们的支持和帮助呢？

和向上沟通中希望"说服影响"上级类似，无非是靠沟通的"术"和"势"，其重点在于"势"，即，你对对方有多大的影响力。

具体说来就是：该如何盘点自己对横向合作者的影响力呢？先来看看横向沟通的对象都有哪些类型。

通常来说，技术管理者遇到的横向沟通对象可分为以下两大类。

1. 有明显共同上级的合作方。比如，和你有相同汇报上级的兄弟团队负责人，你们有着明显的共同上级。
2. 无明显共同上级的合作方。比如，其他事业部甚至其他公司的合作方，可以认为你们是没有共同上级的。

显然，无论是哪种合作方，一些通用的影响力因素都是普遍适用的，例如：

- 双方之前积累的信任；
- 双赢的方案以实现互惠，或者在一个时间区间内整体的利益平衡；
- 展现自己的专业度和权威度；
- 强有力的事实数据和严密的逻辑；
- 适当运用情绪力量。

这不外乎是非职权影响力的四大维度八个要素的运用。那么，我们为什么要区分这两种合作方呢？

因为对两种合作方来说，影响合作达成的底层逻辑和关键影响因素差异很大，所以促成合作的着眼点也有所不同。

▶ **对于有明显共同上级的合作方，双方合作的底层逻辑是组织协同。**

由于你和合作方有明显的共同上级，说明你们共存于同一个更大的组织当中。你们各自的团队是在这个"大组织"的整体统筹之下实现价值。对这个"大组织"来说，你们两个子团队之间能否达成良好的利益双赢并不重要，重要的是你们如何配合才能够实现"大组织"的价值最大化。也就是说，为了实现"大组织"的收益最大化，即便两个子团队达不成双赢，甚至其中一个子团队是纯投入无收益，也完全可以接受。因为两个子团队合作的最核心的逻辑是在更大的组织中取得协同。

认识到这一点，我们就知道了：虽然前面提到的各种非职权影响力因素都对促成合作有影响，但无论如何，我们还有一个底线手段——如果非职权影响力不足，我们可以诉诸共同上级对于合作方的职权影响力来解决问题。当然，前提是我们得先发挥非职权影响力，说服共同上级，得到共同上级的认同和支持。

值得特别说明的是，这里之所以用"有明显共同上级"这样的说法，而没有直接使用"共同上级"，主要是考虑到，虽然有些团队共同的上级非常"遥远"，但是由于协作紧密，也需要归入"有明显共同上级"这一类。最典型的情况就是负责同一个产品的产品经理和技术经理，按照行业惯例，产品团队和技术团队，往往在 CTO 甚至 CEO 这个级别才会相交。对一线的产品经理和技术经理来说，他们显然不能事无巨细地求助于 CTO 或 CEO 来协调合作，因此看起来更符合"无明显共同上级"的情况。事实上，产品经理和技术经理虽然汇报上级在遥远的地方才会相交，但是由于他们对同一个产品负责，他们直接的协作是不可割裂的，合作的底层逻辑依然是协作而不是利益互换。因此产品经理和技术经理的合作，属于"有明显共同上级"的范畴。只不过发生分歧的时候，需要各自逐级上报，由于上级的管理能力和管理视野的提升，双方往往不需要上报到 CTO 或 CEO 的层级就已经取得了共识，达成了合作。

第 7 章　管理沟通

> ▶ **对于无明显共同上级的合作方，双方合作的底层逻辑是利益互换。**

对没有明显共同上级的合作双方来说，达成合作的底层逻辑就是利益互换，也就是，通过合作双方都能得到自己期待的收益。其他的影响力因素都只有辅助作用，如果无法达成双赢，或是在一个时间区间内的利益平衡，其他影响力因素就是苍白无力的。因此，对于这类合作方，我们要想达成合作，除了想清楚我们自己想要的东西，还需要弄明白对方想要的我们能否满足。

综上，我们通常说的横向合作，其实可以分为两类截然不同的合作关系，针对这两类不同的合作关系要采取不同的沟通策略。很多管理者不加区分，在横向合作中踩了不少坑。

在本节的最后，我们讨论一个非常经典的问题。

经常听到管理者抱怨："我们公司的氛围太差了，和兄弟团队合作比和外公司的合作还困难！"

乍一看，这个抱怨似乎很有道理，毕竟同一个公司内兄弟团队之间合作应该更顺畅啊，再差也不至于比和外公司合作还差吧？无论如何在同一个公司内，与兄弟团队也是"一家人"。

仔细思考之后你会发现，和兄弟团队之间合作，比和外公司合作困难，这是再正常不过的事。原因如下。

1. "和外公司合作更容易"，这种说法的样本集是"已经达成合作的外公司"。显然，和外公司达成合作，说明双方找到了利益共赢点，双方都有意愿推进该合作以顺利得到自己想要的收益。因此，虽然是跨公司合作，但合作团队更像一个联合项目团队。
2. "和兄弟团队合作更困难"，这是因为兄弟团队之间的合作是两个团队之间的合作，比跨公司的联合项目团队更像两个团队。因为：
   - 既然叫兄弟团队，而没有合并为一个团队，就是因为兄弟团队各自有各自的核心价值和使命，也就是我们在第 3 章中说的团队职能定位；
   - 不同的职能定位必然会带来不同的目标和不同的事务优先级。

显然，定位、目标、优先级都不同的两个团队之间的合作，比目标一致、努力方向相同的一个联合项目团队合作困难，这不是很正常的事情吗？这才符合事物的客观规律啊。我们动不动就把一些看似不合理的现象归咎于"公司氛围不好""公司文化不好""公司太差了",这就错怪公司了。

7.7 绩效沟通

前面我们探讨了管理沟通的两个视角和基本框架,以及框架内的一些重要因素。然后又探讨了管理沟通的三个典型场景。接下来,我们就一些典型的沟通问题做一些专题探讨。

如果要问哪类具体的沟通问题对管理者最有挑战性,绩效沟通一定会榜上有名,尤其和低绩效员工谈绩效,相当令人头疼。

7.7.1 绩效沟通的挑战

那么,关于绩效沟通,让技术管理者头疼的具体问题有哪些呢?以下说法很集中。

1. "我团队每个人都干得不错,但公司要求绩效强制分布,必须要有人得C,绩效制度非常不合理!"
2. "一定要有C的话我只能给大山,但是,大山的工作完成得还不错,照理给B是最合适的,到底是遵从制度还是遵从公平呢?"
3. "我团队小兰喜欢横向比较,她觉得自己业绩并不比别人差,因此质疑为什么绩效等级比别人低,该如何应对呢?"
4. "我理解绩效计划应该约定与业绩相关的条目,但是我看有管理者把学习能力甚至情绪管理都放进来了,绩效计划里还可以约定这些?"
5. "员工的工作内容安排变化很频繁,评估绩效的时候发现已经不适用了……,该如何维护绩效计划呢?"
6. "该如何与低绩效员工谈绩效呢?绩效是C的员工每个都得聊一两个小时,还聊得很郁闷。而绩效是S和A的员工就特别好沟通,几分钟就搞定了,还聊得很开心,因为他们都对绩效结果满意。"

类似的说法还有很多,不难发现,大体可以归纳为以下几个问题。

1. 对绩效制度的不认同。例如,对强制分布不满,遵守制度和保持公正常常发生冲突。

2. 绩效管理的各种困惑。例如，如何制定和维护绩效计划，如何处理员工对绩效结果的各种质疑等。
3. 沟通过程的各种挑战。例如，发怵与低绩效员工沟通，沟通起来很费劲甚至很窘迫等。

接下来，我们就一起探讨这些问题该如何看待。

7.7.2 绩效制度的本质

要想真正认同绩效制度，首先要清楚绩效制度的本质是什么，以及它的核心价值在哪里。关于绩效制度的本质，我问过很多管理者，能够一语中的寥寥无几，似乎这个问题应该是公司高层和 HR 去思考的，管理者只要做好配合执行。

俗话说，"存在即合理"，既然绩效制度广泛地存在于大大小小、各个领域的公司中，即便被很多员工和管理者"诟病"也没有被摒弃，说明它对公司的发展肯定有着积极正向的意义。那么，绩效制度的意义究竟是什么呢？主要有两个方面的意义。

1. 组织意义。从"人"的角度来看，对组织来说，绩效制度就是一个"人才筛选器"，或者称之为"组织优化器"。其核心价值就在于通过激励先进和淘汰落后，推动组织不断成长进化，提升组织竞争力，最终实现组织和员工的共同发展。
2. 业绩意义。从"事"的角度来看，对实现组织目标来说，绩效制度明确了公司内部各个团队和个人的努力方向，是工作的"指南针"。其核心价值就在于让公司中的每个团队以及每个人能够清晰明确地知道，把什么做好是最重要的，从而让大家能够聚焦和协同。

然而，绩效制度虽然约定了团队和个人的努力方向，但无法确保公司取得良好的业绩，优秀的业绩还是得靠管理者统筹"管理全景图"的各个要素来实现。绩效制度最核心的作用在于为组织筛选合格人才。设计合理的绩效制度能够为"如何评价员工的贡献和价值"提供强有力的依据，长远看来，业绩长期不佳的员工显然不是公司所需要的。绩效制度正是把业绩表现作为评判依据，来不断筛选人才，优化组织的。因此，我们可以得出这样两个结论。

1. 绩效制度设计的初衷是为了达成业绩，但在当前时代背景下，其核心价值在于公司内各个组织间的协同，而不能确保业绩目标的实现，这是绩效制度所面临的窘境。
2. 绩效制度对公司来说，本质就是一个优化组织的"筛选器"，这是绩效制度的"第一性原理"。

那么，这两个结论对我们有什么启发吗？

第一个结论告诉我们两件事。

▶ **作为管理者，一定要重视绩效管理。**

一定要报以积极的心态，认真地做好团队和个人的绩效计划，这是保证整个组织良好协同的有效手段。一个有一定规模的组织，必须要协同各部门各员工向着一个统一的方向前进，恰好绩效制定就是实现协同的很好的工具之一。管理者作为团队的负责人，确保团队努力方向符合公司期待是首要问题。

▶ **作为负责绩效的 HR 和管理者，绩效制度设计得越简洁越好。**

千万不能为了体现自己的"专业"，把绩效制度设计得太重太复杂。绩效制度只要能够达到协同效果就好，无论设计得多么精妙都不可能实现业绩目标，而只会增加执行成本。因为公司绩效制度作为一种制度，它逃脱不了制度的共同"宿命"——制度的核心价值是保证"下限"的，而无法确保"上限"的达成。这就很像法律只能保证人们行为的下限——不做违法的事情；而不能提升人们行为的上限——做高尚的事情。如果执意要通过绩效制度来实现业绩目标，往往会陷入"唯 KPI 论"的误区——把 KPI 的达成奉为至高目标，动辄上纲上线，追责施压，必然压抑员工的创造性和工作热情，相互协同的初衷也就变成了相互的推诿。这也就解释了为什么很多 HR 和管理者试图通过严格的绩效管理来提升业绩，结果往往事与愿违。

还有些管理者的理念是另外一个极端——"去 KPI 论"。他们叫嚷着要"去 KPI"，认为是 KPI 导致了一些公司的衰败和覆灭。还记得那篇"绩效主义毁了索尼"吗？绩效制度一下子成为很多公司的洪水猛兽，有些公司 CEO 也站出来表明态度，要"警惕 KPI""抵制 KPI""去除 KPI"。实际上，KPI 或绩效作为一个管理工具和手段，何罪之有？使用它的人用错了而已。

"唯 KPI 论"的问题在于试图让 KPI 去达成业绩目标的价值"上限",而"去 KPI 论"的问题在于放弃了 KPI 作为团队协同的价值"下限",这两种极端都是不可取的。混淆了对上、下限的追求却要去怪罪一个工具,像极了写错了程序却推说是"程序有 bug",如果绩效制度会说话,估计也会喊冤的吧。

只有看到了 KPI 作为下限的价值,以及作为上限的缺陷,才不会简单而盲目地"唯"和"去",从而运用这个工具更好地为管理工作服务。

第二个结论对我们的话题很重要,它可以很好地解释前面提到的前两个问题。

1. "我团队每个人都干得不错,但公司要求绩效强制分布,必须要有人得 C,绩效制度非常不合理!"
2. "一定要有 C 的话我只能给大山,但是,大山的工作完成得还不错,照理给 B 是最合适的,到底是遵从制度还是遵从公平呢?"

这两个问题的焦点在于,绩效考核强制按比例分布合不合理?尤其是和"公平"发生冲突的时候。到底应该如何来看待呢?

前面我们提到,绩效制度本质上是一个组织的"筛选器",这是它的"第一性原理"。那么,它是靠什么来筛选的呢?正是靠设置不同的绩效等级,也就是大家说的"强制分布",把绩效排在后面的员工找出来,筛出去。如果不强制分布,绩效制度最核心的价值也就不存在了。绩效制度的筛选作用这一点是首先要保证的,这就回答了第 1 个问题——必须要有人得 C 甚至是 D。

关于问题 2 中提到的,工作完成得不错却要得 C 是不公平的说法,其核心在于,这位管理者自己对 SABCD 等级标准(有的公司叫"12345")的理解和"定义",与绩效制度的按比例分布发生了冲突。那么,当绩效等级的标准和 SABCD 的分布比例不能兼顾时,哪一个更需要遵从呢?显然,首先要遵从分布比例。因为,绩效等级的标准并不能确保"筛选器"的功能实现,只有强制比例分布才能体现绩效作为"筛选器"的核心价值。当这两点发生冲突的时候,要确保按比例分布。

当然,按比例分布有一个重要的假设——在什么范围内按比例分布,比如问题 2 中,如果你认为对大山的确不公平,可以通过和上级沟通协调,看看能否在更大的"盘子"中符合分布,从而找一个更大的回旋空间。不过,如果被上级部门驳回,那么还是得确保分布比例。我们需要认清这一点:让员工绩效按比例分布的公平性,应优先于匹配绩效标准的公平性。因为,"匹配绩效等级的标准",这本身就是一个伪命题：公司从全局上给不出具体的评价标准，而每个管理者自己的标准又各不相同、非常主观。

7.7.3 绩效制度的窘境

那么，很多管理者都觉得绩效制度有不合理之处，这又是为什么呢？

其实，管理者的感觉并没有错，因为"制度"这个事物本身存在一个两难的窘境：制度追求合理性，却又不可避免地造成不合理——制度只能达成整体上可能的合理性，却造成在各个局部必然的不合理。为什么呢？在各个局部都不合理的制度不应该实施吧？

我们知道，制度有两个要素是其立身之本。

1. 普适性。任何制度，其建立的初衷就在于让符合条件的群体共同遵守，否则就不能称之为一项制度。
2. 稳定性。制度最忌讳的事情就是"朝令夕改"，换言之，朝令夕改的制度不能叫"制度"，而更适合叫"强制性命令"。因为制度的价值是让人们自觉遵守，而频繁变更的制度让人们建立不起"自觉"，所以朝令夕改是制度的忌讳。

如果说普适性是从空间上倾向于"广"——覆盖所有人；稳定性是从时间上倾向于"久"——覆盖所有时间，那么制度就倾向于在空间和时间上的"广"和"久"，也就是尽可能普适和稳定，这是制度的基本特性。

然而，万事万物都会随着空间和时间不断发生变化，这可能会导致一个普适和稳定的制度在具体某个地点或时间点上不适用，于是也就产生了我们从个人视角上看到的各种"不合理"，这种微观上的"不合理"的存在是必然的，除非制度覆盖内的事物是一成不变的——而这是不可能的。

因此，对一项制度来说，其整体的合理性，并不能兼顾局部的合理，这是"制度"的宿命。而绩效作为一项公司制度来说，亦是如此。我们作为管理者，应该充分认识到这一点。我们固然可以用发展的眼光不断去修正和完善绩效制度，但是也得从更高的视角去综合评估整体的合理性和局部的不合理。能够不断地从不确定的环境和形势之下找到最优解，恰恰是管理者的价值所在。否则，单靠一些规则就可以做好管理的话，还需要我们这些管理者做什么呢？认识到这一点，也就可以对我们面临的问题有一个正确的态度了。

综合上面这些讨论，关于绩效制度我们不难得出以下结论。

1. 绩效制度的第一性原理就是筛选性，所以绩效符合分布比例是首要保证的。
2. 绩效等级的评价标准是第二位的，当和绩效分布发生冲突时，要确保符合分布比例。
3. 绩效制度在微观层面的不合理现象是广泛存在的，但是要看到宏观上的价值。

7.7.4 绩效管理

对公司来说，绩效制度是人才筛选和组织优化的工具，那么对管理者来说，它又是什么呢？

绩效对管理者和员工来说，归根结底是一个上下级间的"工作协议"，这个协议约定了上级将以什么方式来考核下级，并以此为依据来评价下级的工作做得好还是不好。这个工作协议的存在形式，就是我们常见的员工绩效计划，也有公司叫员工绩效 KPI、员工 OKR、员工绩效承诺书等，不一而同，但是发挥作用的逻辑都是一样的，就是上级告诉下级"我将从这些方面来评价你的工作业绩"，下级也告诉上级"我可是按照你要求的这些方向在努力啊"，以此来实现上下级在工作方向和目标上的协同。

对管理者来说，正是通过和每位员工订立合理的"工作协议"，来实现团队的整体规划目标。每位员工应该充当什么样的角色，承担什么样的职责，来自管理者的规划和统筹。无论是业务目标、团建目标还是专业目标，都可以借助绩效计划来推进和实施。由此可见，对团队每位员工该做什么样的要求，并不是整齐划一的，而是根据每个人的优势、能力特点来做有针对性的约定，核心是上下级相互认同，这是最重要的原则。

既然绩效是上下级间的"工作协议"，7.7.1 节提到的第 3 个到第 5 个问题就有答案了。

3. "我团队小兰喜欢横向比较，她觉得自己业绩并不比别人差，因此质疑为什么绩效等级比别人低，该如何应对呢？"
4. "我理解绩效计划应该约定与业绩相关的条目，但是我看有管理者把学习能力甚至情绪管理都放进来了，绩效计划里还可以约定这些？"

5. "员工的工作内容安排变化很频繁，评估绩效的时候发现已经不适用了……，该如何维护绩效计划呢？"

对于问题 3，既然绩效是每一对上下级之间的"私人恩怨"，那么员工和别人进行简单粗暴的横向对比是没有意义的，管理者和员工都需要明白这一点。这个问题该如何应对也就很清楚了——不具备可比性，把焦点放在你们两个人的"工作协议"上来。

对于问题 4，既然是"工作协议"，理论上任何约定都是可以放进来的，只要协议双方认同就可以。但是，绩效计划毕竟是上下级在工作上的约定，所以这个协议的主体内容是与业务业绩相关的约定，但是如果管理者放入一些对开展工作有价值的其他约定，也是合理的。常见的有团队合作意识、项目管理能力、沟通能力、学习能力、情绪控制等涉及员工成长的维度，只要上下级相互认同就无可厚非。正因如此，也有不少的公司把绩效计划和 IDP（员工发展计划）合二为一，在一份"工作协议"中，包括了对员工的业绩要求和能力培养方案两方面的要求。这种做法，一方面大大降低了 HR 和管理者推进这两项工作的成本和难度；另一方面，也使得上下级的工作协议更加立体和全面。毕竟，业绩和员工能力是紧密相关的。

对于问题 5，既然绩效是上下级之间的"工作协议"，当工作内容发生重大调整的时候，当协议不再适用的时候，就需要调整工作协议以适应新情况，只要双方重新认同就可以，这就很类似合同的"补充协议"。当然，并不是所有的调整都需要更新协议，而是在很大程度上有赖于管理者的管理经验。比如，约定评价维度，就比约定具体工作内容要稳定，例如，"下半年单机性能提升 50%"就比"下半年完成性能优化项目 A、B、C……"要稳定得多。那么，具体什么时候需要更新协议呢？取决于管理者自己的判断。由于绩效计划的评估由管理者来实施，因此管理者应该是更新绩效计划的发起者，如果管理者忽视了这个事情，将会在绩效评估和绩效沟通的环节非常被动。

通过"协议"视角，我们把绩效中常见的困惑（上面的问题 3、4、5）进行了解析。实际上，这个视角不但能够帮我们答疑解惑，还可以帮我们理清绩效管理的各个环节和步骤。一个协议，有制定协议、签订协议、维护协议、评估协议和沟通协议执行情况等环节，对应到绩效管理中，也有这样五个步骤。

1. 绩效制定。也就是，管理者希望接下来员工把工作重点放在哪里。管理者是需要先有一个整体的绩效计划的。

2. 绩效确认。也就是，管理者和员工都要认同这个计划或方案。这是很重要的一步。管理者单方面认同的绩效计划，不能作为有效的"工作协议"。因此，有些公司的绩效计划是需要员工签字的。
3. 绩效维护。如果员工工作内容有重大调整，绩效计划就需要及时更新。既然是"工作协议"，只要双方认同就可以调整，并没有不能改的道理。
4. 绩效评估。管理者需要对员工在该绩效周期内的工作表现进行认真的评估并打分。
5. 绩效沟通。就绩效评估结果和员工进行充分沟通，达到对齐信息、辅导工作和激励员工的效果。

不难发现，管理者普遍头疼的"绩效沟通"，只是绩效管理五个步骤中的最后一环。如果没有做好前面几步，而把希望寄托于最后一步，期待只通过绩效沟通来达到绩效管理的效果，必然是有挑战的。也就是说，要想做好"绩效沟通"，就不能把焦点放在沟通上，而要放在绩效管理的整个过程。

具体怎么做呢？鉴于各个公司都有自己一套非常具体的绩效实施方案，这里只做一个简单的说明。

第一步是绩效制定。

绩效制定，也就是管理者确定把哪些维度放入绩效计划，作为考评项。如果你的公司没有明确的模板，表 7-3 所示的维度和比例可供参考，根据自己的实际情况调整和裁剪（各项的具体约定和具体描述，看具体情况而定）。

表 7-3　绩效考核表

考核内容	占比	内容细化
业绩产出	80%	<ul><li>工作量 50%</li><li>工作质量 10%</li><li>协同 20%（和产品等关键合作团队共享业绩结果，可选）</li></ul>
重点提升	15%	<ul><li>团队合作意识 8%</li><li>项目管理能力 7%</li></ul>
止损改进	5%	<ul><li>情绪管理能力 5%</li></ul>

有两点值得重视。

1. 考评项尽可能约定的是维度，而不是"刻度"，除非某个"刻度"是非常确定的，比如"二季度线上 bug 数控制在 3 个以下"。
2. 对于团队核心员工的绩效计划，最好能有个性化的设计。同时，还需要有一个适用于其他所有员工的通用方案，以此降低管理成本。

第二步是绩效确认。

就上述方案和员工做一次沟通，有以下两种情况。

1. 对于核心员工，需要专门做一对一的沟通，并达成双方都认同的协议。
2. 对于其他员工，需要在绩效周期之初就公布通用方案，而不是在评估绩效的最后时刻才发出。

第三步是绩效维护。

强调以下两点。

1. 管理者应该是绩效更新的主动发起者，否则绩效评估和沟通时被动的会是管理者。
2. 如果绩效考评项约定的是"刻度"和具体的工作内容，会很容易引起变更；如果约定的是维度，会更加稳定。

第四步是绩效评估。

如果绩效管理前面的三个环节都认真做了，到了评估阶段其实很容易，但是还需要注意以下几个要点。

1. 评估不能基于自己的印象和感受，需要基于员工的事实表现和绩效计划的约定。为了尽可能客观，可以收集更立体的信息和反馈，以及员工的自评。
2. 员工自评的各项的分值高低分布比分值本身更加有参考意义。但是无论如何，管理者最终要忠于自己的判断，不能被员工的自评带偏。
3. 绩效评估是绩效沟通的前提和基础，要在评估的时候，厘清员工业绩表现要点和后续的发展思路。

第五步是绩效沟通。

作为本节的内容核心，下面我们专门探讨。在此之前，有必要强调一件事：很多管理者把绩效管理和绩效沟通当作是"HR给的政治任务"来应对，以"完成"作为这项工作的目标，甚至不少管理者会有应付的心态。也许是因为业务太忙顾不上，也许是觉得绩效工作做起来太繁复，也许是觉得没有效果……但无论什么原因，应对的心态都会使你不知不觉间放弃了手上最有力的管理工具。

绩效是管理者非常核心的发挥职权影响力的手段，以此为依托可以对齐团队目标、促进员工成长、优化团队构成等，而一旦当作"HR给的政治任务"来看待，上述效果便都达不成了。一定要清楚，绩效实际上是公司和HR赋予管理者的一个非常重要的管理工具，切不可视而不见。

7.7.5 绩效沟通

终于要正式探讨绩效沟通了，你可能会问，前面讨论那么多绩效问题却没有谈沟通，有什么意义吗？

当然有。如果你还记得前面章节中我们提到的"管理沟通的两个视角"，就会明白绩效沟通就是一个很典型的需要用两个视角来看待的沟通问题。绩效沟通虽然叫"沟通"，重点其实在于绩效"管理"，因此，前面我们就一直在用"管理视角"来看待绩效沟通，当理顺了整个绩效管理的逻辑后，终于可以用"沟通视角"来看看该如何跟员工谈绩效了。

▶ 绩效沟通的目的

运用前面介绍的沟通框架很容易得知，要想做好绩效沟通，首先要明确沟通目的。也就是，作为管理者，你想从这次沟通中达成什么效果？

据我观察，大部分新经理想达到的效果就是——让员工接受绩效结果，顺利完成HR或上级交给的这个"政治任务"。像第6个问题中提到的情况很普遍，而非偶然现象。

> 6. "该如何与低绩效员工谈绩效呢？绩效是C的员工每个都得聊一两个小时，还聊得很郁闷。而绩效是S和A的员工就特别好沟通，几分钟就搞定了，还聊得很开心，因为他们都对绩效结果满意。"

上述说法显然是把绩效沟通当作任务来完成，以员工接受结果作为沟通目标。这样的初衷也许不会造成大的破坏性后果，但也放弃了绩效沟通作为一个强有力的管理手段所能够发挥的作用。

那么，管理者要在绩效沟通中达成哪些目的呢？主要是以下三个。

1. 信息对齐。绩效沟通是很好的对齐双方观点的机会，因为双方都对绩效问题非常重视。正好可以借这个机会互相同步事实信息，听取对方对这些事实的看法和判断，了解对方关注的焦点在哪里，交换双方对同一个结果的评价标准。全面的对标，不但能够帮助彼此达成共识，还能增进相互间的了解。因此，一次绩效沟通的信息内容至少应包含以下三层。
   - 事实信息——降低信息盲区。
   - 判断逻辑——交换评价标准和对事实的判断。
   - 双方的意图——了解对方的期待。

2. 工作辅导。绩效沟通的目标不仅仅是让员工接受此次绩效的结果，还应该通过绩效沟通中的辅导和指导，和员工探讨其努力方向，以帮助员工未来做出"更好"的表现，这是绩效沟通中更为重要的内容。因此，一次绩效沟通还至少应该涵盖以下三个方面的工作辅导。
   - 改进建议——对过去的做法提出优化建议。比如"考虑扩展性""及时求助""主动沟通"等。
   - 努力方向——对未来的做法提出期待。比如"共同制定一个方案来提升员工某项能力"等。
   - 职场法则——扩展员工对职场的理解和认知。比如"职场本质是价值兑换""职场是马拉松"等。

3. 员工激励。通过坦诚而深入的沟通来激发员工的斗志，使员工可以充满希望地进入下一阶段的工作，而不是充满挫败和沮丧地停留在过去的结果上，这也是绩效沟通需要达成的重要目标。你可能会问，低绩效员工也要达成激励效果吗？当然，如果你还打算继续留用低绩效员工的话，就需要去激励他。以下三个方面的激励是普遍适用的。
   - 坦诚而深入的沟通本身就是激励。
   - 上级的理解、上级的重视、上级的支持和不放弃。

第 7 章　管理沟通

- 上级的期待和指引。

只有充分用好绩效这个管理工具，才能实现绩效沟通的三个目的，达成绩效沟通的最佳效果。如此一来，你还会认为与 S 和 A 的员工好聊吗？你会发现和他们沟通绩效与和 B、C 的员工是一样有挑战的，因为高绩效员工未必在信息对齐、工作辅导、员工激励等方面容易沟通。那么，究竟该怎么聊才能达到这样的效果呢？

▶ **绩效沟通的步骤**

关于绩效沟通的技巧和步骤，每个公司的 HR 都会给管理者做培训、发指南，对于和不同绩效等级的员工沟通还会有不同的要点，这里不再赘述，而是提供一个新的沟通视角，即，从管理者应对沟通挑战的过程来梳理步骤，可以分为以下三步。

第一步是搞定自己。

何为"搞定自己"呢？就是首先要让自己信服自己做出的评价结果是合理的。难道还会有人不信服自己做出的判断吗？以下这些说法，都说明你心里发虚。

- "虽然你表现也不错，但是没办法了，HR 就是这么要求的。"
- "他和某某表现其实差不多，给他打 C 是不太合理的，感觉有点对不起他。"
- "他自评 S，我给他打的 B，我的理由不知道他认不认同。"

当管理者自己都心虚，带着歉疚和忧虑去和员工沟通绩效的时候，不但自己非常痛苦，绩效沟通的三个目的也很难达到。

那么，如何才能让自己内心笃定地去沟通呢？需要做到以下三点。

1. 诚意。审视自己是否表里如一，真诚而不自欺。
   - 你对员工的态度是不是真诚的，还是想安慰或敷衍他。
   - 你是真心希望员工不断成长并愿意支持他，还是只是为了让他接受绩效结果。
2. 正心。审视自己的角色，让角色给你力量。
   - 作为管理者，你是站在角色上给出了公正的评价，还是根据个人喜好和感觉。
   - 作为管理者，你是在为自己个人谈绩效，还是在为团队和组织谈绩效。

3. 理直。审视自己的基本逻辑，"理直"才能"气壮"。
   - 你是否清楚绩效的本质和基本逻辑，并把握住了绩效的核心价值。
   - 给员工的评价，你自己认不认同，能否做到问心无愧，抑或是觉得亏欠员工。

事实上，之所以前面花了很大的篇幅来探讨绩效的本质和基本逻辑，也是希望帮助管理者首先理顺内心对绩效的各种意见和看法。当你对绩效制度的核心价值不认同时，又何谈理直气壮地去准备你的沟通呢？当然"理直"了就搞定自己了，绩效沟通不必"气壮"。

如果你是一位新管理者，在绩效评估和沟通之前，看看是否认同这些话：

"我是这个团队的管理者，是这个团队的负责人，有责任来评价团队每个员工的工作表现和业绩。我是站在团队的视角来看待这个问题，而不是站在任何一个成员的对立面来特别针对他。即便他做得也还不错，但是我既然还是给了他低绩效，那么我一定是有客观依据的，所以这个绩效也的确是他应得的，我并不欠他什么。我有管理者的职业素养，有管理者的工作视角，也有令人信服的评价依据，我做出来的是最公平和最恰当的决策。因此，我需要考虑的事情是，如何和他达成共识，期待并支持他也可以像其他同事一样，比现在的他更加出色。我的角色是一个评判者和告知者，但更是一个辅导者和支持者。"

如果能够达到这样一种心境，就已经"搞定自己"了。

第二步是搞定绩效。

只是靠认知和自信是做不好绩效沟通的，和员工沟通绩效还是得有理有据，所有的评价都必须经得起推敲，令人信服。要做到这一点，就需要提前做好准备工作，也就是做好绩效管理的部分，主要是以下三个方面。

1. 审视"协议"：提前回顾绩效计划，如果发现有不合理的地方还有时间去更新和调整。
2. 收集事实：提前评估员工表现，收集反馈和具体案例，让我们的评价尽可能客观和全面。
3. 提前计划：提前思考员工的发展和后续安排，这样才可以在绩效沟通过程中有备而来。

第三步是搞定沟通。

理顺了自己，做了充分的准备，接下来就要和员工进行正式的沟通。沟通的风格、话术都因人而异，但是需要覆盖以下三个要点。

1. 认可。一定要列举你认可员工的部分，而不能为了压低员工预期，一味地陈述他的不足。只有认可和不足都兼顾的时候，才能体现绩效结果的全面性。
2. 差距。基于你的期待和实际表现来指出差距，并不是只有低绩效员工才有差距，高绩效员工一样有差距。
3. 出路。指明"出路"，即未来的努力方向。和员工明确未来如何做，以取得更好的发展和绩效。

此外，由于绩效沟通属于比较敏感的话题，需要注意以下几点。

1. 当面沟通。不能为了偷懒而使用电话甚至发消息的方式。只有当面沟通，才可以"全息"倾听，及时捕捉到员工的反应和情绪。
2. 私密空间。尽可能为员工提供有安全感的环境，有助于坦诚沟通。
3. 避免不职业的言辞。管理者的不当言辞不但达不到沟通效果，还很容易被员工抓住把柄，给公司和自己造成被动。

▶ **绩效沟通的原则**

前面我们探讨了绩效沟通的步骤，在沟通过程中，还有以下几个原则要遵循。

1. 具体原则。对员工的评价和判断，要基于客观的工作数据和实例，不能凭感觉，避免"我感觉/我印象中……"。
2. 倾听原则。很多时候都是管理者滔滔不绝地讲，认为自己的苦口婆心员工一定听得进去，这是一个误区。既然绩效沟通要达到对齐信息的目的，那就要让员工多表达自己，尤其是有异议的情况下，管理者更要耐心地倾听。此外，认真倾听本身就是一种激励。
3. 面向未来原则。需要特别注意的是，绩效沟通的重心应放在未来的发展上，而不是聚焦于过去的表现。对低绩效员工来说，如何让绩效沟通不那么令人沮丧和压抑呢？"着眼未来"是一个好的做法。也就是，过去结果虽然不尽如人意，但未来状况还是可能改变的。

"往者不可谏，来者犹可追"，通过引导员工多说一些对未来的打算，希望接下来做些什么，打算怎么做，以及需要哪些支持和帮助，并和他一起探讨这些想法的可行性，会让他觉得"坏消息"属于过去，而未来是有希望的、被信任和支持的。这对双方来说，都是一个更好的起点。切记，在双方对基本事实都认同的情况下，如果把焦点放在对失败的探讨上，会让他感受到末日审判般的沮丧，以及对改变这种状况的绝望与无助。而用教练的方式引导一场着眼未来的、面向长期发展的绩效沟通，才能收获到辅导和激励的积极效果。

7.8　情绪管理

在我们的管理工作中，不可避免地会碰到一些容易情绪化的合作者，可能是我们的下级、我们的上级，甚至可能是我们自己。大家都不喜欢和情绪化的人打交道，碰到坏情绪的人唯恐避之不及，敬而远之。可是，如果是自己或者自己的上下级，就避无可避了。那么，有没有办法可以让自己不要动不动就情绪化呢？助人先得自助，接下来我们就仔细地来探讨。

要探讨情绪管理问题，需要先界定一下我们说的情绪是指什么。

显然，情绪每个人都有，并不是那些情绪化的人所特有的。虽然如此普遍，要想探讨清楚却很难。从古到今还没有人能说清楚我们到底都有哪些情绪，学界公认人类的基本情绪有4～10种，其中被广泛认同的有恐惧、生气、伤心、厌恶、惊喜和高兴等。对管理沟通来说，没有必要去探讨所有的情绪，我们只要去关心最令我们头疼的情绪即可。显然，大家说的情绪管理，基本上都是对情绪"激动""生气"甚至是"愤怒"的管理，我们所说的情绪化，一般也是指某个人特别容易情绪激动，并且常常把这种情绪带入工作中。因此，我们今天探讨情绪管理，也主要围绕"激动"或"愤怒"来展开。

话说回来，有那么多种情绪，为什么在工作中，大家唯独对激动或愤怒这么耿耿于怀呢？我想，至少有以下两个原因。

- 愤怒是一种"战斗"情绪，自带攻击属性，非常容易引发另一方高度紧张地回应，无论是选择对抗、防卫或逃避，潜意识里感受到的都是威胁，如此，便妨害到"生存和安全"这个人类最基础的需求层次，并由此对合作关系造成很强的破坏性，并且容易传染。

- 从中"跳出来"非常困难。相信你曾经有过这样的体验，面对一个正在愤怒的人，你说什么他都听不进去，能够不迁怒于你，已经是谢天谢地了。那么，为什么从愤怒中抽离出来这么困难呢？这就不得不说一下人的"三层脑结构"。

美国学者保罗·麦克莱恩（Paul MacLean）根据大脑演化过程提出了三个脑层次的理论：最里面的是"爬行脑"，这部分是从爬行动物那里继承下来的，控制着人本能的、无意识的、瞬间反应的行为，属于"生存式大脑"；中间的这层大脑，是从哺乳动物遗传下来的部分，控制着情感和情绪，并沉淀和保持长期形成的习惯模式，这种模式反应也很快速，称为"情绪脑"；而最外层的大脑，是智人阶段才进化出来的，控制着视觉、想象力、辨别力、系统思考等，称为"理性脑"。这三层脑结构的示意图如图7-14所示。

图7-14　三层脑结构示意图

显然，我们日常所进行的分析思考、设计规划、沟通交流等，都是基于"理性脑"工作的。虽然"理性脑"可以让我们完成很多复杂的智力活动，但是响应优先级和响应速度却远远不及"情绪脑"和"爬行脑"。也就是说，"爬行脑"和"情绪脑"的中断优先级要比"理性脑"高，一旦我们的大脑工作在"爬行脑"和"情绪脑"状态，就无暇顾及"理性脑"的工作了。这就是为什么人在盛怒之下，很难冷静思考和准确判断的原因。

会带来这么多负面情绪的"情绪脑"和"爬行脑"，是否已成为人类大脑的"阑尾"呢？

事实上，人能良好运转，大部分靠的都是无意识的、本能的行为，比如你从来不会用大脑去指挥自己做好走路的动作。而且，爬行脑和情绪脑的反应都很快，在遇到威胁和紧急情况的时候，他们能够立即做出反应，最大限度地保证我们的安全。因此，"爬行脑"和"情绪脑"是极其重要、不可或缺的。你不难发现，即使是"愤怒"这么令人头疼的情绪，也有着非常积极的一面，比如它让我们在面对威胁的时候充满勇气和爆发力，古代很多将军就利用这一点来做战前动员。因此"愤怒"并不是一个一无是处的"坏东西"，只有出现在不合理的场合，才会给我们造成困扰。

你也许会问，我们要讨论的是情绪管理，又不是研究脑科学，花这么多时间讲"三层脑结构"做什么呢？有以下三个理由。

1. 认识情绪是情绪管理的基础。《情商》一书的作者丹尼尔·戈尔曼说过："情商的根本所在是我们认知自我情绪的能力"，认知情绪是处理情绪的第一步，也是最重要的一步。
2. 接纳情绪，才能正确地看待情绪。如果我们对于情绪，比如愤怒，总是想着回避和嫌弃它，又怎么能够管理它，和它做朋友呢？所以，我们还要看到情绪的积极意义，并接纳它的存在，正视它是管理它的前提。
3. 清楚了从愤怒难以恢复理智和平静的原因，实际上我们也就知道了管理愤怒和激动的方法。也就是，用一根"管子"打通"理性脑"和"情绪脑"，当情绪控制大脑的时候，好让理智也有机会参与进来。这根"管子"，就是建立对情绪的觉察。对情绪的觉察，是情绪智力的核心能力，是跳出情绪的钥匙。一旦你觉察到自己正处在一种不理智的愤怒当中，只要你愿意，就会有各种各样的方法和策略去消除怒气、分辨得失，做出理智反应。网上有很多情绪管理图书谈论各种应对措施，大都是接下来这个阶段的应对方法，你若是感兴趣可以对照自己的具体情况去查看相关资料。

既然找到了情绪管理的钥匙，那么接下来，我们就探讨一下，如何拿到"跳出情绪的钥匙"，也就是如何建立觉察，并强化这个觉察，让我们越来越容易从情绪中抽离出来。

首先，我们先在理智的情况下为自己建立一个觉察——审视自己："我是否在发怒呢？"。这是基于这样一个认知，即"在愤怒的情绪中处理问题容易误判，如果有情绪，就先处理情绪再处理事情"。

接下来，每次处理一个紧要的事情前后，都默默审视一下自己："我是否有发怒呢？"。让这个意识不断强化，形成一种条件反射或模式，以至于一发怒就会去觉察自己是否在生气。如果你曾经是一名程序员，并且你写过"钩子"程序，你就会发现，这个察觉的模式就好像挂载一个"钩子"，一旦钩子被触发，后面跟上处理程序就可以了，显然这个处理程序就是情绪应对的步骤。久而久之，当你能够用这个理智的"钩子"去控制情绪的时候，你突然发现，情绪不再是一头难以驯服的野兽，而是变成一个"工作助手"了。

当然，这个模式形成的过程，并不容易，否则就不会称之为"模式"了。除了自己强化，还有几个外部力量可以进行协助。

- 可以靠经常能关注到的一个随身物件来提示。比如，你的手环、戒指，甚至是手上的一个伤疤，只要你能时不时关注到就可以。一旦看到这个物件，你就问一下自己"我是不是在发怒"，这也是一种觉察。
- 每天写觉察日记，每天都反思自己在情绪管理方面是否有所失误。我身边有伙伴用这种方式取得了比较好的效果。
- 可以和伙伴约定，请他帮忙提醒。一旦他发觉你情绪不对，可以当场或事后提醒你，来加强觉察。
- 用你的重要关切来提醒。比如，可以和上级约定，把这个季度的情绪化频次作为一项KPI纳入自己的绩效计划，以此来提醒自己要注意情绪。这个方法也可以用于帮自己的下级来提升情绪管理的能力。事实上，我就用过，并且取得了很好的效果。

借助上面提到的觉察方法，只要不断地练习，假以时日，你就会发现，你不但可以觉察到自己的情绪，甚至还可以发挥它的力量，为你所用。

最后，我把整个步骤总结如下，方便你用于自己情绪的管理，也完全适用于帮你的下级和伙伴去提升情绪掌控能力。

1. 认知它。了解它是怎么产生的，以及怎么发挥作用的。如果是帮下级改进，可以给他讲讲"三层脑结构"的事情。
2. 接纳它。接纳并疏导自己的情绪压力，而不是压抑它。看到它消极的一面，也看到积极的一面，和它交朋友。如果是帮下级改进，切忌一味批判他的情绪化，而是引导他看到情绪的两面性，因为很多情绪化的人，往往发怒之后会后悔，希望控制自己的情绪，只是控制不住，这个时候会全面否定自己的情绪。
3. 觉察它。建立对情绪的觉察，并用上面的方式不断强化，给予足够的耐心不断练习，直到它变成我们的一种下意识的反应。如果是帮下属改进，你可以和他约定如何提示他，在他自愿的情况下，也可以像我一样，纳入KPI管理。

通过上面的步骤，就可以帮自己或者合作伙伴不断提升情绪管理的能力，我帮助过多位情绪激动易怒的下属，屡试不爽，你也可以来试一试。

7.9 常见的沟通误区

前面的内容，都是在探讨如何帮管理者们应对管理沟通的问题和挑战的。在本章的最后，我们介绍技术管理者尤其是新经理们常见的五类管理沟通误区。这些常见的表现和行为都来自真实的管理场景，可能是你，也可能是你的下级管理者，甚至是你的上级管理者，我们一起来照照镜子。

第一类误区

常见的说法有以下几种。

- 在项目攻坚初期，有的技术管理者会这样说："需求还没有出来，为什么我们团队要陪产品团队一起"996"？"
- 当上级要求运营任务的时候，有些管理者会这样说："为什么要我们团队傻傻地去点赞？这个又不在我们团队的职责范围内。"
- 在评审产品设计的时候，有些技术管理者会这样说："怎么会有这么不靠谱的设计，一点儿逻辑都没有！"
- 在确认产品功能和效果的时候，有的产品团队管理者会这样说："怎么研发老是自作主张，看不懂需求文档吗！"

上面这些说法有什么共同点呢？

你不难发现，这类说法如果出自一位工程师或者一线产品经理之口，他们只是对于自己不能理解的做法，给出了基于自己角色的观点和态度，倒也无可厚非。但是如果是出自一位管理者之口，无论是技术团队的管理者，还是产品团队的管理者，其"视角"就未免有些低了。这类说法背后的逻辑是：这不是我团队的事儿，问题都是别人团队的。因此我把它们归纳为沟通视角问题：沟通仅从自己出发，对管理者的角色和视角认知不够。

对此，我只想阐述一个简单的逻辑：一线员工是用工作量来评估价值的，他们只要做出了自己该做的，就是有价值的；而管理者是用团队业绩来评估价值的，即便不是管理者个人的原因，只要结果是团队不出业绩，管理者的价值也很难体现。而且，如果"不幸地"其团队成员都很能干的话，就更加凸显出管理者的失败。而管理者要做出好的业绩，就需要站高一层，站在自己上级的视角上来和各个团队协同，以收获共同期待的成果。因此，大部分时候，帮合作团队一起做好工作，是为了自己的业绩，你并不会吃亏。

第二类误区

常见的说法有以下几种。

- 上级问"按照计划进度不是要到 60% 了吗，怎么才到 40% 啊？"，有的管理者回答"这也不能怪我啊，产品变更需求了！"
- 上级问"约定好的流程为什么没有走呢？"，有的管理者回应"为啥其他人不走流程你就不说，我已经很认真了啊，流程有这么多问题，我工作又这么紧张……"
- 合作者说"这里有一个问题，帮忙看看怎么回事吧"，有的管理者回应"这不可能，肯定是你看错了"，或者说"只能做成这样子，我也没办法。"
- 合作者问"这个 bug 有多大影响？"，有的管理者回应"我估不出来，你找别人吧！"

对于以上四个管理者的回应，如果你是他们的上级或合作者，你会是什么感受呢？我估计你大约会有两个直接反应。

1. 疑惑和僵住："我也没说啥啊，咋就毛了呢？这话茬儿没法接下去了啊……"
2. 远离和放弃："这人说不得啊，没法交流，以后少打交道吧。"

无论是哪个反应，对这位管理者来说，都是不愿看到的消极负向的结果。由于这类管理者总是以为对方在针对自己，过于敏感，我把这类问题归纳为沟通姿态问题：总是在防卫，随时准备战斗。

对此，我想说，防卫姿态对于管理者做好工作不会有正向价值，长此以往，就等于关闭了别人帮助他的大门，任其自生自灭，这显然是一个双输的结果。因此，工作中最好还是以做事为主，少考虑一些个人感受。如果就事论事地去沟通问题，反而会赢得更多合作者的尊重。

第三类误区

常见的说法有以下几种。

- 管理者这样对下属说:"你怎么这么不靠谱,这么简单的事儿你都搞不定!"
- 相似的说法还有:"你能不能务实一些,你能不能踏实一些,你能不能努力一些,你能不用点脑子……"
- 管理者这样抱怨合作方:"太差劲了,就没见过你这样的!"
- 管理者这样对合作的产品经理或设计师说:"你到底懂不懂怎么做产品,你根本就不懂设计。"

对于以上四类说法,或许有以下两种可能。

1. 管理者就是想发泄情绪。
2. 管理者借情绪表达自己对下属和合作方的期待。

只不过,无论是哪种情况,这样的说法都换不来下属和合作方的改变。

原因在于,这是一种"对人不对事"的沟通,你已经给对方贴上了负面的"标签",而一旦给人贴上了标签,对方也就放弃了改变自己的意愿,失去了改变自己的动力,因为"反正在你心目中已经是这样的一个人了,何必徒劳呢!你爱咋地咋地,实在不行我走人"。因此,我把这类问题归纳为沟通方式问题:先给人贴标签,对人不对事。

作为一个管理者,如果没有注意到自己这个沟通方式的弊端的话,你将会承担这样的损失。

- 别人成为你眼中的"屡教不改",你看不到别人的改变。
- 你在别人心中失去了管理者的威信,大家会觉得你没有管理者的胸襟和风范。
- 和你同心同德的人越来越少,团队人心涣散。

一旦意识到问题所在,解决起来倒也简单:管理自己的情绪,就事论事地来讨论事情。前面探讨的情绪管理和沟通工具的内容,都会对此有帮助。

第四类误区

常见的情形有以下几种。

- 你发了一条消息石沉大海……
- 你发了一封邮件石沉大海……
- 你安排了一项任务石沉大海……

然后开始扯皮。

- "我说了啊；我发了啊；我安排了啊；我通知了啊……"
- "我没看到；我没收到；我没注意；我不会做；我觉得没那么重要；我觉得没那么急；我没时间；我看不懂；不该是我干……"

上述这类沟通问题出现在技术管理者身上，我表示非常遗憾。问个技术人才能懂的问题：你做模块间通信都知道用 TCP/IP，要完成三次握手，为啥你做管理所建立的沟通机制，就总用 UDP 的方式呢？

显然，这类问题就出在没有形成良好的"沟通闭环"意识，认为消息和邮件发出去了，接收到的人就应该都及时看到；任务安排出去了，别人就得无失真地接收到。因此，我把这类问题归纳为沟通意识问题：沟通没有形成闭环。

既然是意识问题，应对这类问题的办法也是建立觉察，意识到这一点：不能默认对方一定能收到，而且不能默认对方理解的和你想的是一致的。因此，对于你关心的问题，一定要确认清楚，跟进到底，形成沟通闭环。在这个问题上，我们之前介绍的"回放话术"可以帮你把确认工作做得更加充分。

第五类误区

常见的情形有以下几种。

- "这个规定太不合理了，没法遵守！"
- "我们在指定日期肯定做不完，没戏！"
- "这个设计很不合理，完全不考虑用户体验！"
- "团队的氛围太差了，郁闷！"

关于上面这四类说法，如果你不是这样的管理者，想必你肯定和这样的管理者打过交道吧？他们共同的特点就是发泄抱怨，并没有给出应对的建议和解决方案。因此我把这类问题归纳为沟通初衷问题：只给抱怨不给建议。

作为管理者需要清楚一点，的确会有很多事情是在我们掌控之外的，其中不乏不合理或不完善的。对于这样的情况，发泄抱怨意味着我们内心深处已经对此无能为力了。而实际上，我们也许并不需要完美地解决这个问题，而只需要把一个 40 分的状态改善到 60 分，即便没有改善到 60 分，我们把事情往好的方向上推进了一点点，也是我们的价值，而抱怨除把负面情绪感染给团队之外，收获不到任何正向的价值。

应对这类问题，需要做的是意图转换，从"我不要……"转换到"我想要……"，然后看看有哪些事情可以做。比如对于上述四个问题，我们可以这样问自己几个问题。

- "这个规定太不合理了，没法遵守！"——那么，怎么样就合理了？
- "我们在指定日期肯定做不完，没戏！"——那么，什么条件满足之后，就能做完呢？或者，认为什么时候能做完？
- "这个设计很不合理，完全不考虑用户体验！"——那么，怎么样会合理一些呢？
- "团队的氛围太差了，郁闷！"——那么，怎么做氛围会变好一点点呢？

通过问自己这些问题，相信你会有"意外"的发现，而正是这些"意外"的发现，才是你的创造力、你的价值和你的管理能力的体现。

关于管理沟通的误区，到这里，我们一共探讨了五类。

1. 视角问题：沟通仅从自己出发，对管理者的角色和视角认知不够。
2. 姿态问题：总是在防卫，随时准备战斗。
3. 方式问题：先给人贴标签，对人不对事。
4. 意识问题：沟通没有形成闭环。
5. 初衷问题：只给抱怨不给建议。

这五类问题，不是仅有的五类问题，而是我们身边最容易遇到的，除此之外，我们还能找出很多很多管理沟通上的问题，这也正是沟通复杂的地方。不过，如果我们能够对照上面五类最集中的问题"照照镜子"的话，就可以看到自己的一些轮廓了。

小结

管理沟通是一个很大的话题，介绍沟通技巧和经验的视频随处可见，图书林林总总，文章更是多如天上的繁星。那么我们在这样短短的一个章节中，都探讨了什么内容呢？

总结一下就是：一个框架、两个视角、三大场景、四项积累。此外，我们也探讨了管理者们普遍关注的绩效沟通和情绪管理两个具体的主题。

第 7 章 管理沟通

> **本章要点**

1. 一个框架：管理沟通的基本框架（如图 7-2 所示）。
2. 两个视角：管理视角和沟通视角。
   - 管理视角：从管理逻辑来分析问题并制定完整的处理方案。
   - 沟通视角：从沟通方法来更好地解决问题。
3. 三大场景：向上沟通、向下沟通和横向沟通。
4. 四项积累：可持续积累和提升管理沟通能力的四个着力点。
   - 管理逻辑：管理的角色认知；管理"三大件"的方法论。
   - 通道品质：通且畅。
   - 管理沟通工具：3F 倾听；有效发问；意图转换流程；BID 发展性反馈法。
   - 影响力：职权影响力及非职权影响力。
5. 绩效沟通
   - 绩效制度的第一性原理是"筛选性"，所以绩效等级分布是第一位的。
   - 绩效沟通只是绩效管理五个步骤中的一环，不能独立来看。
   - 绩效管理是管理者强有力的管理工具，而不是公司给的政治任务。
   - 实施绩效沟通的目的、步骤和原则。
6. 情绪管理
   - 认识情绪：三层脑结构。
   - 接纳情绪：情绪有其积极意义，且每个人都有。
   - 觉察情绪：建立对情绪的觉察。

扩展思考

基于本章内容，你如何看待下列问题。

1. 作为研发经理，产品的需求文档总是不清晰，多次沟通都没有明显改善，怎么办？
2. 如何做离职沟通？

要了解作者观点或更多管理者的观点，请查阅作者公众号（见作者介绍）中的相关内容。

# 第 8 章
管理方法论

随着做管理的逐渐深入,"管理方法论"这个词会时常萦绕在我们耳边——前辈告诫我们要提炼管理方法论,上级期望我们要积累管理方法论,公司的管理晋升条件也在不断提醒我们:越高级的管理者,越需要有体系化的管理方法论。

那么,什么是管理方法论呢?它和管理方法有什么区别呢?

- 管理方法是指针对具体管理问题的应对策略和处理手段,一般属于操作范畴。
- 管理方法论简单来说就是关于管理方法的方法。也就是,管理方法为什么会有效,其发挥效用的缘由和逻辑是什么,以及如何评估管理方法的好坏等。因此,方法论更侧重于认知范畴。

与方法比较,方法论更强调以下两个方面。

1. 更强调本质性。方法回答的问题是"怎么做",而方法论回答的问题是"为什么这个方法是有效的"以及"它是如何发挥作用的"。方法属于"术"的范畴,而方法论属于"道"的范畴。
2. 更强调体系化。方法论把某个话题的所有方法都有系统地联系起来,形成一个体系化的成套的方法集合。形象地说,如果说管理方法是一本书,那么管理方法论就像一座图书馆;如果说管理方法是一件兵器,那么管理方法论就像一个兵器库。显然,图书和兵器的放置都是经过体系化整理的,并不是把书堆在一起就叫图书馆,把兵器扔成一堆就叫兵器库。

第 8 章 管理方法论

8.1 管理方法论的重要性

前面，我们厘清了管理方法论的概念。那么，管理方法论究竟能为我们带来什么重要的价值，以至于我们的师友、上级和公司制度都如此强调呢？

管理方法论的重要价值，主要体现在它本身具有的一些特性上。

1. 系统性。也就是前面我们提到的方法论更加具有"本质性"和"体系化"，它使得一个个零散的方法不再孤立，使我们考虑问题的视角更深入也更全面，进而使解决方案更周全也更可靠，可以有效避免"按下葫芦浮起瓢"的情形发生，更不会挂一漏万。

2. 适用性。德鲁克说过，管理是一种实践。这就意味着即便是面对同一个管理问题，你的实践方法、体验及结果和我的实践方法、体验及结果，也很可能是大相径庭的。也就是说，你所采取的管理方法并不一定适用于我，所以方法的适用性是局限于具体的管理场景和操作主体的。事实上，并没有什么管理方法是包打天下的，不同的管理问题需要不同的管理方法，而且这些管理方法需要根据管理者自己的特点、风格、偏好去设计，以适应自己的需要。因此，每位管理者都需要有自己的管理方法论，把这些具体而独特的方法统领起来，而不能直接照搬一套别人的管理方法论。

3. 迁移性。做了管理，在一定程度上，我们就是"组织的人"了，不能完全按照自己的喜好和性子来做管理，而要考虑公司需要，"哪里需要哪里搬"。我们可能会负责规模更大的团队，或职能更多样的团队，也可能会去组建新的业务团队。此时，我们面临的管理场景和挑战就会发生显著的变化，原来熟练使用的管理方法也不再奏效。如何才能让我们把之前的管理能力快速迁移到新的场景中呢？由于方法论是关于方法的方法，可以指导我们在新的管理场景中迅速形成新的管理方法，因而具有更好的迁移性。实际上，这个特性是我们的上级和公司最为关注的，因为它会给组织带来很大的灵活性。

4. 传承性。显然，管理方法比方法论对于管理场景和操作主体的要求有更大的局限性，也就意味着管理方法比方法论具有更弱的传承性。而作为管理者，无论是出于自己成长的需要，还是出于组织发展的需要，都有一项很重要的工作，那就是培养管理梯队，带出更多的管理者。甚至有的公司规定，培养出能够接替自己的管理候选人之前，管理者是不能晋升的。

那么，如何才能把自己积累多年的管理能力快速有效地传承给新人呢？对于有和没有形成系统方法论的管理者，他们的做法是完全不同的。

- 没有方法论的管理者：管理者不知道从哪里下手，干脆不闻不问，新人自己看着学，然后自己悟。新人会把前人踩过的坑再重新踩一遍。互联网领域很多管理者都是这么连滚带爬地过来的。
- 有方法论的管理者："授人以鱼"，同时也"授人以渔"。告诉新人怎么做，同时也告诉新人为什么会有效。新人可以在一个体系下掌握管理的技能。

哪种情况有更好的传承性一目了然。

正是由于管理方法论相对于管理方法具有更好的系统性、适用性、迁移性和传承性，上上下下才对管理方法论如此重视。

当然，我们也要知道，方法论虽好，但它并不能替代方法的价值：方法论的确可以让我们更好地设计出方法，但是方法的实操性是方法论不能比拟的，下沉到每一个具体的应用场景，我们靠的还是具体的方法，方法论只能在旁边指导。换句话说，面对一把大刀该怎么耍，无论我们对着大刀坐而论道地把玩法研究得多么深刻，要想耍好还是得靠实操实战得来的方法和技能。

8.2 管理方法论的框架

通过方法论的特性我们知道，方法可以是零散的，而方法论则必须是成体系的。未形成体系的方法论，不能叫成熟的或系统的方法论。

那么，该如何搭建这个体系呢？换言之，应通过什么把管理方法有系统地联系起来呢？可以通过框架，即用一个管理框架让所有的管理方法都各归其位。

一个"称职"的管理框架，至少要承担三个基本职责。

1. 提供明确的主题。明确标识这个方法论是干什么的，给人清晰的整体感。这就很像图书馆或兵器库的牌匾，看一眼就知道这是考研图书馆还是古籍图书馆，是冷兵器库还是火器库。对管理方法论来说，每个人自己的管理体系就是一个完整的方法论，用于指导自己做好所有管理工作。当然，也可以有各个细分方向的方法论，比如团队建设方法论、员工激励方法论等，但是每个方法论都有明确的主题，这是框架要提供的。

2. 提供快速查找功能。在框架的规划下把方法论分门别类，以方便需要的时候能够快速找到它。这就很像在图书馆找一本书，根据分区、分类标签能够快速定位图书的位置一样，管理方法论也需要有一个"对照表"，告诉我们在什么情况下采用什么方法。

3. 提供方法要点简介。虽然方法论无法详细描述具体情况下的做法，但是应该告诉我们在这个问题上，应对的要点是什么，解决问题的逻辑一般是什么样的。

关于上述三个职责，我们举例说明。如果把自己的管理方法论比喻成一个兵器库的话，管理框架就需要达到这样的效果：我知道什么时候要进入兵器库，然后可以很方便迅捷地拿起想要的兵器，并且了解该兵器的使用要点。相反，如果我只是感觉需要进入这个兵器库，走进来之后发现兵器库里乱糟糟一堆兵器，我转来转去、挑来挑去也找不到想要的那件，即便拿到手里也看不出该怎么用……这种状态的兵器库只是一个"兵器堆"，不能算"库"。因此，这种状态的管理框架，也不是一个"称职"的管理框架。

拥有成熟方法论的管理者，都有自己的一个内化于心的管理框架。如果你还没有梳理出一个清晰的框架的话，贯穿本书的"管理三明治""管理全景图"和"沟通扩展版管理全景图"就是一套管理框架，你可以视自己的情况选用。

▶ "管理三明治"

"管理三明治"是本书管理框架中最粗略的一个版本，它把管理所涵盖的内容分为五大部分，并分为三个层次。

- 最上层是角色认知。我们对自己作为管理者的角色认知水平，会体现在管理工作的每一个行为、每一次决策当中，这是我们做管理工作的基本前提条件。

- 中间层是管理规划、团队建设和任务管理三大部分，分别对应"看方向""带人""做事"。主要是回答"管理者都要做什么事儿"这个问题的，是日常管理工作的主体内容，所以前面我们常常称之为"管理三大件"或"管理工作的三个主要动作"。

- 最下层是管理沟通。管理者的各项工作都离不开沟通，它承载着"管理三大件"的实施，是各项管理工作的载体。

显然，这个框架并没有提供各部分工作开展的要点，所以，我们说它"粗略"。虽然粗略，它却用最简洁的方式呈现出"管理"这个复杂的概念所涵盖的内容，也就提供了管理问题的五个顶层视角。

由于"管理三明治"只有5个要素，因此这个框架又称为"5要素版管理框架"，如图8-1所示。

图 8-1 "5 要素版管理框架"（©2019 果见）

▶ "管理全景图"

既然"5要素版管理框架"比较粗略，那么，我们可以在此基础上进行细化，以提升它的实用价值。通过前面第4、5、6章的解析，我们把管理规划、团队建设、任务管理这"管理三大件"拆解为13个要素，并对这13个要素逐一进行了分析讨论，构成支撑"管理三大件"的13个工作基点，再加上"角色认知"和"管理沟通"，一共是15个要素，整体构成"15要素版管理框架"（如图8-2所示），也称为"管理全景图"，意思是日常的各个管理问题，都可以从这个"管理全景图"中按图索骥地来思考解决方案。

"管理全景图"繁简程度适中，既不会让我们觉得管理工作"云里雾里摸不着头脑"，又不至于让我们"只见树木不见森林"，是体现管理方法论的一个较为理想的管理框架。如果仔细看"管理全景图"的话，你会发现在管理规划、团队建设、任务管理这三个模块的 13 个要素外围都有留白，其用意是希望你在自己的实际管理工作中，去提炼自己的心得体会和方法技巧，并填补这些空白，从而形成属于你自己的个性化的管理方法论体系。

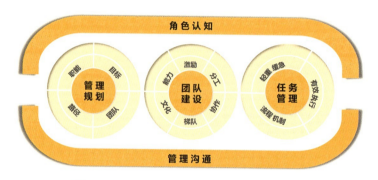

图 8-2　"15 要素版管理框架"（©2019 果见）

▶ "沟通扩展版管理全景图"

由于管理沟通是一个复合而复杂的概念，我们在第 7 章又对管理沟通做了详细的解析。我们不仅从沟通技巧和方法方面进行了探讨，在此之前，我们还对管理沟通的框架进行了探讨，把管理沟通这件事拆解成 4 个要素，即目的、内容、通道和影响力。于是扩展出了沟通特别版的管理框架，这个框架由于把原来的"管理沟通"这个要素拆解为 4 个要素，因此，一共是 18 个要素（如图 8-3 所示），我们称之为"18 要素版管理框架"。

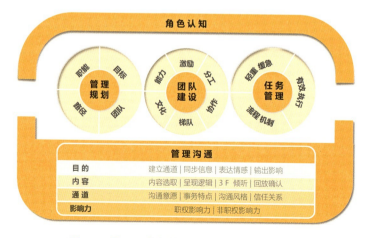

图 8-3　"18 要素版管理框架"（©2019 果见）

8.2 管理方法论的框架

显然,"管理三明治""管理全景图"和"沟通扩展版管理全景图"并非三个管理框架,而是详细程度不同的同一个框架的三个版本。随着扩展的深入,图也变得越来越复杂,所以,我们可以把这三张图结合起来使用,这样就可以由粗到细,从浅入深,既见树木也见森林了。

通过上面的阐述,管理框架就算是有了,那么这个管理框架承载着哪些管理方法论呢?显然,这个管理框架整体承载着一个完整的管理方法论体系,具体到各个要素上,又放着各个管理方向上的方法论。具体如表 8-1 所示。

表 8-1 管理方法论一览表

管理五大模块	模块作用	18 要素	方法论
角色认知	角色认知	角色认知	关于角色认知和角色转换的方法论
管理规划	看方向	职能	如何界定团队核心价值的方法论
		目标	如何做目标管理的方法论
		团队	如何做团队盘点与规划的方法论
		路径	如何做路径选择和资源预算的方法论
团队建设	带人	能力	如何培养员工工作能力的方法论
		激励	如何提升员工工作意愿和积极性的方法论
		分工	如何做团队分工和组织架构设计的方法论
		协作	如何提升团队协作水平的方法论
		梯队	如何进行梯队建设的方法论
		文化	如何打造团队文化价值观的方法论
任务管理	做事	轻重缓急	如何梳理优先级的方法论
		有效执行	如何做项目管理的方法论
		流程机制	如何梳理流程机制的方法论
管理沟通	有效沟通	目的	关于明确沟通目的的方法论
		内容	关于确保信息有效传递的方法论
		通道	关于建立和增进沟通关系的方法论
		影响力	关于提升和运用影响力的方法论

技术人都理解"叶子节点"这个概念,也就是最"末梢的要素",上面的列表中,除管理规划、团队建设、任务管理和管理沟通这 4 项之外,其他 18 项都属于"叶子节点"。它们就好像是管理者兵器库里的 18 般兵器,已经清清楚楚地陈列在那里,并且标好了使用的要点。接下来要做的,就是根据自己的实际需要、个人特点和喜好,不断地去操练它们,从而不断地积累出属于自己的管理方法论。假以时日,你将成长为一个既有深度又有广度,既有框架又有方法,既有理论又有实操,既能"自用"又能"带人"的成熟管理者。

第8章 管理方法论

8.3 管理方法论的积累

前面我们探讨了管理方法论的框架,然而,掌握一个管理框架并不意味着掌握了系统的方法论。管理方法论,尤其是个性化的管理方法论,其积累并没有什么捷径,就是靠做事,也就是管理实践:一方面,通过实际的管理过程来抽取方法,并进一步提炼方法论;另一方面,通过已有方法论指导具体管理工作,反过来不断验证和完善方法论。

那么,在具体积累的过程中,有哪些要点呢?接下来,我们从心态、理念和步骤三个方面进行探讨。

8.3.1 诚意正心

你可能会疑惑,我们明明正在探讨管理方法论的问题,这和心态有什么关系呢?

许多技术出身的管理者,对管理方法论很不以为然,甚至是排斥、抵触、不屑一顾。相信你也听到过以下这些管理者的言论。

- "哎,都是套路……"
- "套路真深啊,不就是想让员工多干活嘛!"
- "与其给员工画大饼、玩套路,不如多发点钱实在!"
- "有啥说啥,咱不套路你!"
- "这些管理方法不能让下属知道,否则这些套路就失效了。"
- "我这么说是为了让他心里好接受一些,竟然被他录音了!"

上述这些说法,归纳起来主要就是两类论调。

- 不屑论。"套路"是无效的、不对的,甚至是虚伪的、不道德的,所以,非常不屑。如说法1、2、3和4。
- 保密论。这些"套路"不能被对方识破,否则就"糊弄"不了对方了,可不能让对方看透了自己的"小心思"。如说法5和6。

显然,管理方法论在他们眼里是负面的,所以他们会使用"套路"这个词,这个词在他们心中是"小伎俩"的近义词,代表着三层意思。

1. 初衷——用心不良：使用套路的人别有用心，在耍心机以满足私心。
2. 手段——做法低能：大家都心知肚明，只是不好说破，或者只能讳莫如深地"糊弄"一些糊涂员工。
3. 结果——徒劳无功：从头到尾只是一场管理者自导自演的假戏。

那么管理方法论真的这么一钱不值，甚至令人不齿吗？

显然，管理方法论是为了做好管理而存在的，整体上属于"手段"范畴，既然是手段，其善恶就不在于管理方法论本身，而在于使用方法论的管理者的初衷。如果初心是恶意的，方法论就会助长和放大"恶"；如果初心是善意的，方法论就会导向善意的结果。人们不是常调侃"流氓不可怕，就怕流氓有文化；流氓会武术，谁也挡不住"吗？显然"文化"和"武术"并无善恶，真正有问题的是"流氓"。

那么，你能说这么多对方法论有异议的管理者都是"坏人"吗？显然不能，其中绝大部分管理者并不是人品有问题，而是认知不够——不懂得如何使用管理方法论而不去"套路"别人。

其实，从"套路"到"非套路"只有四个字的距离——"诚意正心"。

"诚意正心"来自儒家推崇的一种修养方法，完整的说法是"格物致知诚意正心修身齐家治国平天下"，其中"齐家治国平天下"被广为流传。现在，我们只谈诚意正心。

诚意，其核心意思就是意念真诚。在管理工作中是指表里如一，即初衷和手段的一致性。

具体来说就是，你心里想的和你的言行是统一的，而不是矛盾的。正是由于违心的言行，才让你采用的方法和手段变成了"套路"。人的心思很多时候会不由自主地流露出来，一旦被对方发现你言行不一，那么你的手段不但无效，还会有副作用。即便侥幸没有被发现，你自己内心的负疚感和侥幸心理也会长期困扰着你。这样的管理者是没有内在能量的。在管理工作中只讲技巧不讲能量，就好像只有招数没有内力，其管理功力无法强大起来。

因此，反"套路"很容易，就是让自己的初衷和言行一致。如果自己心口如一，还会担心员工怀疑这是套路吗？还会担心员工会把谈话录音吗？

说到这里我强调一下：让下属员工认知管理方法论是完全没有问题的，因为只有在共同认知之下的共识才是真正的共识，刻意利用信息不对称达成的共识叫"糊

第 8 章 管理方法论

弄"。你完全不需要担心下属掌握了方法论会"为难"你,因为职场最重要的法则对上下级都是一样的,大家都清楚职场法则反而好办事。

正心,其核心意思就是端正自己的正义之心。作为管理者所谓的正心,是指"正管理者之心"。

"正管理者之心"并非指"于己心无愧"。当然了,端正了自己作为管理者的心,的确会让自己问心无愧,但是反过来就未必成立了——很多管理者口中的问心无愧其实只是从个人的逻辑出发,而从管理者角色来看,却未必得体。比如某管理者说:"我做了自己该做的,我问心无愧!"他所说的"自己该做的",其实是从个人价值观来评判的,这和"我做了自己作为一个管理者所该做的"未必是一回事。

那么,具体什么叫"正管理者之心"呢?其实就是从管理者的角色出发,做了管理者所该做的,而并非个人喜好的。比如有时从管理者角度看,需要劝退一位员工,而你个人未必喜欢干这事,但还是需要从管理者角色出发去做出选择,才算是正心。因此正心需要两个步骤。

1. 清楚管理者的角色。
2. 从管理者的角色出发想事做事。

这就是我们"管理三明治"中角色认知这一模块所关心的内容。

综上,诚意正心合起来是什么呢?就是:

1. 从管理者角色出发,去看问题、想方法,也就是正心;
2. 让自己的言行和初衷保持一致,不要违心的小伎俩,也就是诚意。

如果秉持诚意正心的心态去做管理,我们所使用的方法论就自带"反套路"功能。相反,如果做不到诚意正心,所有的方法论就都是假把式、花把式,最终会将管理者自己陷于被动之中。

因此,诚意正心的心态是管理方法论有效发挥和有效积累的基本前提。

8.3.2 事上练:管理不在事外

"事上练",出自王阳明的主张,原意是在做事的过程中去练心。也就是,只有在做事过程中磨炼,内心才会拥有强大力量,修炼自己的内心不能脱开世事。对我们做管理来说,提升自己的管理能力,积累自己的方法论,最好的途径也是在管理工作上做"事上练",而没有令人眼花缭乱的"捷径"。

为什么要强调这个理念呢?因为这也来自一些管理者提出的课题。他们常常有以下这样的想法。

- "大家一定要相互信任啊!"
- "你能不能有点默契!"
- "多给大家发点加班奖金吧,以示激励。"
- "团队有些松散了,需要搞一次团建活动。"
- "员工能力提升太慢,我们得搞一些学习机制。"
- "为了提升影响力,我得多秀秀自己的肌肉。"
- "他介绍的管理方法听起来不错……"

还有很多很多类似的说法。显然,这些说法本身并没有太大的问题,但是针对上述每一个诉求,管理者选择了并不是最有效的手段,而最有效最通用的手段就是带着团队做事情。例如:

- "大家一定要相互信任啊!"——建立信任的最好方式就是通过做事磨合出来,靠喊口号是很难奏效的;
- "你能不能有点默契!"——默契不是要求出来的,而是要有意识地一起共事培养出来的;
- "多给大家发点加班奖金吧,以示激励。"——最有效的激励方式,就是带着团队做出业绩,让团队良性发展;
- "团队有些松散了,需要搞一次团建活动。"——最好的团建方式就是一起"群策群力打胜仗";
- "员工能力提升太慢,我们得搞一些学习机制。"——提升员工能力最快的方法就是授权,让他去做事;
- "为了提升影响力,我得多秀秀自己的肌肉。"——高效的建立影响力的方法就是用结果说话、用成绩说话;
- "他介绍的管理方法听起来不错……"——只有在做事中验证,才知道该方法是否有效。

我想说明的理念已经很清楚了:虽然管理的手段千差万别,管理者的偏好也各不相同,但是其中最有效的管理手段就在工作本身之中,而不在工作之外。管理的水平需要通过做事来体现,做事的手段需要在做事中验证,做事的结果需要做事来衡量。因此,我们做各项管理工作,积累各项管理方法论,都要把重心放在实实在在的工作上,其他手段仅仅作为辅助,而不能本末倒置。

总之,管理框架不等于管理,管理方法也不等于管理,管理的真功夫在于做事,而不在事外。我们要把做事作为各项管理工作的首选手段,这当然也包括管理方法论的积累。

8.3.3 处理管理问题的一般步骤

处理管理问题的一般步骤,其实也就是管理方法论运用的一般步骤。作为管理者,处理管理问题的过程,其实就是管理方法论的运用和积累的过程。

显然,前面我们探讨的"诚意正心"的心态和"事上练"的管理理念,只是为管理方法论的运用提供了基础和前提,那么具体该如何运用管理方法论和处理管理问题呢?

大体是以下四个步骤。

第一步是定义问题。也就是,首先界定清楚我们要解决的是什么问题。

这是解决问题的基本前提,也为解决问题提供了努力方向,所以第一步要解决的核心问题是方向性问题。

你可能会有疑问:"问题明明白白地躺在那里,还需要定义吗?"事实上,困在这一步的管理者非常多,后面我们通过几个示例来进行讨论。

第二步是明确目标。也就是,我们要把这个问题解决到什么程度。

明确了要解决的问题之后,紧接着第二步就是明确我们希望把这个问题解决到什么程度,这是关于目标刻度的问题。

你可能会有疑问:"问题肯定是要完全解决了,难道还要留尾巴?"事实上,一个问题出现以后,完全解决只是我们的选项之一,而不是唯一答案。你还记得第 4 章在探讨资源和路径的问题时,我们说结果评估可以在进度、质量、效果三个维度上动态把握吗?弄清楚目标和资源之间的关联关系,不仅适用于项目,也适用于管理问题以及日常生活问题的应对。

最基本的，我们要区分清楚目标的"上限"和"下限"，这是很多管理者最容易混淆的。

- 所谓"上限"，就是我们追求的那个 100 分，甚至是 120 分。"上限"的核心特点是无止境地追求更高的上限，追求卓越。
- 所谓"下限"，就是我们追求的那个 60 分，及格即可。"下限"的核心特点是确保完成，它强调的是完成的确定性。

上、下限看似容易区分，却有很多管理者根本意识不到需要区分，而一旦混淆两者，毫无疑问会发生目标不清、手段扭曲的情况。比如我们前面的章节所提到的：有些管理者和 HR 试图依靠绩效制度去实现绩效的"上限"，有些管理者试图用完善的流程机制去代替员工激励的工作等，都属于这种情况。

第三步是选择方式。也就是，选用合适的手段去达成目标。

这一步类似从兵器库中选用兵器，显然和要解决的问题特点、使用兵器的人的个人偏好和熟练度最相关。不难发现，这也和选择沟通方式的因素类似，主要是从事务特点和人的特点出发。

- 事务特点：该事务重要紧急程度如何，要解决到什么程度。显然，这里暗含了目标。
- 人的特点：这里是指管理者的特点，每个管理者都有自己擅长的处理问题的方法。

第四步是评估结果。也就是，验收结果并抽取经验。

评估结果，基于对目标的达成度来评判，这是管理问题解决的实体部分。结果的达成度同时也验证了管理者的判断力、手段的有效度，从而为升级方法论提供了现实素材，管理者可以从中抽取经验，并提炼和完善方法论。

值得注意的是，抽取经验和记录经历是两个概念。记录经历往往出于感性目的，追求的是感受；而抽取经验往往出于理性目的，追求的是效用。因此，你会发现很多女性在记忆往事的细节上比男人要强很多，因为在她们眼里感受很重要；而很多男性记不住细节，主要是因为在他们眼里有效用的东西才重要。对此，我只是想说，对提炼方法论来说抽取经验比记录经历更有效，因为其目的性更强。

第 8 章 管理方法论

以上就是我们应对管理问题的一般步骤，在上述四个步骤之中，最为关键的是第一步——定义问题，因为这一步解决的是方向性问题，所谓"差之毫厘谬以千里"，即是这个意思。这一步是解决问题的起点，却也是新经理产生困惑最多的地方，因为，我时常会收到下面这样的求助。

1. "员工提离职了怎么办？"
2. "员工越级汇报怎么办？"
3. "员工总是迟到怎么办？"

类似的问题还有很多很多，我们只是挑选其中三个来具体讨论一下。

你可能会说："人家这些问题很清楚啊，还需要界定什么呢？"关键就在于，问题界定得是否清晰，取决于是否能够应对。对于上面这几个问题，无论多么资深的管理者，都是无法回答清楚的，因为他们只是列举了一些事实。

1. "员工提离职了怎么办？"——事实 1：有员工提离职了。
2. "员工越级汇报怎么办？"——事实 2：有员工越级汇报了。
3. "员工总是迟到怎么办？"——事实 3：有员工总是迟到。

事实本身并不会成为问题，所以根本不需要回答；而这些事实为什么又会成为问题呢？对方并没说。因此，我通常的应对就是提问："你只是陈述了一个事实，这个事实的发生给你带来什么影响，也就是，为什么这对你来说是一个问题呢？"

你可能会说："带来的影响不是明摆着的，还需要问吗！"对此我想说，你如果觉得"明摆着"，是因为你把这个事实代入了自己的认知体系，所以才得出确定性的结论。这样的思维方式，就是"想当然"的定义。由于你的认知体系未必和人家的认知体系一样，因此你得出的结论，并据此给出的建议未必有指导意义。下面我们用示例来说明。

关于第一个问题——"员工提离职了怎么办"，我们得先弄清楚，"员工提离职"这个事实，究竟给这位管理者带来了一个什么问题，可能是下面其中的一个或多个。

- 这个员工作为核心人才，管理者想继续留用。（留用和激励，团队建设范畴）
- 这个员工离职会对其他员工产生负面影响，影响团队稳定。（团队稳定性，团队建设范畴）
- 这个员工很难沟通，他提离职不知道怎么和他聊。（管理沟通范畴）

- 这个员工手头的工作很重要，交接起来很有挑战。（轻重缓急，任务管理范畴）
- 这个员工的离职，对管理者自己的管理方式带来了挑战。（自我认知，角色认知范畴）
- 这个员工的离开，带来了很困难的招聘工作。（人才招聘，团队建设范畴）
- 这个员工离职会给公司带来哪些可能的影响。（管理者职责，角色认知范畴）
- 这个员工的离开，影响了管理者的管理绩效和晋升。（个人发展，角色认知范畴）

也可能到这里我都没有列举完，但是你已经可以看出，上述每个问题都影响着完全不同的结果，也对应着大相径庭的解决方向。因此，针对"员工提离职了该怎么办"这个问题，界定清楚我们要解决的到底是什么问题，才是第一位的。

这种困惑广泛存在，比如我们继续看第二个问题——"员工越级汇报怎么办？"，这位管理者的问题到底是什么呢？给他带来哪些可能的后果呢？

- 员工越级汇报，对他是一种侵犯，不尊重，因此不能忍受。
- 员工越级汇报，和间接上级达成一些结论，他不知情，经常发生误会。
- 员工越级汇报，该员工的工作安排不由他，而结果却由他来承担，权责不对等。
- 员工越级汇报，威胁到了他的管理地位。
- ……

可能还有很多。不同的后果，对应着不同的问题解决方向，也必然影响着手段的选择。值得一提的是，有不少互联网领域的管理者认为越级汇报压根就不是问题，而且还鼓励员工越级汇报，因为这样信息扁平。因此你看，在问题界定清楚之前，我们是无从下手的。

第三个问题——"员工总是迟到怎么办"，也类似，我们就不展开讨论了，你如果感兴趣，可以自己列个清单，看看"员工总是迟到"这个事实，可能会给管理者带来哪些后果。

现在我们清楚了，有效地定义问题是如此重要。那么应如何清晰地把问题界定出来呢？你可以问自己以下两个问题。

1. 这个问题的出现，给我带来的什么后果是我最不想要的？
2. 如果这个问题可以解决，我最想要达成的效果是什么？

其实，这两个问题都指向一个共同的方向：弄清楚我真正想要的是什么。你可能会问，有哪些可选项可以参考呢？在 8.4.3 节，我们会介绍如何使用管理全景图来定义问题，所有的选项都在管理全景图的各个要素之中。

以上就是面对管理问题时的一般处理步骤，这些步骤其实也是对管理方法论的运用过程。有没有管理方法论的一个重要区别是，对于各种各样的管理问题，是只能逐个解决，还是可以把问题抽象到一个更高的层面，并依照一个系统的框架来解决。管理方法论还有一个红利就是，由于它有良好的迁移性，因此不仅适用于管理，还适用于生活学习中的很多场景。

8.4 "管理全景图"的应用方法

管理全景图，即 8.2 节提到的"15 要素版管理框架"，它不仅仅是管理工作的整体框架，也是本书的梗概框架。可以说，本书的主体内容就是围绕"管理全景图"（如图 8-4 所示）来展开的。那么，熟练掌握这个"管理全景图"，能给我们日常的管理工作带来哪些帮助呢？

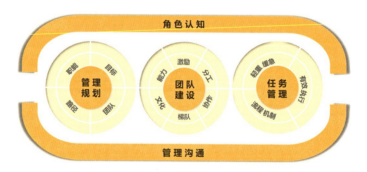

图 8-4　管理全景图（©2019 果见）

实际上，前面的多个章节已经提及一些管理全景图的应用，比如使用管理全景图来收纳管理方法论、使用全景图来定义问题以及选择合适的方式来解决问题，只不过这些应用还是比较散的。本节就系统地介绍管理全景图最常用的五个场景，希望大家在面对这些场景时，可以使用管理全景图获得一些启发。

8.4.1　盘点问题

在一些关键的情景和时间节点上，管理者需要对管理工作进行整体的回顾或展望,这常常令一些管理者茫然不知所措。下面是一些常见的情景。

情景1:又到了季度末,我们需要进行述职。述职报告既包括上个季度的总结,也包括下个季度的规划,具体要涵盖哪些内容呢?

情景2:我入职了一家新公司,刚接手一个新团队。此时如何快速整理出哪些工作需要优先处理?其中哪些工作又需要重点关注?

情景3:我去面试一个管理岗位,面试官要求我演示一下如何带团队,预期会做哪些事情,把团队带成什么样子。对此,我如何快速找到切入点?

此时的你,如果面对这些场景不知从何下手,可以来看看图8-5,所有的工作都在这张图上,这里有这么多的管理要素可以供我们参考和使用。

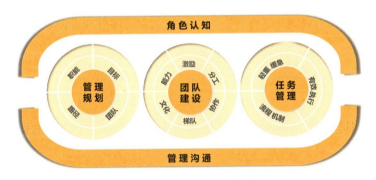

图8-5 管理全景图应用之盘点问题

比如对于情景1,述职无非就是总结过去、规划未来。总结过去主要是回顾过去这段时间的管理规划完成度、团队建设的成果、任务管理的情况。如果觉得还是不够具体,可以进一步细化,总结目标的完成度,盘点团队在能力成长、协作水平、梯队建设或文化建设等方面的成果,并汇报执行完成的关键任务。当然,这只是一个示例,具体选哪些话题作为总结的维度,需要你根据具体情况自行决定。规划未来主要是回答清楚管理规划所涵盖的四个要素,关于如何做规划,第4章已有系统介绍。

对于情景2和情景3也类似,情景2是空降,情景3是面试。无论是空降还是面试,抑或是管理岗位竞聘,都是站在一个团队面前,鸟瞰所有的管理工作,既要看到目标和方向,也要看到路径和手段。此时,管理全景图就像一张展开的管理地图,供你盘点手头上已有的或未来可能会有的管理工作。这就是管理全景图的第一个应用场景:盘点问题。

8.4.2 定位问题

定位问题,也就是找到管理问题的根源,然后对症下药去解决问题。

作为管理者,我们每天都会面临许许多多的管理问题。有些我们已经能驾轻就熟地解决,但还有一些问题发生时,我们不知道该怎么办,并不是问题本身多么复杂,而是我们一时难以厘清这到底是怎么引发的,当然也就不知道从哪里下手。下面我们看两个实际的案例。

案例1:"我的团队没有活力,没有干劲儿,怎么办?"

你可能会说,这个问题非常明确啊,团队没有活力,没有干劲儿,一看就是工作意愿不足,所以是员工激励问题。这个逻辑非常清晰,可是在实际的管理工作中,我们如果直接在员工激励上做文章,效果往往并不好。原因很简单,团队状态表现为员工激励问题,但是员工没有干劲儿的原因,常常并不在于激励工作本身。那么,有哪些管理工作可能会引起员工没有干劲儿呢?这个时候,管理全景图(如图8-6所示)可以帮我们来定位原因。

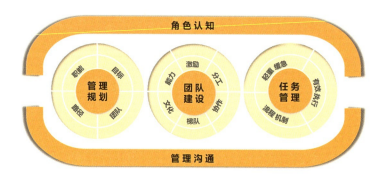

图 8-6 管理全景图应用之定位问题

参照图8-6我们可以看看,都有哪些工作可能引起团队没有活力以及员工没有干劲儿呢?我们可以简单开列如下:

- 如果员工不清楚我们团队的职能和价值,对团队认同感不强,会影响干劲儿;
- 如果团队长期目标不清晰,缺乏方向感,只是按部就班地听上级指挥,上级让干什么就干什么,长此以往,团队肯定没有活力;
- 如果员工能力长期没有成长,会影响干劲儿;

- 如果团队分工不合理，会影响干劲儿；
- 如果团队是刚合并而成的，员工信任度低，协作有问题，会影响干劲儿；
- 如果团队文化和氛围比较差，自然没有活力，会影响干劲儿；
- 如果任务优先级安排不合理，会影响部分员工的干劲儿；
- 如果近期有多项任务得不到有效执行，都半途而废，也会影响团队干劲儿；
- ……

你看，如果"团队没有活力，员工没有干劲儿"是因为上面所列举的原因，直接在员工激励上做文章显然效果是不好的。只有真正清楚了员工没有干劲儿的根本原因，才可以对症下药，从病根上来解决这个问题，自然会事半功倍。

案例 2："如何打造高效执行的团队？"

我经常被问到这个问题，以及以下一些类似的问题：

- "如何群策群力打胜仗？"
- "如何打造一支有战斗力的团队？"
- "如何凝聚团队并高效产出？"
- "如何打造一支高效能的队伍？"
- ……

大家看到这类问题有什么感觉？是不是特别大、特别抽象，以至于不知道该从哪里说起。但是这些问题又是如此重要，因为打造高效执行的团队或者打造高效能团队是每位管理者的梦想。我们会试着给出自己的经验，但是总觉得不够完备，于是接着又去网上查各种资料，实践下来发现效果也很一般。其原因很简单，我们带的团队状态不同，面临的问题不同，管理者的偏好也不同，别人的成功经验很难直接迁移过来。那么这类问题的解到底在哪里呢？

首先，我们不要尝试去完备地回答这类问题，因为这类问题等同于问"管理该怎么做？"我们稍微拆解一下就知道，"如何打造高效执行的团队"这个问题包含三个子问题：如何打造团队、如何做好执行，以及何为高效。显然，这分别对应着团队建设该如何做、任务管理该如何做、管理规划该如何做，这就相当于问管理的三大管理动作该如何做，回答起来有多复杂可想而知。当然，本书 6.4 节尝试对此做了系统的阐述，涉及管理工作的诸多要素，可供参考，是否有效还得看自己的实践情况。

接下来，你可能会问，不正面回答这个问题，究竟要如何取得想要的管理效果呢？答案是，你把这个问题反过来问自己就好了。既然你想打造高效执行的团队，或者想打造高效能团队，显然是对自己团队的执行力或产出不满意——如果满意这个问题就不重要了。那么，你认为自己团队的执行力不够，或者效能不够高，到底是卡在哪个管理要素上呢？这就和案例1的解决思路一致了——去定位这个问题的原因，从而对症下药。显然，比案例1更为典型的是，管理全景图（如图8-6所示）中几乎所有的要素都会影响执行力或效能，我们就不一一开列了，你可以逐个要素进行盘点，看看对自己团队当前的状态来说，在哪个要素上做工作会快速提升团队的执行力或效能，这就是你打造高效执行团队或高效能团队的钥匙，而且这把钥匙是为你的团队量身定做的，针对性更强，因而更加有效。

总之，案例2这类大而抽象的问题，回答起来并不容易，但是当我们想要追寻答案的时候，可以从管理全景图中找到关键的路径和突破口，让这个模糊的问题变得可操作。

通过上面两个案例的演示，我们不难发现，一个模糊的管理现象或管理问题，有时让我们一时不知道从哪里下手，直观的经验又起不到效果。这个时候我们可以去深挖造成这个管理问题的根本原因，从而得以对症下药。这就是管理全景图的第二个应用场景：定位问题。

8.4.3 定义问题

定义问题，也就是在面对一个管理状况的时候，先界定清楚这是一个什么问题，再去寻求解决方案。8.3.3节已经提到，定义问题是解决问题的基本前提，而且很多管理问题一旦把问题定义清楚，其实就已经解决了一大半，可见定义问题的重要性。

你可能会问，定义问题到底有什么要探讨的呢？面对一个管理问题的时候，每个管理者不是都很清楚问题是什么吗？

事实上，在日常管理工作中，我们常常把一些管理状况等同于问题本身，为了方便理解，我们把在8.3.3节中介绍过的这些熟悉的案例再次拿出来探讨，比如我们认为以下状况是要解决的问题。

案例1："员工提离职了怎么办？"

案例2："员工越级汇报怎么办？"

案例3："员工总是迟到怎么办？"

8.4 "管理全景图"的应用方法

员工提离职、员工越级汇报、员工总是迟到,这些是客观存在的管理状况,我们当然希望这些状况没有发生,而一旦发生了,这个状况本身往往并不是我们要解决的问题,进一步地弄清楚这个状况到底给我们带来了什么样的影响,以及我们到底想要达到什么效果,这才是我们真正要解决的问题。

对于案例1,员工提离职到底给我们带来了哪些可能的影响,以及可以定义为哪些管理问题,8.3.3 节中已经罗列了 8 条,你可能会问,这 8 条到底是怎么来的呢,全凭经验吗?实际上,这 8 条也来自对管理全景图的应用,即参照图 8-7 来盘点,该员工离职到底给我带了哪些影响。

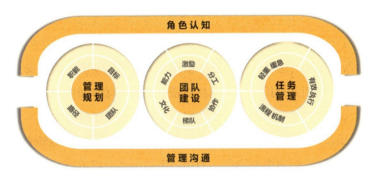

图 8-7 管理全景图应用之定义问题

为了进一步演示如何使用管理全景图来定义问题,我们把案例 2 也继续分析一下。

对于案例 2,管理状况是员工越级汇报。我们说了,员工越级汇报本身并不是问题,这件事到底会给我们带来哪些管理后果和影响才是问题,我们把可能的问题参照管理全景图开列如下。

- 如果带来的影响是我和上级的信息不对称,我想要的效果是知情。那么这就是一个沟通机制建立的问题。(机制)
- 如果带来的影响是员工的工作我不知情,做不好却需要我担责,而我想要的效果是越级汇报的工作如果我不知情,就不能让我担责。这追求的就是权责对等,这是对自己权责及角色的认定问题。换言之,可以跟上级约定,这个员工只是挂在我团队中,但是并不向我汇报。(角色)
- 如果带来的影响是会"带坏"团队其他人,以至于大家都会不服从管理。那么这个问题的本质是,我作为团队管理者,如何才能让大家信服我。这属于我和团队成员的信任度和协作水平的问题。(协作)

- 如果带来的影响是会伤害团队氛围，那就是文化建设的问题。（文化）
- 如果越级汇报并没有带来什么影响，只是让我感觉不爽，那其实就不是一个管理问题。——当然，如果让你不爽的原因是他作为你团队的骨干却"不尊重"你，那这对你来说，就是要建立你和骨干员工之间的信任关系。你可以作为梯队问题来重新规划和培养你的团队骨干，也可以通过增进沟通关系或沟通通道来解决。（梯队或沟通）
- 也有的管理者说，越级汇报在我们团队文化中是被鼓励的，我们倡导信息扁平。那对这位管理者来说，这就真的不是一个问题，不需要解决。
- ……

也许还有其他的可能性，我们先示范到这里，根据具体的实际情况，无论把问题定义成机制建设、角色认知、协作提升、文化建设、梯队建设或是沟通通道中的哪一个问题，我们在解决问题的过程中都会更加聚焦、更加有的放矢。

对于案例 3，大家可以自行练习一下，看看员工总是迟到这个状况，你可以把它定义为什么问题去加以解决。是任务的有效执行？文化氛围的建设？机制的建立？抑或是协作问题、激励问题？可以根据自己的情况，参照图 8-7 进行盘点。通过使用管理全景图去定义清楚管理问题，从而达到自己真正想要的管理效果，这就是管理全景图的第三个应用：定义问题。

8.4.4 转换问题

在实际的管理工作中，我们会遇到各种各样的棘手问题。其中有些问题是可以靠着自己的努力去解决的，而另外一些问题，无论你如何绞尽脑汁地想办法，效果总是事倍功半，这类问题几乎是无解的。那么，如何应对这些"无解"的管理问题呢？我的建议是绕过去，把"无解"的问题转换为"有解"的问题来加以解决。具体地，我们来看几个管理实例。

案例 1："团队分两地，如何做好团队凝聚力建设？"
案例 2："想打造一个有热情的团队，但是我不会营造氛围怎么办？"
案例 3："业务发展无法提供更多挑战，如何留住高端人才？"

这些问题是不是都很常见呢？而且一眼看上去这些困惑似乎也都很合理，怎么就变成"无解"了呢？——如果真的无解，我们也就不必讨论了，显然这里的"无解"是指直接应对起来相当困难，这是因为导致困难的因素难以改变。下面我们具体来看看。

案例1是一个典型的跨地域管理的问题，一般是指团队分布在不同的城市。无论通信多么方便，视频会议多么发达，隔着千山万水总还是没办法朝夕相处的，除了工作也没有更多交集，因此团队成员之间的信任和默契就很难培养起来，根据5.7.2节的内容可知，信任、默契、归属感、深入了解是提升凝聚力的重要因素，这些因素不具备的话，凝聚力无从谈起。异地这个客观环境的存在恰恰阻碍了这些因素的发挥，所以凝聚力建设操作起来总是事倍功半。

案例2是一个管理风格和团队氛围的问题，我相信很多管理者都希望打造一个热情洋溢、热火朝天的团队，似乎只有这样的团队才是有战斗力的团队，团队的管理者也才是一个好领导。然而，技术管理者大多是技术出身，其性格往往是理性、内敛的，热情洋溢的很少。既然是性格使然，如果要勉为其难装作很外向、很有热情的样子，自己会很容易疲惫不说，员工也一眼就能看出这是"演"出来的。而根据5.6节的内容可知，团队氛围和文化建设的一个基本前提就是要从管理者自己身上提炼，如果你自己都没有热情洋溢的那种特质，打造热情洋溢的团队显然不可行。

案例3也很典型，我相信很多公司都会遇到这个问题。一般来说，员工的能力是会持续提升的，但并不是所有业务的复杂度和挑战性都会无止境地上涨。事实上，公司作为一个商业组织，其基本哲学是"划不划算"，而非追求"最高最强"，总是在权衡投入产出的问题，所以业务并不会无止境地追求复杂和挑战。这就必然出现这样的情况：在大部分业务方向上，员工的专业能力会超越业务需要，也就是说人岗不再匹配了，公司里也没有更高阶的岗位需要这样的人才。这是很多公司都会出现的情况，越成熟的公司会越明显。人才能力一旦远高于岗位所需，公司要想留住员工就需要支付远高于岗位所需的成本，这对于公司不利；员工勉强留下，虽有能力但做不出可观的业绩，能力也没有进一步提升的土壤，对于员工也不利。既然是"双输"，那么"分手"才是最合理的结果，既然这是合理的，那么要逆势强留员工，就是违逆规律的，不合理的，留下来自然会很难。

在实际管理工作中，诸如上述此类的管理难题比比皆是。经过我们前面的分析，相信大家已经清楚这类问题难在哪里了——难就难在，有一个客观因素不可改变，而我们却偏要和这个客观因素死磕。

案例1，跨地域不利于做团队凝聚力建设，其中跨地域这个客观的环境因素是不可改变的,我们却一定要在这个情况下去提升凝聚力。这是和客观环境过不去。

案例2,一个人的性格是很难改变的,没有热情的管理者却要带出一个背离自己性格的团队氛围。这是和自己的性格过不去。

案例3,人岗匹配是客观规律,我们却要极力去维持一个已不再匹配的状态。这是和客观规律过不去。

归纳起来,这类问题难在两点:

1. 有一个客观因素无法违背,无论是客观环境、自己的性格还是客观规律;
2. 解决该问题是必须要实现和追求的目标。

一旦我们意识到难点所在,也便有了应对之策——从上述两点着手想办法。

显然第1点很难解决和改变,否则这便不会是一个"无解"的管理问题了。因此我们把重点放在第2点上,既然直接解决这个问题很困难,那么我们就放弃执念,把这个问题转换为一个我们容易解决的就好了。

那么,要怎么转变,以及要转换成什么问题呢?

首先问自己,我们真的要追求正面解决问题吗,你解决这个问题又是为了什么呢?于是有管理者就是说了:

"当然是为了做好管理……"

"当然是为了提升战斗力、执行力、凝聚力……"

"为了更好地支持好业务……"

上述说法似乎都对,但是这些目的太模糊了,无法帮助我们解决问题。此时,我们的管理全景图(如图8-8所示)就又派上用场了,我们就使用它来转换掉上述的管理难题。

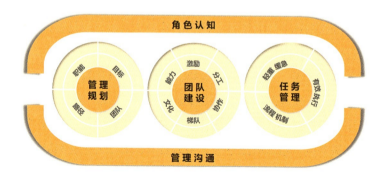

图8-8 管理全景图应用之转换问题

针对案例1，管理者想提高凝聚力，主要目的是提升员工之间的协作水平。奈何跨地域很难提升凝聚力，那么我们干脆就不要提升异地团队的凝聚力和协作水平了，看看是否有其他能带好团队的方式。显然，想做好团队建设有六个要素可以做工作，除了死磕"协作"，至少还有以下两个要素可以达到同样的效果。

1. 分工。通过优化分工，让跨地域团队减少耦合和不必要的协作，从而减少对协作水平的依赖，跨地域团队凝聚力的建设也就不痛不痒了。
2. 梯队。我们做不到让两地的团队凝聚起来，但是可以通过培养、招聘、调岗等方式在两地各明确一两个骨干，让他们把自己本地的子团队凝聚好就可以了，而我们要做的事，是提升这两位（或几位）骨干之间的信任默契和协作水平，这就容易多了，我们多出差几次就能收获不错的效果。

如此，我们就把一个凝聚力建设的问题，转换为一个"分工"或"梯队"的问题，这两项工作受地域因素的影响就小多了。

当然，如果你负责的业务已经比较成熟了，也可以把凝聚力的建设转换为流程机制的建设，不需要大家协作水平多高，都按照流程机制做事就可以了，既能够保障业务的正常开展，也绕开了异地凝聚力的建设，把一个不可行的工作转换为一个可行的工作。

针对案例2，如果要做团队氛围和文化建设，需要围绕着自己的优势来，首先看看自己有什么特质，比如做事认真靠谱、重视学习成长、追求专业精神、注重温暖和谐等，然后基于这些特质来打造团队文化。退一步讲，如果不擅长在"文化"建设上做工作，可以看看有什么要素也能达到管理目的，比如提升员工专业能力或通用能力，在"能力"上做工作；或者搞些团建活动来提升员工之间的信任和默契，在"协作"上做工作；如果想鼓舞员工干劲儿，那可以在"激励"上做工作。总之，不用和热情的团队氛围死磕。

针对案例3，留住人才以及降低员工流失率并非管理者追求的终极目标，我们可以反过来想，这样的人才流失带给我们的危害和风险到底是什么？如果是担心关键人员流失影响业务的正常开展，那么我们可以通过建立更好的人才培养机制、降低新员工培养周期，以及平时做好梯队建设来对抗风险，这是将问题转换为"能力"和"梯队"两个要素上的工作；如果是担心核心人员流失影响团队整体的稳定性，那么必要的团建活动和平时的文化建设可以应对，这是将问题转换为"协作"和"文化"两个要素上的工作；如果是担心影响在职员工的工作积极性，可以通过设计合适的激励策略,以及给予更多的工作机会来应对,这是将问题转换为"激励"和"分工"两个要素上的工作。总之,只要弄清楚我们要解决的问题是什么,总有相应的管理措施,把问题从"无解"变为"有解"。

综合上面对三个案例的探讨,针对管理中那些看似"无解"的管理问题,相信大家也都能够识别并转换了,我把转换问题的核心步骤总结如下:

1. 识别问题中难以改变的客观因素和规律;
2. 把正面解决该问题看作手段,弄清楚实际想达到什么目的和效果;
3. 从管理全景图中找出哪些要素能达到同样的目的和效果,替换掉原来的管理问题。

其中,最难意识到的是第 2 步,因为我们常常把解决某些问题作为必须要实现的目的而非手段。一旦我们意识到这个管理问题也是手段,就可以围绕着更核心的目的去转换手段,而不必死磕这个无解问题。至于转换成什么管理问题,管理全景图给我们提供了一个整体的参考框架,其中的各个管理要素清晰而明确,可以选择和参照。这就是管理全景图的第四个应用场景:转换问题。其实就是把原来无解的问题进行转换,重新定义一个问题来达到同样的管理效果。因此,这个应用也可以叫作"重定义问题"。

8.4.5 收纳问题

收纳问题,就是把我们长期做管理积累下来的问题、案例、方法论分门别类地收纳在管理全景图(如图 8-9 所示)中,让所有的积累都秩序井然而不至于糅成一团,从而避免说不清、道不明。

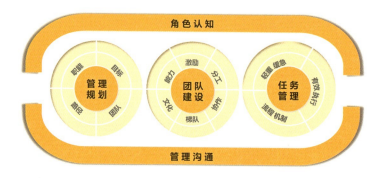

图 8-9 管理全景图应用之收纳问题

8.2 节已经介绍了管理全景图作为收纳管理方法论的应用，并列出表 8-1 所示的管理方法论一览表。这些方法论都可以纳入管理全景图的各个要素中，这里就不再重复介绍了。

值得说明的是，除了方法论，日常我们积累的那些经典的管理问题和管理案例，也可以整理收纳到管理全景图中，假以时日，我们的管理积累既包含了抽象的管理方法和理念，也包括了生动的实际案例，管理经验会更加系统和丰满。这就是管理全景图的第五个应用场景：收纳问题。

经过前面五个小节的探讨，我们一共介绍了管理全景图在实际管理工作中五个典型的应用场景，简要总结如下：

1. 盘点问题——从全局角度总结过去、规划未来；
2. 定位问题——找到问题的根本原因，对症下药；
3. 定义问题——定义清楚要达到的目的和效果，有的放矢；
4. 转换问题——把无解的问题转换为有解的问题加以解决；
5. 收纳问题——把所有的管理积累秩序井然地收纳起来。

希望大家在遇到这些问题的时候，可以从管理全景图中得到一些启发和灵感。那么，是否还有更多的应用场景呢？期待你继续探索与实践。

8.5 经典问题：管理者如何顺利"空降"

如果说有一个场景最挑战管理能力和方法论的话，肯定是"空降"。因为"空降"意味着管理环境的全面"迁移"，一切管理工作都需要重新开始，此时的管理者一般会用上浑身解数力求"空降"成功。

由于互联网领域发展迅速，管理者岗位调动和跳槽非常频繁，因此很多管理者都关心如何顺利实现"空降"这个问题。另外，"空降"的确是管理者验证自己管理水平和管理方法论的最佳场景，所以在本章的最后，我们来探讨一下"空降"问题。

很多新管理者也许还没有经历过空降，而对很多资深管理者来说，空降几乎是不可避免的，即使没有空降到一家新的公司，也可能会空降到一个新的团队。无论主动也好，被动也罢，当你空降到一个新团队，同时面临全新的上级、下级、平级

第8章 管理方法论

和新的业务时，你会首先做哪几件事呢？

同样的问题，我询问过一些管理者，他们的答复大体如下。

- "和几位核心下属管理者沟通，了解他们的情况、看法和期待。"
- "和上级沟通，了解一下团队的整体情况，以及团队的职责。"
- "和之前负责这个团队的管理者了解团队情况，问问有没有特别需要注意的地方。"
- "和团队每个人都聊一遍，跟大家建立联系。"
- "先评估团队的稳定性，稳定团队是首要的。"
- "先看看手头上有哪些重要的工作是要确保完成的。"

你会发现，大家的说法不尽相同，而且不同的管理者，其关注的重点也是不同的，每个人都以自己的视角和经验给出了自己的建议。我充分相信，大家都做出了自己认为的最好选择，我无意去评判谁的更好，因为管理问题不是看好坏对错，而是看是否合适、是否有效，而是否有效，只有当事人清楚。但是在我看来，大家这么快就聚焦到一些"点"上，未免缺少了全局感和框架感。

要是我的话，我会怎么回答呢？

我有过两次较为"成功"的空降做 CTO 和技术 VP 的经历。这里的"成功"，并不是指带着团队成功上市走上人生巅峰，而仅仅是就"空降"本身而言的，因为达到了下面三个标准。

- 和新同事建立起了良好的信任和协作关系，尤其是和 CEO 及重要下级。
- 交付符合公司和上级期待的成果和价值。
- 只要你愿意，你可以在该公司的该职位上持续做下去，上级和公司是欢迎的。

那么，是哪些做法帮我顺利完成空降过程的呢？回想起来，最核心的是以下三点。

第一点是诚意正心。

也就是，准备好自己的心态。我会问自己的初心："你到底想要的是什么？你能为上级、下级和公司带来哪些价值呢？"通过问自己这个问题，我会秉持一种帮助公司、帮助 CEO 和下属的初衷，把我们的利益全部统一起来，以至于从一开始就不担心上级不信任、下级不服气以及同级排挤的问题。因为，每个人都不会拒绝你给他带来支持和帮助。

遇到冲突时，跳出自己的角色来判断是非对错，通过审视初心来做决策，很容易让自己充满力量，以至于两家 CEO 都曾评价我"人很正"。当然，这无关管理方法论，更多的是对职场法则的认知和理解，也正是这个最基础的哲学，给予我应对冲突的基本逻辑。

第二点是对齐期待。

我们首先要明白这样一个事实：虽然你进入一家新公司或一个新团队是以某个职位进去的，例如 CTO、技术 VP、技术总监、技术经理等，但是你得清楚，这只是你的头衔，并不是你的工作"角色"。常常有跳槽的管理者问我"技术总监都做哪些事儿"之类的问题，这显然是混淆了头衔和角色。因为即使是同一个头衔，在不同公司所需要承担的角色也可能是千差万别的，所以，不要指望按照头衔去筹划自己的工作，就可以满足上级和公司的期待。

那么，如何厘清自己的"角色"呢？我的回答是：和你的直接上级去约定（如果你的直接上级对你有充分的管理权限的话）。例如，我两次"空降"入职前，都会问 CEO 一个问题："长期我们很难约定，仅就我入职后的前三个月或前半年，你觉得我做好哪三件事，你会对我的工作比较满意？"

- 如果对方都没有想过这个问题，那么你不难发现，对方聘请你的意图是不清晰的，只是觉得应该有一个技术管理者而已。如此，未来合作关系中断的可能性会比较大。
- 如果对方明确地告诉了对你的预期，那么你们就相当于对入职初期的三个月到半年的工作达成了一个清晰的"工作协议"。还记得我在前面提升影响力中提到的"承诺一致性"吗？这个"工作协议"，就是你们快速建立信任的前提。

如此一来，你和上级对于你的"角色认知"就明确了，这是开展管理工作的前提。

所以，你的角色是由上级和公司对你的具体期待决定的，而不是你的头衔。如果你说话的口吻是"技术总监该干啥，不该干啥……"，就陷入了头衔的误区，而忽略了厘清角色。

第三点是兑现承诺。

承诺并兑现，是快速获取上级信任的有效途径。既然前面我们已经和上级约定好了"工作协议"，那么接下来要靠什么来兑现承诺呢？对技术管理者来说，显然是靠管理价值的体现，所以首先要做以下几件事。

1. 和重要相关方建立合作关系，也就是把沟通通道先建起来。比如直接上级、核心下级、重要合作平级等。如果说我们前面搞定的角色认知问题是管理的前提，那么现在搞定的沟通问题则是管理工作的载体。而建立沟通通道，则又是沟通的前提。你也许会说，"这么简单的道理，还需要强调吗？"而事实上，就在这个简单的点上，管理者容易出现以下两个问题。
   - 凭感觉。没有系统盘点关键的沟通通道，凭直觉和感觉建立合作关系。
   - 被忽略。有的管理者反馈："入职两周了，合作方有事还是找之前的管理者沟通……"究其原因，就是没有对外建立沟通通道。
2. 盘点团队当前工作的轻重缓急。这是为了保持工作推进的平滑稳定，不能因为你的到来耽误了重要工作的正常进展。至于长期来看是不是最合理的安排，可以后续通过管理规划来重新审视。
3. 盘点团队人员情况。还记得"团建六要素"吗？能力、激励、分工、协作、梯队和文化，可以从这六个方面去审视团队现状，为管理规划提供信息。
4. 管理规划。随着你对业务情况、团队人员的逐渐了解，你可以逐步做出自己的管理规划了，即未来三个月或半年，你希望把团队带成什么样子，做出什么业绩。

至于还有没有其他事情需要立即着手，就需要根据你的实际情况来看了，但上面所阐述的几个方面是必不可少的。

以上就是我空降经历的一些经验和观点，经过两次亲身验证都效果不错。在我看来，进入一个全新环境中，没有什么比对齐期待和兑现承诺更加有效的建立信任的方式了。而这两者之中，对齐期待是更需要引起注意的，因为大部分管理者都能交付业绩，但未必是上级最想要的，从而产生分歧和争执。

通过上面对空降问题的阐述，你发现什么规律了吗？抛开"诚意正心"的心态不说，我们把前面要做的几件重要的事情总结如下。

1. 和上级对齐期待。这一条属于角色认知。
2. 和关键角色建立沟通关系。这一条属于管理沟通。
3. 确保当下的要事，梳理优先级。这一条属于任务管理，即"做事"。
4. 盘点和熟悉当前的团队。这一条属于团队建设，即"带人"。
5. 规划未来的管理愿景。这一条属于管理规划，即"看方向"。

没错，这就是我们的"管理三明治"。也就是说，对于管理者认为最有挑战性的"空降"场景，也不外乎从这五个方面来思考管理工作该如何着手，如果觉得粗略，可以使用"管理全景图"。从管理框架出发，总比凭感觉和经验要系统一些。

小结

每位管理者都需要积累自己的管理方法论。本章主要探讨了管理方法论的重要性及积累方法，并介绍了管理全景图的五大应用场景，为管理方法论的积累提供了一个完整的管理框架。

本章要点

1. 管理方法论的重要性体现在：系统性、适用性、迁移性和传承性。
2. 管理框架（参见表 8-1）。
- "管理三明治"——5 要素版管理框架。
- "管理全景图"——15 要素版管理框架。
- "沟通扩展版管理全景图"——18 要素版管理框架。
3. 管理方法论的积累需要诚意正心，并在日常管理工作中积累（事上练），并且按照"定义问题，明确目标，选择方式，评估结果"的流程处理管理问题，积累管理方法论。
4. 管理全景图的五个应用。
- 盘点问题。
- 定位问题。
- 定义问题。
- 转换问题。

- 收纳问题。

扩展思考

基于本章内容,你如何看待下列问题。

1. 项目排期压力大的时候,该如何培养团队?
2. 有的读者问:"管理全景图中的 13 个要素是所有行业都通用的,还是 IT/互联网行业独有的?"对此,你怎么看?

要了解作者观点或更多管理者的观点,请查阅作者公众号(见作者介绍)中的相关内容。

第9章 管理之路

写到这里，已是本书的最后一章。与其说这是一本关于管理的书，不如说是一本关于管理者个人发展的书更为贴切。

首先，在第1章中我们探讨了要不要做管理的各种困惑与纠结，理顺了技术管理者内在的力量。

其次，在第2章至第7章中我们采用主分结构依次介绍了管理的整体框架以及框架内的五大模块（共18个管理要素），主要探讨了下面这几个问题。

1. 管理者的工作视角：从管理者角色出发。
2. 管理者的工作内容：看方向、带人、做事。
3. 管理者的工作手段：管理沟通。

再次，在第8章中我们探讨了管理者如何积累自己的管理方法论，也就是如何拥有越来越系统的管理认知和管理能力。

最后，在内心的力量和管理的能力都梳理清楚了之后，在本章中我们来审视一下自己，未来要走出一条什么样的管理之路。

9.1 何谓"管理之路"

提到技术人的职业发展方向，大家都习惯地说技术路线、管理路线这样的说法。从大部分公司的职位体系设定，以及宏观的职业生涯分布来说，的确有一条职业发展路线叫作"管理之路"，而且一般都会附带"使用说明书"——符合什么条件可以昂首挺胸地行走在这条阳光大道上。如果你面前的确有这样一条"明路"，而且

第 9 章 管理之路

准备长期这样发展下去,那么只需要认真读懂"使用说明书"即可。然而,对大部分"泛互联网领域"的技术人来说,面前并没有一条直通天际的所谓"管理之路",这个说法只是代表一种模糊的职业发展方向。

为什么我要单独把"泛互联网领域"的技术人区分对待呢?其实,我想区分对待的并不是这个人群,而是这个人群所代表的行业气质:开放、创新、自由和无限的可能性。泛互联网从业人员,包括互联网技术人,显然是知识经济时代下知识型工作者的典型代表,那么,这类人在职业发展上有什么特殊之处吗?

最大的特殊之处在于,没有一条明确的路线是你要走的——你当然可以沿着前人走过的路往前走,但是你也完全可以不必如此。因为这片开放的领域能够给你充分的自由和想象力,你有着多种多样的可能性,一方面,是由于知识经济时代推崇创新性,另一方面,这个领域还足够新,没有成熟稳定的发展之路。说到这里,你应该猜到我想告诉你什么了——世界上并没有一条现成的属于你的管理之路,你需要走出自己的路。因此,所谓的"管理之路",对每个具体的人来说,其实并不真切存在。

你可能会疑惑:"那么技术人还要不要做管理呢?走着走着路没了,这可不是什么好事儿!"我想说,在这个 VUCA 的时代,放下"别人的路"这个包袱,不为自己设限,反而可以更轻松地探索自己的路。

好在,无论这个时代多么变幻莫测,总有一条最基本的职场法则在发挥着决定性的作用,那就是价值兑换原则。其基本含义是我们能够收获多少价值,取决于我们为外界输出了多少价值。因此,我们获得收益最大化的方式,是让自己的价值输出最大化,而不是因为走了某条看似美妙的"阳光大道"。

总而言之,真正属于自己的发展之路,是一条专属于自己的价值兑换之路,即:你愿意且擅长用哪种方式输出自己的价值来兑换回馈。至于你把这条路叫作"管理之路"抑或是其他,那是你的自由。

9.1.1 管理者的价值兑换模式

"靠山吃山,靠海吃海。"每个人都有自己的谋生手段,也都在用自己擅长的方式来做着价值兑换。那么对管理者来说,其价值兑换模式是什么样的呢?

对技术人来说,价值兑换模式非常明显,就是靠技术能力来兑换价值。而对管理者来说，肯定也是靠能力来兑换价值，靠的是管理能力，也就是带着团队持续地做出业绩的能力。相信这一点你不会有异议。

在此我想强调说明的是，管理者除了靠能力兑换机制，还有一部分价值是组织价值。也就是，因为你是公司管理团队的一员而产生的附加价值。换句话说，公司发给管理者的薪酬之中，既包含了管理者的能力价值，还包含了管理者的组织价值。

你可能会问："工资单没看到这一项啊？"原因是这一项包含在你的整个薪酬包中，很难单独量化并列出，但是公司会根据对你的需要程度和依赖程度，体现在给你的薪酬之中——这个需要和依赖并非能力上的依赖，而是从组织角度上对你的依赖，称为组织价值。那么，这个组织价值都由什么构成呢？主要有以下几个因素。

1. 信任：公司在多大程度上认为你是"自己人"，这并不只和能力相关。
2. 默契：你在本公司里的协作越默契、越高效，你的组织价值就越大。
3. 影响力：你在公司积累的影响力越大，你的组织价值就越大，包括职权影响力和非职权影响力。

显然，上述因素都不是速成的，都要靠长年累月地积累。而且，每换一个组织，都需要重新积累和建立。正因为这些价值和组织紧密相关，我们称之为组织价值。

于是，我们也就知道了一个事实：管理者"空降"到一家"人生地不熟"的公司做管理之初，其拿到的回馈往往是高于其输出的价值的，因为此时管理者输出的主要是能力价值，而输出的组织价值还很少，毕竟在新公司的信任、默契和影响力都没有建立起来。当然，我并没有说管理者在"占公司便宜"，毕竟管理者在跳槽的时候，公司给的是市场价，而不是管理者输出的价值。实际上，管理者入职之前，公司也没办法按照管理者价值估价。

综上所述，我们清楚了管理者的价值兑换模式包含了下面两个价值因素。

1. 能力价值，也就是管理能力价值，也就是带着团队持续产生业绩的能力。
2. 组织价值，也就是从组织角度来看对你的需求和依赖程度，或者叫作你对于组织的不可或缺程度。

9.1.2 管理者的核心竞争力

很多新经理都曾问我，"管理者的核心竞争力在哪里？"在他们眼里，管理者

第 9 章 管理之路

的技术不是团队里最强的，管理工作就是"打杂"，感觉随便谁都能干，时常会为自己作为管理者的生存前景感到担忧。

既然职场上最核心的法则就是价值兑换，而我们又清楚管理者的价值兑换模式是能力价值加上组织价值，那么管理者核心竞争力的提升，即是从下面这两个方面来努力。

1. 提升管理能力，以及促进能力到业绩的转化，以输出更高的能力价值。
2. 提升在组织中的不可或缺度，被公司越来越需要和依赖，以输出更高的组织价值。

我们分别从这两个方面来探讨。

▶ 提升管理能力，以输出更高的能力价值

具体要提升哪些管理能力呢？通常来说，人们常说的管理能力包括以下几个方面。

1. 全局感。站在管理者视角或更高视角看全局，从而做出更合理更全面的判断和决策。管理者对自己的角色认知度越高，就越习惯从管理者的全局视角出发看问题。
2. 方向感。如果说团队的努力是"在后面加 0"，那么管理者的方向感和目标感就决定了"0 前面的数字是几"，显然这个数字对最后的结果影响很大。方向感不明确的团队，很难做出有效的业绩。而团队职能定位和阶段性目标设定是明确方向感问题的重要手段。方向感还会影响管理者的评估能力和判断力，所以是管理能力的一个重要维度。
3. 团建能力。也就是我们平时说的"带人"的能力，团队是管理的核心工作对象和产生业绩的主体。能够带出有战斗力的团队，也体现着管理者的管理能力。
4. 交付能力。也就是"做事"能力，做出业绩的能力。管理者最终还是要靠业绩说话，所以结果的交付能力是管理能力的重要体现。交付能力不仅仅是输出结果的能力，还包括对进度、效果和质量的精确把握，以及更理想的资源投入产出比。
5. 沟通能力。管理者的工作离不开沟通，能否搞定各种困难，化解各种风险，很大程度上也依赖于管理者的沟通能力，因此，沟通能力也是管理能力的重要体现。
6. 成熟度。也就是，管理者是否能形成系统的管理方法论。方法论越体系化，其系统性、适用性、迁移性、传承性也越好，越能体现出更强的管理能力。

不难发现，最能体现管理能力的这六个方面，正是"管理三明治"所涵盖的五大模块，以及对这五大模块的掌握程度，即管理方法论的成熟度。因此，按照我们的管理框架所涵盖的维度来提升管理能力即可。

▶ 提升在组织中的不可或缺度，以输出更高的组织价值

前面提到，组织价值主要由信任、默契和影响力三部分构成。这也是提升管理者对于组织的不可或缺度的三个努力方向。

关于如何提升信任、默契和影响力的问题，在第 7 章有过详细的探讨，这里不再展开。你所需要做的，就是按照之前所讨论的方法，长年累月地把信任积累起来，把默契培养出来，把影响力建立起来，从而在组织中输出越来越多的组织价值。

9.2 走出自己的管理之路

作为管理者，如果把自己的职业发展路径叫作"管理之路"的话，那么，应如何规划和探索出一条属于自己的管理之路呢？在本书的最后，我们来聊聊关于个人发展的规划问题。

9.2.1 主动规划

你是否还记得前面我提到的一个统计结论？只有 10% ~ 20% 的技术管理者是有明确的管理诉求的，而剩下的 80% 多，在开始做管理的时候没有主动想过要做管理，至少，没有仔细思考过这个问题。"到底要不要做管理"这个问题长期困扰着他们，动辄持续好几年，直至最终想明白自己要什么，抑或最终到了没有其他选择时，也便放弃了挣扎和纠结，接受了既成的现实。

生活就是这样，如果你不主动去争取你想要的，你就不得不接受一些你并不想要的。要想按照自己的想法走出一条属于自己的管理之路，首要做的就是主动规划，

为自己的未来增加一些掌控感和选择权。

主动规划首先要弄清楚的一个问题就是自己做管理的动机，也就是说，既然你考虑走管理之路，那么做管理对你来说到底意味着什么呢？你是依据什么来做出决策的呢？我猜不到你的答案，但我知道大部分管理者的决策依据有下面几类。

- 个人发展。认为做管理符合自己的职业发展规划，这类人是少数。
- 看好回报。认为做管理可以为自己带来更可观的回报。
- 兴趣爱好。喜欢和人打交道，不喜欢和机器打交道。
- 社会认同。在家人、朋友等周围人的眼中，做管理尤其是晋升到高管，意味着成功。
- 被迫选择。觉得做纯技术不是长久之计，而管理就是技术之外的不二选择。
- 被迫接受。上级要求带团队，自己不能辜负公司的信任和期待。

我想说，无论是主动也好，被动也罢；无论是出于使命、兴趣也好，抑或是欲望、压力也罢，主动去厘清，主动去选择，然后在此基础上主动去规划和调整，就是一种积极的心态，一种对自己的发展负责的态度。

9.2.2 厘清自己的价值兑换模式

职场的基本法则就是价值兑换原则。你能收获多少回馈，取决于你能输出多少价值。既然要规划和选择自己的路，显然要筹划一条可以最大化地输出自己价值的路。

关于如何提升管理者的价值输出，前面我们从能力价值和组织价值两个组成部分分别进行了探讨。这里，我们再从长期和短期这两个视角来探讨。

当下视角是：为客户找到你的价值。

所谓当下视角，就是希望在当下或短期内取得价值输出的最大化。

由于这个时刻或者短期之内，你服务的"客户"是明确而具体的，因此要考虑的问题就是如何使用和提升自己的能力去匹配"客户"的预期。对管理者来说，最大的客户就是上级，因此，价值最大化的核心就是去匹配上级和公司的期望。

这是一种面向客户的视角，即，围绕客户的需要去发挥和提升自己的能力和价值。这个视角在"求生存"的时候特别好用，其逻辑是通过满足别人的期望，来获

9.2 走出自己的管理之路

得自己生存的资源,因此也叫"生存视角"。你还记得我们探讨空降时的要点吗?其中最核心的就是要厘清新上级的期待并努力去实现它,这对于在新的环境中"生存"下来是非常有效的,即是这个道理。

未来视角是:为你的价值找到客户。

所谓未来视角,就是着眼长线,期望在更长的时间区间内实现价值最大化,从而让自己觉得度过的这段时间是值得的。

如果说"当下视角"下的价值认定是围绕着"客户"的期待,那么"未来视角"的价值认定就是围绕"自我"的认同,所以也叫"自我实现视角"。显然,由于参照对象不同,即使把每个"当下视角"的价值都最大化,长期来看"自我实现视角"的价值也未必达到最大化。因此,"自我实现视角"下的价值最大化,是基于自我的主动规划的,也就是我们此时正在探讨的事情。

总之,我们要弄清楚自己的价值兑换模式,是关注短期价值,还是长期价值;是关注能力价值还是组织价值。如果是能力价值,具体是哪个维度,如果是组织价值,具体又是哪个维度。这个问题想得越清楚,后续努力的方向就越明确,手段的选择也就更加有的放矢。

9.2.3 盘点有利因素

关于盘点有利的外部环境和内在因素,最容易想到的就是"天时""地利""人和",我们不妨套用一下图 9-1 所示的模型。

▶ 天时

要想让自己发挥出价值,就得审时度势,看看我们所处的时代,有哪些大的趋势,以及顺应趋势有哪些机遇。作为管理者,我分享两个管理方面正在发生的变化,这两个方面未必是最重要的,却是技术管理者们碰到最多的。

图 9-1 管理之路的"天时""地利""人和"

第一个方面,管理工作的底层逻辑正在从管控到激发。

第 9 章 管理之路

我们在前面探讨员工激励的时候提到，驱动力 2.0 的核心逻辑是用奖惩让员工"服从"，而驱动力 3.0 的核心逻辑是激发员工的"自主投入"。这种思维方式的转换不仅适用于员工激励，也适用于整个管理的底层逻辑。这既是时代的需要，也是人的需要。

- 说是时代的需要，是因为我们正在从工业时代迈向信息和知识经济时代，人的价值体现，也从严格按照规程完成流水线的作业，到越来越依靠人的主动性和创造力，这在泛互联网领域尤其明显。
- 说是人的需要，是指在当今的社会，随着经济的发展和温饱问题的基本解决，越来越多的人的需求从生存安全，转移到价值认同和自我实现上，这对于"90 后""95 后"的职场人尤其如此。

因此，作为管理者，我们需要调整管理的视角和心态，跟上时代的步伐。

第二个方面，职位头衔已经不再体现职责要求。

我们需要从固化的职位要求中跳脱出来，从实际的工作需求去定义自己的职责和角色。虽然我们平时都习惯说要走技术路线、管理路线、架构师路线、经理人路线等，但这都是为了降低沟通理解的门槛，而并不是职业发展的真谛和底层逻辑，底层起决定作用的还是"价值兑换"。我们需要着眼于价值输出的最大化，而不是死板的职位要求。

常常有技术管理者问以下问题。

- "技术总监的职责是什么？该做什么？不该做什么呢？"
- "CTO 的职责是什么呢？它和技术 VP 有什么区别，如何分工呢？"

问这些问题的人，可能陷入了这样一个误区：面向职位做工作，而不是面向客户。他们忘了，只有与职位对应的职责基本固定和明确时，这样的问题才有意义。而在现实的职场中，不同的组织、不同的上级对于同一职位的期待千差万别。既然你的上级就在你身边，你不和他去确认，别人又有谁可以告诉你呢？

同样，在你的管理工作中，你也需要帮你的下属明确他们的工作职责和角色，使得他们的表现匹配你对他们的预期。

我们处在一个可以实现自己价值的时代，幸运的是，互联网又是一个思想和技术都处于前沿的领域，这样的"天时"不容辜负。

▶ 地利

即，技术管理者在职业发展中的优势有哪些。在我长期的观察和调研中，我发现技术管理者有以下三个通用优势。

1. 技术优势。这很容易理解，既然是技术管理者，"技术"两个字就蕴含着其独特性。尤其是在技术管理之路早期，有一个鲜明的技术标签就是优势，比如你是电商类背景、社区类背景、App开发类背景、大数据类背景、人工智能背景等，这些鲜明的标签很容易让别人了解你最擅长的工作。
2. 逻辑优势。技术管理者由于其长期的技术思维方式，已经锻炼出了非常强的逻辑性。于是，这个在技术人眼里理所应当的特质，在管理者这个群体中就形成了独特的优势。甚至某著名投资人招聘投资顾问都只要技术背景的，因为他认为这样的人逻辑能力强。
3. 执行力优势。调研结果显示，项目落地能力或项目执行力是技术管理者们最拿手的管理能力，同时，他们的上级也认同这一点。这和技术人的确定性思维是分不开的，是技术管理者的又一明显优势。

当然，上面这三个优势是技术管理者普遍具有的优势。那作为个人，你有哪些独特的个人优势呢？你可以问问自己以下这些问题。

- 你真正喜欢的是什么类型的工作？它具有哪些特点？
- 你享受什么样的事情，你愿意沉浸其中。它具有哪些特点？
- 做什么事情你一学就会，一做就比别人做得好？
- 什么事情值得你全力以赴，愿意自主投入更多时间和精力？
- 周围的亲人朋友、上下级同事都喜欢用什么词来评价和称赞你？
- 是什么让你与众不同？在哪些重要的问题上，你与其他人有不同的看法？
- 是什么让你取得现在的成绩？你在管理工作中突出的能力是什么？
- 你更关注事，还是关注人？如果更关注事，你更喜欢"想事"还是"做事"？如果更关注人，你更喜欢"支持人"还是"带领人"？

通过认真思考以上问题，可以让你对自己的优势有一个大体的了解。而如果你想更深入了解自己，可以参考盖洛普（Gallup）的优势识别器 2.0。

> 人和

在职场发展中,最重要的"人和"因素是上级、伙伴和个人。

1. 上级。上级的信任值得珍惜。对做管理来说,最大的"人和"就是得到上级的信任和支持。原因很简单:我们的目标是和上级一起定的,资源是向上级申请的,工作结果是上级来评价的,你会发现管理中的"看方向""带人"和"做事"都是离不开上级的。因此,如果有一个相互信任的上级,请务必珍惜,努力成长让自己配得上一直追随他;如果还没有相互信任的上级,请务必重视去经营信任关系。在管理之路上,"跟对人"无疑是一条"捷径"。
2. 伙伴。同事伙伴的陪伴力量很重要。和一群优秀的人一起成长,无疑是非常有意义的事情。你们可以互相切磋一起成长,随着时间的推移,你们都会成为"独霸一方"的人才,你们的相互影响是指数级的。因此,请珍惜身边的同事。
3. 个人。个人的意愿是一切的源头。关于人的因素,除了外部的人,自己的意愿也是非常重要的。如果说我们需要为自己一切的努力找到动力源泉的话,规划自己的愿景并明确自己的使命,无疑是非常有效的做法。这也是本节内容的意义所在。

如果你从"天时""地利""人和"出发,分别去盘点自己的时代机遇、自己的独特优势,以及自己的人际的话,是否可以回答自己这样一个问题:"在未来 1 年、3 年、5 年以后,我会成为一个什么样的管理者?"

9.2.4 自在地持续做下去

"罗马不是一天建成的",同理,卓越和优秀也不是靠一日之功达成的,要对自己有些耐心。

这个时代的快节奏带给我们很多的焦虑和不安,仿佛一不小心就会错过什么。其实,职业生涯就像一场"马拉松",很漫长,5 年或 10 年可以发生很多事,而你的生涯可能是 20 年、30 年,甚至可以贯穿整个余生。在这么漫长的岁月中,肯定有人"先胖",有人"后胖",不用着急。成功其实很容易,因为所有的失败都不叫

"失败"，都只是"尚未成功"而已；只要有一次"成功"就可以让你足慰平生的话，你就是一个"成功者"。互联网拉平了世界，你随时都有时间和机会去赢得自己的成功，或早或晚。

既然并非前人走过的路才叫路，也没有什么规定好的"管理之路"是你必须要走的，那么也就不存在所谓的"弯路"。因此，做技术不重要，做管理也不重要，把技术和管理当成职业发展的两条腿，在职场中输出自己最大的价值，才是真正属于你的路。不要被别人的路限制住，也不要被某个职位限制住，没有哪个职位可以定义你的发展。定义自己的发展之路的方法只有一个，那就是用自己最擅长的方式，去兑换最大的价值。

不知不觉，已到了最后的告别时刻，纸短情长，愿本书可以带给你一张管理的地图、一颗成长的种子，陪你走过从技术到管理的转型之路，并期待你带着这张地图和这颗种子，在具体的管理工作中不断"事上练"，走出属于自己的精彩的管理之路。

最后，我想用"颠覆式创新之父"克莱顿·克里斯坦森的一句话来结束本书，他在被确诊罹患癌症之后写的《你要如何衡量你的人生》一书中说道："如果干得好，管理是最崇高的职业之一。没有哪一个职业能像管理一样为他人提供学习和成长的机会，让他们懂得承担责任并取得成绩，以及为团队的成功做出贡献。"与君共勉。